普通高等教育教材

民航服务人员
形体与仪态

郑大莉　主编

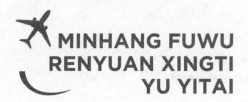

MINHANG FUWU
RENYUAN XINGTI
YU YITAI

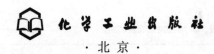

化学工业出版社
·北京·

内容简介

　　本书为普通高等学校航空服务艺术与管理专业、空中乘务专业学习用书，主要分为形体篇、仪态篇和实训篇三个部分。前面两个部分首先介绍了形体与仪态美的理论知识，在注重理论阐述的同时，以美学生理学、解剖学理论为依据；其次是讲解民航服务人员仪态及仪态美科学的塑造方法，并附有相关知识点的微课讲解，具有科学性、新颖性和直观性，能够提升和激发学习者的学习兴趣。实训篇从芭蕾、中国舞、健身运动等多种训练类型，针对训练的分解动作、舞蹈片段等进行文字讲解，配合示范图片、教学示范微视频等多元化训练方法，突出了训练内容的系统性，体现了本书创新的实践理念及科学的训练方法、集理论与实践于一体的特色。

　　本书主要供普通高等学校航空服务艺术与管理专业、空中乘务专业师生教学和学习时使用，也可以作为普通高等学校其他专业学生形体塑形的参考教材，同时可以用作有形体训练和仪态塑造需求的广大青年爱好者自学的参考用书。

图书在版编目（CIP）数据

民航服务人员形体与仪态 / 郑大莉主编 . -- 北京：化学工业出版社，2025. 6. -- （普通高等教育教材）. ISBN 978-7-122-47955-6

Ⅰ. F560.9

中国国家版本馆 CIP 数据核字第 2025LL6323 号

责任编辑：姜　磊　旷英姿　　　　　文字编辑：沙　静　张瑞霞
责任校对：王　静　　　　　　　　　装帧设计：王晓宇

出版发行：化学工业出版社
　　　　　（北京市东城区青年湖南街 13 号　邮政编码 100011）
印　　装：河北延风印务有限公司
787mm×1092mm　1/16　印张 13½　字数 328 千字
2025 年 7 月北京第 1 版第 1 次印刷

购书咨询：010-64518888
售后服务：010-64518899
网　　址：http://www.cip.com.cn
凡购买本书，如有缺损质量问题，本社销售中心负责调换。

定　　价：45.00 元　　　　　　　　　　　版权所有　违者必究

当前，航空公司的发展迎来了新的机遇期，航空服务人才的需求也急剧上升。自2018年教育部设立了本科层次的航空服务艺术与管理专业以来，目前全国已有近200所院校获批开设此专业，可见此专业正在新文科专业背景下逐步兴起，大有可为。航空服务艺术与管理专业的课程设置中形体与仪态类的课程是专业基础性课程，开设此类专业的院校会在一至两年甚至贯穿大学四年的专业学习过程中开设一两门形体仪态类相关课程。

对于民航服务人员来说，服务过程中的仪态美尤为重要，这不仅需要进行专业系统的形体训练，更要求其拥有优雅的仪态，规范的礼仪，以塑造他们健康、积极、自信的思想和精神面貌，更好地展示出民航服务人员的风采。形体美是融形态美、姿态美和高雅气质为一体的综合的整体美，既包含了人体外表形状、轮廓的美，又包含了人体在各种活动中表现出的仪态美。它是人们追求美的心理需求，也是表现美的基本形式。优美的形体可通过正确、科学的训练来塑造，而高雅的气质则需由内而外地培养，内在的素质修养与外在的优雅仪态同样重要。

各高校在此专业的教学中对于形体仪态类课程的改革也在不断推进。本教材融入课程改革路径，基于个人先天条件，结合航空服务人才的需求标准，不断优化教学内容、教学方法、考核方式等，并融入信息化教学，从而更好地实现教学目标，达到良好的教学效果。

本书基于新文科背景，结合新时代培养社会主义接班人的目标，针对性、实践性、操作性强，更体现了直观性和实用性；同时本书还具有较大开放性和弹性，能够适应航空服务、轨道交通、酒店、旅游管理等多个专业。书中从不同方面体现课程思政及新文科发展的内容，能够很好地满足高端服务从业人员人才培养的需要，希望能受到广大读者欢迎，能够满足市场的需求。

本书由郑州经贸学院郑大莉、焦于歌，中原工学院刘倩，沈阳航空工业管理学院亢元联合编写。具体编写分工如下：第一章由郑大莉、焦于歌编写，第二章由刘倩编写，第三章由亢元、焦于歌、刘倩编写，第四章由郑大莉、亢元编写，第五章由郑大莉、焦于歌编写，第六章由亢元、焦于歌编写，第七章由焦于歌编写，第八章由刘倩编写。

本书在编写过程中，得到了中原工学院曹莹、秦洪两位老师的大力协助，在此特别表示感谢！同时，郑州经贸学院、中原工学院、沈阳航空航天大学的学生霍柯如、毛占原、李子旭、茹珅怡、朱京南、马晓彤、王欣、张佳琪、曹津铭、陈嘉文、钱奕成、曹莉佳、黄晨、翟梓彤、刘新悦、邱永正承担了本书动作示范的拍摄工作。本书在编写过程中，参考了一些文献资料，在此一并致谢。

本书实训部分配有教学示范视频，可扫描书中二维码学习。

本书主要基于编者长期的教学研究和实践编写，由于水平所限，书中存在疏漏和不足之处在所难免，敬请广大读者批评指正，以便修订时完善。

编者

2025年3月

形 体 篇

第一章
形体概述 002

第一节　形体的定义与作用 004
一、形体的概念 004
二、形体基本素养的内容及作用 004
三、形体的特点与要求 005

第二节　形体与形体训练 005
一、形体与形体训练的关系 005
二、形体训练的特点 006
三、形体训练的功能 006
四、形体训练的要求与方法 008

第三节　形体与仪态 009
一、形体与仪态的关系 009
二、形体美与仪态美的区别与联系 010
三、仪态美 010
四、仪态美在民航服务中的体现 011

第二章
民航服务人员的形体美 016

第一节　形体美的标准 017
一、形体美的标准 018
二、均衡的比例与整体的和谐美 018
三、普通成年男子健美体围标准 019
四、普通成年女子健美体围标准 020

第二节　民航服务人员形体美的评价体系 021

一、形体标准与评价　021　　　三、民航服务人员形体美的测量、标准
二、形态标准与评价　022　　　　　与评价　024

第三节　民航服务人员形体美的意义和要求 027

一、形体美的构成　027　　　　三、民航服务人员形体美的要求　031
二、民航服务人员形体美的意义　029

第三章
民航服务人员形体美的塑造　034

第一节　芭蕾基训 035

一、把上部分　035　　　　二、把下部分　043

第二节　舞蹈训练 051

一、芭蕾形体舞蹈　051　　　三、古典舞　063
二、民族舞蹈　053

第三节　塑形与健身 069

一、运动前的准备　069　　　四、抗阻力训练（器械训练）　074
二、有氧运动　070　　　　　五、伸展运动　076
三、徒手健身（结合普拉提运动体系的　　六、前庭耐力训练　077
　　理念与实践）　072

第四节　运动与饮食 078

一、平衡膳食　079　　　　三、大学生的饮食　082
二、健康的饮食习惯　081

仪 态 篇

第四章
民航服务人员的仪态美   086

第一节 仪态美的内涵   087
一、仪态的内涵   087
二、仪态美的内涵   088
三、仪态与仪态美   088

第二节 民航服务人员的仪态美的特点及要求   089
一、民航服务人员仪态美的特点   089
二、民航服务人员仪态美的要求   089
三、民航服务人员的仪容仪表   090
四、民航服务人员的沟通语言   091
五、民航服务人员仪态美的其他要求   091

第三节 民航服务人员仪态美的作用   092
一、民航服务质量与仪态美的关系   093
二、仪态美的作用   093

第五章
民航服务人员仪态美的塑造   096

第一节 民航服务人员的职业素养   097
一、职业素养的内涵   097
二、民航服务人员应具备的职业素养   098

第二节 民航服务人员仪态训练方法   099
一、站姿训练   100
二、坐姿训练   104
三、行姿的训练   109
四、蹲姿训练   111
五、行礼训练   113
六、微笑训练   114
七、手势训练   115

第三节　不良体态的成因、危害与矫正方法　117

一、不良形体　117

二、不良仪态　119

三、不良习惯　124

四、不良心理　126

五、民航服务人员不良体态的矫正方法　127

实 训 篇

第六章
芭蕾舞训练　140

第一节　基础训练部分　140

一、热身训练　141

二、基本站姿及手位训练　142

三、地面勾绷脚训练　143

第二节　把上训练部分　144

一、扶把基本站姿及芭蕾脚位练习　144

二、扶把擦地练习　145

三、扶把蹲练习　145

四、扶把划圈练习　146

五、扶把小弹腿练习　147

六、扶把小踢腿练习　148

七、扶把控制练习　148

第三节　把下训练部分　149

一、移重心练习　149

二、行进练习　150

三、小跳练习（一、二、五位）　150

第四节　芭蕾舞姿训练　151

一、芭蕾组合　151

二、芭蕾舞　160

第七章
中国舞训练　　162

第一节　民族舞训练　　162
一、傣族舞蹈片段　　162　　三、蒙古族舞蹈片段　　168
二、维吾尔族舞蹈片段　　166　　四、舞蹈组合　　169

第二节　古典舞训练　　172
一、古典舞组合　　172　　二、古典舞舞蹈片段　　174

第八章
健身训练　　176

第一节　运动前的准备——热身　　176

第二节　徒手健身　　176
一、核心及背部练习　　176　　三、腿部练习　　183
二、臀部练习　　180　　四、全身练习　　184

第三节　拉伸运动　　188
一、侧伸展　　188　　五、"4"字坐姿屈髋　　190
二、美人鱼侧伸展　　188　　六、站姿后屈小腿　　191
三、猫式伸展　　189　　七、站姿勾脚体前屈　　191
四、跪姿弓箭步　　190

第四节　抗阻力训练　　192
一、胸部练习　　192　　四、臀、腿部练习　　200
二、背部练习　　195　　五、肩部、上肢练习　　203
三、核心部位练习　　198

参考文献　　206

形体篇

CIVIL
AVIATION

第一章

形体概述

学习目的

　　我国作为世界第二大经济体，在全球经济格局中占据举足轻重的地位。随着全球化贸易的深入发展，航空运输作为连接国内外市场的桥梁，对于我国经济的持续增长具有重要意义。在这样的背景下，航空服务队伍的建设显得尤为关键，航空服务人员的服务质量直接影响到航空企业的形象和市场竞争力。

　　航空服务人员是航空企业的门面，他们的专业素养、能力以及仪态都直接关系到乘客的飞行体验。随着我国经济的高速发展，人们对于航空服务的要求也在不断提升。因此，航空企业对于服务人员的选拔和培养标准更加严格，不仅要求他们具备扎实的专业知识，还要拥有高标准的形体和仪态。

　　形体与仪态的培养是提升航空服务人员整体素质的重要环节。优雅的形体和仪态不仅能够提升服务人员的个人魅力，更能够在服务过程中给客户留下深刻的印象，增强航空企业的品牌形象。

　　通过本章的学习，学生们将能够掌握形体的基本知识及训练方法，通过系统的训练，培养高雅的气质和美的意识。同时，通过学习，有助于学生们提高身体的协调、控制及表现能力，矫正不良姿势，练就健美的形体。这不仅有利于提升学生们的个人形象，更为他们今后从事航空服务工作打下坚实的基础。还将学会如何保持优雅的姿态，塑造形体美与仪态美。学生们还能够掌握相关的知识和技能，为今后从事航空服务工作做好充分的准备。

学习目标

　　1.了解形体的基本概念；
　　2.了解形体基本素养的内容；
　　3.了解形体训练的特点、功能及基本的训练方法；
　　4.掌握形体美与仪态美二者的关系。

理论知识

1. 形体的概念定义；
2. 形体基本素养的内容；
3. 形体与仪态的关系。

能力与素质

1. 形体训练的基本方法；
2. 如何通过形体训练塑造优美体态；
3. 民航服务人员应该具备的一些优雅体态。

德育要素

1. 正确认识和了解形体训练的重要性，树立正确的审美观，增强自信；
2. 具备优雅的形体仪态，不断增强服务意识，增强职业荣誉感，为民航服务事业贡献更多的力量。

 **导读**

空姐身上多出几两肉，会有多严重？

某航空公司向公司客舱部的空中乘务员，发布了"关于专业化形象的筛查和管控提示"，明确对女性乘务员的体型、体重进行不同等级的管控，超出标准体重值10%的女性乘务员，将"立即停飞减重"。

这个标准提出，女性乘务员标准体重计算公式为"身高（cm）-110=标准体重（kg）"，体重超过这个数值即为超重，对于超重人员公司将进行分类管控。比如，对于超重5%以下的女乘务员，将以月度为周期进行体重监控；对于超重5%、未超过10%的女乘务员，将给予30天自我减重期；对于超重10%的女乘务员，公司要求立即停飞减重。

按此标准，170cm的身高，标准体重只能控制在60kg以内。如果一个人天生骨骼大，或者喜欢运动，练出了肌肉，即便看上去很苗条，也可能超重。这样的标准，连业内人士都在质疑：这是不是在追求弱不禁风的"林黛玉式"美学？

女性乘务员作为服务行业的代表，在形象上是有一定要求的，仪表端庄、举止优雅也属于其职业素养必不可少的一部分，但归根结底，她们还是属于服务行业工作人员，评价他们的标准，也应该以服务质量为主，而不是体重的超不超标。

爱美之心，人皆有之，但对于经营主体来说，必须明白何为美，应该追求什么样的美。

第一节　形体的定义与作用

形体，作为人体外在的直观展现，包括了身高、体重、比例等物理维度，以及人的姿态、动作与姿势等动态层面的表现。从心理学的视角来看，形体更是一种微妙的心理暗示，它能够悄然间触动我们的情绪，塑造我们的气质，甚至影响我们的行为模式。

不仅如此，形体与我们的健康状况紧密相连，它如同身体的一面镜子，反映出我们内在的健康状态。通过科学合理的饮食与运动，我们能够塑造出健康的形体，使之既符合审美标准，又充满生机与活力。

因此，保持良好的形体并非仅仅为了外在的美观，它更是一种对身体健康的呵护与追求。通过形体的塑造，我们不仅能够提升自信，展现魅力，更能够拥有健康、充满活力的身体，享受更加美好的人生。

一、形体的概念

形体有身体、形态、结构等多重意义，也涉及形状、地域等概念，可谓内涵丰富。在人体美学中，形体展现着显著的外在特征，由四肢、头、腰、胸等构成的体态，通过巧妙的配合与姿态的变换，赋予人体以独特的美感。形体之美体现在四肢的修长与肌肉线条的流畅，臀部上翘，胸部圆润丰满，以及双肩的对称。这些元素共同构成了四肢躯干的形体之美，令人赏心悦目。而在头部与人体骨骼的发育中，形体之美则体现在头部运动的灵活、颈部的轻盈灵动、面部的红润光泽以及精神的焕发。这些特征共同呈现出形体的姿态之美、精神之美与线条之美，使得人体之美得以全面展现。

此外，人体骨骼发育的均匀与无畸形也是形体美的重要体现，人体各部分之间的比例关系趋近于黄金比例，显得整体体型更加匀称。

因此，形体不仅仅是外在的表象，更是内在气质与健康的体现，值得我们用心呵护与塑造。

二、形体基本素养的内容及作用

形体基本素养的塑造，源于对人体肩、腰、腿等部位的全面整合与提升。通过针对性的强化训练，我们能够显著增强形体的基本素养。腿部训练不仅使站立姿势更有力量，还能有效矫正腰、背的姿态，提升身体的柔韧性。良好的形体需要我们拥有优美的外形和强大的控制力，因此，立腰、立背等动作在塑造外部形态之美、提高控制能力和柔韧性方面起着关键作用。

在进行形体训练时，首先要确保身体充分放松，使形体自然流露出美感。拉伸训练是达到这一目的的重要手段，可以在教师的指导下进行有针对性的拉伸练习。例如，利用瑜伽等运动方式，可以有效放松心情，使身体各部位得到舒展，为后续的形体锻炼打下坚实基础。

每个人的形体特点会随着个体身体发育的变化而有所不同，无须拘泥于固定的标准。

事实上，形体并非完全由先天因素决定，通过后天的系统训练，我们可以在原有基础上不断改善体态，使形体更具特色。例如，通过舞蹈、体操等动作的学习，我们可以提升形体的力量感，塑造健硕而匀称的身材。

在航空服务领域，形体素养尤为重要。服务人员需要展现出自然、优雅的状态，这对形体提出了较高要求。只有具备健康而美丽的形体，服务人员才能以优美的肢体语言为乘客提供高质量的服务。因此，提升形体基本素养是民航服务人员不可或缺的一项能力。

三、形体的特点与要求

骨骼的发育奠定了形体的基本框架，决定了身体的比例、曲线及各部位的长度。

对于躯干的骨骼来说，脊椎从正面看垂直生长，而从侧面观察时则呈现出一定的曲度。然而，不良的坐姿和站姿往往会干扰脊柱的正常发育，导致驼背等问题，从而破坏形体的美观。四肢骨骼的发育同样关键。四肢修长笔直，关节适中不凸显，方能彰显四肢形体的均衡之美。然而，长期单一的运动或劳动模式可能会对四肢形体造成破坏，如不当的走姿可能导致罗圈腿，影响腿部的美观与形体的平衡。头部骨骼决定了头的大小与弧度，与躯干的比例协调是形体整体美感的关键。肩部骨骼的发育具有性别特征，男性双肩宽阔、高低一致、彰显雄壮；女性双肩平且圆润，加上锁骨、脖子的衬托，更显优美曲线。胸部的骨骼主要呈现为胸廓，无论男女，在形体训练中，饱满的胸廓都是必要的。男性的饱满胸廓与肌肉发达相结合，更显挺拔；女性则因胸廓饱满而展现出独特魅力，使整体形态更加玲珑有致。盆骨骨骼应平整且向内紧缩，有助于提臀，使臀部饱满，同时使腹部与腰部呈现平整感，增强形体的曲线美。足部骨骼中，脚踝与脚趾的关节在形体中相对较小且灵活，行走时展现弹性，赋予脚部力量感。

除了骨骼发育，肌肉的呈现同样重要。腰腹部紧实能展现形体质感，男性的腰腹结实展现力量感，女性的细腰收腹则突显曼妙身姿。臀部肌肉紧实并呈球形向上收，让臀部更翘，展现身体线条。男性翘臀提升气质，展现肌肉线条；女性翘臀则呈现S形曲线，使腿部更显笔直。

第二节　形体与形体训练

一、形体与形体训练的关系

形体训练，作为塑造完美形体的关键途径，不仅涉及人对自身的精细控制，还依赖于良好的心情与态度，更离不开身体各部位之间的协调。为了展现更加优雅的形体，人们常通过体型的改造、气质的培养以及健康的运动来实现，这一系列过程构成了形体训练的核心内容。

形体训练，可以通过各种健身方式和对身体灵活性的调整，旨在使人体动作与姿态更为优美，进而提升形体素养。这一过程不仅关乎外在形象的塑造，更与身心健康的发展紧密相连。优雅的形体往往透露出良好的修养，外在可展现出独特的气质，因此，形体训练在促进人的健康发展方面发挥着重要作用。

形体所展现的优美、健硕、阳刚、神韵等美感，使形体训练成为一种高雅且舒适的健身方式。在训练过程中，不仅能纠正人们长期形成的错误习惯，还能通过舞蹈等，显著提升个人气质。尽管形体训练没有统一的定义，但大体上可分为两类：一是形体美训练，二是泛指所有带有形体动作的运动或训练，包括礼仪仪态的训练等。

值得注意的是，形体训练的受众以女性为主，但男性形体训练同样重要，只是侧重点有所不同。女性形体训练多注重优雅与气质的培养，而男性则更注重力量与肌肉的塑造。在训练过程中，需结合舞蹈基本功，注重身体的综合训练，以培养出高雅的气质。

进行形体训练时，首先要遵循因材施教的原则，根据学生实际情况和身体结构特点，采用科学的训练方法进行全面培养。其次，充分的热身运动和准备至关重要，以防训练过程中造成身体损伤。同时，训练应符合学生运动规律，结合心理特征制定有效的训练策略，激发学生兴趣，培养其形体美感。最后，教师要积极指导学生规范完成动作，采用多种训练方法，确保学生全身得到充分训练，提高身体协调能力。

二、形体训练的特点

形体训练与体育训练、舞蹈训练相比，具有一些独特的特点，这些特点使得形体训练在塑造人的形体方面更具优势。

形体训练具有群众性特点。这意味着形体训练的主体范围广泛，不局限于特定人群。其运动形式虽然主要来源于舞蹈或体操的基本功训练，但难度适中，对身体塑造效果显著。另外，相比于舞蹈、体操、体育等运动训练，形体训练更侧重于身体的舒展，因此更受大众欢迎，受众更为广泛。

形体训练具有针对性。虽然其训练主体宽泛，但训练内容却非常明确。它主要针对身体各部位的姿态、外形以及整体体型进行训练，通过固定的动作来塑造不同的身体部位，使整体形体更加协调、美观。这种针对性的训练方式有助于提升形体训练的效果。

形体训练的方式呈现多样化发展。它不仅包括跑、跳、舞步、旋转等动作，还融合了心理辅导、力量型训练等多种方法。同时，注重训练方式的变化与创新，如利用游戏进行身体放松，利用音乐构建训练情境等，这些都能有效提升形体训练的效率与质量。

形体训练具有一定的艺术性。它旨在塑造优美的身形和高雅的气质，这不仅需要对外在肢体进行训练，更要注重内在的培养。通过形体训练，人们可以在举手投足之间展现出独特的美感与魅力，形成一种艺术气息。这种艺术性使得形体训练不仅仅是一种身体锻炼方式，更是一种提升个人气质与魅力的有效途径。

三、形体训练的功能

1. 促进神经系统调节

形体训练通过肌肉、神经、器官等相互协调运动，不仅有助于塑造优美的形体，还对神经系统有着积极的促进作用。在训练过程中，通过运动、指定动作、音乐、环境变化等多种方式对人体进行刺激，使神经系统更为敏锐，提升身体各器官的协调合作能力。

人体的神经系统由中枢神经系统和复杂的周围神经系统构成，中枢神经系统与大脑直接相连，并由脊椎支撑。神经系统不仅对身体具有调节作用，还能对外部刺激作出反应。在形体训练中，身体受到的各种刺激会通过神经系统传递给大脑，大脑经过快速处理，调节身体内外环境的变化，使神经系统更为敏锐，同时保持身体在运动状态中。

此外，形体训练中的指令性动作要求大脑接收并处理动作指令信息，从而指挥身体作出相应动作。当动作不规范时，教练的指导能够帮助大脑更细致地调整动作，提高神经系统的应答反应。通过反复纠正错误动作，神经系统能够储存规范的动作信息，进一步提升人的思维能力和理解能力。

因此，形体训练不仅能够改善人的形体，使身体姿态更加优雅挺拔，还能够促进神经系统的健康发展，提高身体的协调性和反应能力。长期坚持形体训练，不仅能够让人拥有更好的外在形象，还能够让身体更加健康，思维更加敏捷。

2. 促进心血管运动

形体训练不仅有助于塑造优雅的形体，提升人的气质，还对心血管系统的保健发挥着重要作用。在形体训练的过程中，人体进行适量的运动，这促进了血液循环，提高了心脏的跳动频率，进而有效地增强心血管系统的功能。

心血管系统，是以心脏为动力核心，通过血管构成的闭环管道系统，为血液提供动能，确保血液能够顺畅地输送到身体各个器官，为机体提供必要的养分。这一过程对维持人体正常生理功能至关重要。

通过形体训练，人体对氧气的需求增加，从而促使心血管系统加快运作。在训练结束后，心血管系统经历了一次剧烈运动，心脏剧烈收缩，这一过程有助于锻炼心脏的心肌纤维，使心脏跳动更加有力。心肌纤维的增粗不仅增强了心脏的收缩力，还使心脏结构更加稳定，体积适当增加，为血液流动提供了更强大的动力。

此外，通过形体训练增强心脏功能，还能提高血液流通速度，有效防止血栓的形成，这对于预防心血管疾病具有重要意义。因此，形体训练不仅能够提升个人魅力，更能促进心血管系统的健康，保持心脏的年轻状态，预防心血管疾病的发生。

3. 矫正形体

人的形体虽然受先天因素的影响，但通过后天的形体训练，我们仍然可以有效地矫正和改善形体上的不足。形体训练不仅仅是一种体育运动，它更是一种综合性的矫正和塑造过程。

在人的发育过程中，由于长期不良的生活习惯等原因，可能会出现各种形体问题，如腹部赘肉、腿部粗壮等。这些问题通过普通的体育训练往往难以得到针对性的解决，甚至可能产生反效果。而形体训练则不同，它能够通过专业的动作指导和科学的训练方法，针对身体的特定部位进行矫正和塑造。

形体训练不仅能够矫正形体，还注重肢体动作习惯的培养和内心素养的提升。通过反复练习跑、走、跳、坐等姿势，培养人们形成规范性的动作习惯，并在日常生活中保持这些良好的动作习惯。这样，人们在日常生活中也会不自觉地注意动作的标准化，从而有效地矫正不正确的动作，逐渐恢复形体的美观。

此外，形体训练还涵盖了礼仪知识、文化知识、审美认知和艺术欣赏等方面的内容。通过这些教学，可以提高学生的综合素养，使他们在道德品质、文化涵养和艺术韵味等方面得到提升。这种内外兼修的训练方式，能够让人从内而外地发生变化，使形体得到真正的改善。

在形体训练中，对于身体的各个部位都会进行针对性的训练。例如，对于腰部训练，不仅仅是单纯的腰腹瘦身，而是通过一系列的训练动作，让臀部上翘、胸部丰满，同时减少腰部的赘肉，从而塑造出女性优美的"S"形线条。这种全面的训练方式，能够让人体的各个部位都得到协调发展，使形体更加完美。

同时，形体训练还能够有效地矫正后天形成的畸形现象。比如，对于因久坐而导致的脊柱侧弯的问题，形体训练可以通过牵拉脊椎等动作，使脊柱逐渐恢复正常。这种针对性的训练方式，能够有效地改善人体的姿态和形象。

四、形体训练的要求与方法

形体训练是一项全面而复杂的活动，它要求训练者不仅在外在形态上进行调整和优化，更需要在内在修养和气质上有所提升。

形体训练注重基本功的训练，包括站立、行走、坐卧等日常姿势的矫正和塑造。首先，通过反复练习和专业指导，训练者可以逐渐掌握正确的姿势和动作要领，从而有效改善因长时间保持不良姿势而带来的身体问题。其次，形体训练强调优雅的动作习惯和良好的表情管理。一个优雅的举止和自信的笑容，往往能够给人留下深刻的印象（如图1-1、图1-2所示）。因此，在形体训练中，训练者需要学会如何控制自己的身体语言和面部表情，使其更加自然、和谐、优美。此外，形体训练还注重内在修养的培养。它要求训练者不仅在外在形态上达到一定的标准，更需要在内在品质上有所提升。通过形体训练，训练者可以学会如何保持内心的平静和自信，如何在面对挑战和困难时保持冷静和从容。这种内在修养的提升，往往能够使训练者在日常生活中更加从容、自信地面对各种情况。

图1-1　女性训练后的站姿

图1-2　男性训练后的站姿

形体训练的方式较为丰富，包含有氧运动、力量训练、柔韧性训练、平衡训练等。这些方式相互补充，共同作用于人体的各个部位，从而实现对形体的有效改善。

在站姿训练中，靠墙站立是一种简单而有效的训练方法。训练者可以将身体紧贴墙面，确保头部、臀部、脚部和肩部都与墙面紧密接触。这种站立方式能够使身体更加笔直，提升形体的挺拔感。每天站立20分钟，既不会过于疲劳，又能充分发挥其矫正形体的作用。然而，需要注意的是，靠墙站立的训练方式效果相对有限，因此需要长期坚持和反复训练，以形成正确的站立习惯。

相比之下，俯卧支撑则是一种强度更高的训练方法。它借鉴了俯卧撑的动作要领，但并不需要像俯卧撑那样上下起伏。在俯卧支撑中，训练者需要将身体的肘部和脚尖与地面接触，同时保持肩部和整个躯干与地面平行。这种姿势要求身体保持直线形态，不仅能够锻炼到手臂和躯干的肌肉，还能提升身体的平衡感和稳定性。每天进行三到五次的俯卧支撑训练，可有效锻炼形体。

除了这些基本的训练方法外，形体训练还可以结合其他运动形式，如舞蹈、瑜伽等。这些运动不仅能够提升身体的柔韧性和协调性，还能通过优美的动作和姿态，进一步塑造优雅的形体。

总的来说，形体训练的方式多种多样，可以根据个人的需求和兴趣进行选择。无论是靠墙站立还是俯卧支撑，都需要长期坚持和反复训练，才能取得良好的效果。同时，结合其他运动形式进行训练，可以使形体训练更加全面和有趣。

在形体训练中，行走和手势的训练同样占据着重要的地位。它们不仅是日常生活中常见的动作，更是展现个人气质和修养的重要方式。

行走训练中，保持身体的平衡是确保走路姿势正确的关键。为了锻炼这一能力，训练者可在行走时头顶书本，并且在行走过程中保持稳定，不出现摇晃。这样的训练能够锻炼其在行走时身体的平衡性和稳定性。同时，训练者在行走时目光应锁定在身体正前方五米左右的位置，手臂自然下垂，摆动均匀。这样不仅能够提高行走过程中的身体平衡感，还能保证行走姿势的优美和协调。

手势训练在形体训练中同样具有挑战性。人们在日常生活中会根据不同情境选择不同的手势，因此手势训练需要更加注重内心想法与手指间的配合。在训练中，训练者需要利用一些舞蹈的基本功来进行训练，比如，利用"翻手"等姿势来提高手部和手腕的灵活度。通过反复练习，训练者会在日常生活中不自觉地对手势进行设计，使手势更加优雅、自然。

手势训练不仅有助于提升个人气质和形象，还能改善手部的线条和柔软度。长时间的训练能够使手部更加纤细，线条更加流畅，展现出更加优雅的气质。

第三节　形体与仪态

一、形体与仪态的关系

形体与仪态对于民航服务人员而言，是展现其整体素养的关键要素。二者相辅相成，共同塑造了民航服务人员的专业形象。形体美与仪态优雅不仅能让乘客感受到高质量的服务，还能展现出航空公司的专业水准和服务品质。

民航服务人员在日常工作中与乘客有着频繁的互动，他们的每一个动作、每一个表情都直接影响着乘客的满意度和舒适度。因此，良好的形体与仪态对于提升民航服务质量和塑造企业形象至关重要。

在形体与仪态的训练中，芭蕾舞的形体训练内容被广泛采用。通过芭蕾舞基本功的练习，民航服务人员的身体线条得到优化，肌肉的弹性与协调性得到提升。这种全面的锻炼方式不仅有助于塑造优美的形体，还能提高身体的健康水平。同时，培养民航服务人员的优雅气质也是形体与仪态训练的重要目标。这需要通过内在的文化素养与外在的形体训练相结合来实现。内在的文化素养可以通过学习文化知识、礼仪知识等途径来培养，而外在的形体训练则可以通过专业的形体教练指导，让每一个动作都更加优美、自然。

在训练过程中，注重训练与评价相结合、采用视频教学等方式对形体动作进行规范、创新，以激发学生热情，还可结合实践进行模拟飞行练习。这些途径不仅能够提高民航服务人员的形体与仪态水平，还能让他们在实践中不断提升职业素养和能力。形体与仪态对于民航服务人员而言具有不可替代的重要性。通过科学、系统的训练和实践，民航服务人员能够不断提升自己的专业素养和服务水平，为乘客提供更加优质、舒适的航空服务体验。

二、形体美与仪态美的区别与联系

形体美与仪态美有着密不可分的关系，它们共同构成了人类外在美的完整体现。

形体美作为仪态美的基础部分，为仪态提供了必要的支撑。没有健康的身体和优雅的姿态，仪态美便无从谈起。因此，形体训练对于塑造优美的仪态至关重要。通过科学的形体训练，人们可以改善身体的线条，增强肌肉的力量和弹性，使身体更加挺拔、优雅。

然而，仪态美并不仅仅局限于形体美，它还包括容貌美和修饰美等多个方面。容貌美是人与人相处时获得第一印象的关键因素，而修饰美则是对容貌美和形体美的强化和补充。通过适当的化妆、造型和服饰搭配，我们可以更好地展现自己的魅力和个性。同时，仪态美也离不开内在涵养的支撑。一个人的举止动作是否优雅，不仅取决于外在的形态，更在于内在的文化素养和修养。因此，我们在追求仪态美的过程中，不仅要注重外在形象的塑造，更要注重内在修养的提升。通过不断学习、思考和实践，我们可以增强自己的内在品质，使仪态美更加自然、持久。

形体美与仪态美是相互依存、相互促进的。在追求仪态美的过程中，我们应该避免陷入只注重外在形象的误区，而是要注重内外兼修，使外在美与内在美相得益彰。这样，我们才能真正展现出仪态美，给人以深刻印象。

三、仪态美

仪态美，作为人类仪表与言谈举止的综合体现，是外在形象与内在气质的完美结合。它不仅要求我们在穿着、妆容、造型等方面有着恰当的审美，更要求我们在言谈举止中展现出优雅与得体。这种美，既可以通过化妆、穿搭等外在修饰来展现，更需要我们通过性格、气质、思想品德等方面的内在培养来支撑。

在民航服务行业中，仪态美的重要性更是不言而喻。服务人员作为企业形象的代表，他们的仪态直接关系到乘客的飞行体验。一位拥有优雅仪态的服务人员，能让乘客感受到身心的愉悦，从而留下美好的印象。因此，民航服务人员需要注重仪态美与形体美的锻炼与培养。从微笑、目光、坐姿、行姿、手势等多个方面入手，全面提升自己的仪表与言谈举止。通过专业的形体训练，塑造挺拔的身姿；通过细致入微的仪态训练，展现优雅的气质。同时，也要注重内在修养的提升，以真诚、热情的服务态度，赢得乘客的信赖与喜爱。

四、仪态美在民航服务中的体现

1. 微笑

微笑是人类情感交流中最直接、最有力的方式。它无须言语，便能传达出友善、温暖和善意。在民航服务领域，微笑更是具有无可替代的重要作用。

对于民航服务人员来说，微笑不仅是职业素养的体现，更是服务质量的保障。一个真诚的微笑，能够瞬间拉近与乘客之间的距离，让乘客感受到温暖与关怀。当乘客面对服务人员的微笑时，往往会感受到宾至如归的舒适感，这种舒适感不仅能够提升乘客的满意度，还能够为服务人员赢得良好的口碑。

同时，微笑也蕴含着深厚的文化内涵和修养。一个具有亲和力的微笑，往往能够展现出服务人员的良好素质和修养，不仅能够提升民航服务的整体形象，还能够增强乘客对服务人员的信任感和认同感。

在生活中，我们也应该学会微笑。一个真诚的微笑，能够化解矛盾、缓解紧张气氛，让我们的人际关系更加和谐。同时，微笑还能够提升我们的沟通能力，让我们的言语更加有力、更加深入人心。

2. 目光

俗话说"眼睛是人心灵的窗口"，这充分说明了目光在人际交往中的重要作用。在人与人交流的过程中，目光的传递往往能够表达出一种真诚与尊重，使对方感受到我们的诚意和善意。对于民航服务人员来说，目光的运用更是至关重要。

在与乘客交流时，民航服务人员需要保持稳定的目光接触，避免出现目光躲闪的情况。这样不仅能够让乘客感受到被尊重，还能够增加彼此间的信任感。同时，通过目光的交流，服务人员可以更好地理解乘客的需求和情绪，从而提供更加贴心、周到的服务。

目光的练习是民航服务人员形体训练中的重要一环。通过专业的训练，服务人员可以学会如何运用眼睛和眼神来传递自己的修养和礼仪。这种训练不仅有助于提升服务人员的专业素养，还能够让他们在工作中更加自信、从容。

目光的运用在民航服务中扮演着非常重要的角色。通过稳定、真诚的目光交流，服务人员可以传递出尊重、关怀和善意，从而提升服务质量，赢得乘客的信任和喜爱。当服务人员用真诚的目光注视着乘客时，他们实际上是在传递一种尊重和关怀的信息。这种信息能够迅速拉近服务人员与乘客之间的距离，让乘客感受到亲切和温暖。这种情感的交流不仅能够提升乘客的满意度，还能够为接下来的服务工作打下良好的基础。因此，民航服务人员应该注重目光的练习和运用，将其作为一种有效的沟通工具来提升自己的服务水平。

3. 站姿

民航服务人员在服务过程中，标准的站姿作为其职业形象的重要组成部分，不仅体现了他们的专业素养，更是展现他们精神风貌和仪态美的重要方式。良好的站姿不仅能够让乘客感受到尊重和舒适，提升服务质量，还能够彰显民航服务人员的职业魅力。

在客舱服务中，民航服务人员的站姿有着严格的要求。女性服务人员通常采用双脚脚跟接触、脚尖分开一定角度的站姿，双手交叉放于腹部。这种站姿显得优雅而知性，能够展现出女性的亲和力。而男性服务人员则多采用双脚跨立的站姿，跨立宽度小于肩宽，双手交叉放在腹前或背后，这样的站姿显得稳重而有力，能够给乘客带来安全感和信任感。

良好的站姿不仅适用于民航服务领域，同样也可以运用在日常生活中。无论是参加正式场合活动还是日常社交活动，保持正确的站姿都能够提升自己的气质和形象，让他人感受到自信和积极的状态。通过长期的练习和养成习惯，挺拔的站姿会让自己在人群中脱颖而出。

4. 坐姿

在飞机起飞和降落时，民航服务人员需要严格遵守规定，坐在自己的座位上。由于他们的座位通常位于显眼的位置，因此保持良好的坐姿显得尤为重要。这不仅关乎个人形象，更代表着整个民航服务团队的专业素养和服务水平。

对于女性乘务员来说，优雅的坐姿是展现其专业气质的重要方式。她们通常会坐在椅子三分之二的位置上，这样既保持了身体的稳定，又展现出一种优雅的气质。坐下时，动作轻盈且自然，轻轻倚靠椅背，展现出一种温文尔雅的风范。同时，膝盖微微并拢，头部端正，胸部挺起，这些细节都进一步提升了女性乘务员的整体气质，让乘客感受到她们的精神面貌和积极的服务态度。

而男性乘务员则需要展现出一种大气、稳重的坐姿。他们的身体躯干需要挺直，这样既能避免给乘客留下懒散的印象，又能展现出他们的专业素养和自信。通过良好的坐姿，乘务员能够在乘客心中留下更好的印象，提升乘客对整个航空服务团队的信任感和满意度。良好的坐姿是民航服务人员专业素养的重要体现。通过保持优雅的坐姿，他们不仅能够展现自己的气质和形象，更能够提升服务质量，赢得乘客的信任和喜爱。

5. 行走

行走作为民航服务人员日常工作中不可或缺的一部分，在形体训练中占据着举足轻重的地位。优雅而自信的行走姿态不仅能够展现民航服务人员的专业素养，更能吸引乘客的目光，提升服务质量。在行走过程中，民航服务人员应注重步伐、手势和身体等方面的运动节奏。稳健的步伐、协调的手势和流畅的身体动作共同构成了优美的行走姿态。女性民航服务人员应特别注重彰显身体的曲线美，行走时保持优雅而不失端庄，步伐从容不迫，以提升自身的气质与魅力。而男性民航服务人员则应展现出沉稳大气的行走风格，步伐坚定有力，展现出健硕的体魄和专业的素养。在摆臂过程中，民航服务人员需要掌握自己的节奏，保持动作的协调与美观。摆臂的力度、速度和幅度都应与行走的步伐相协调，避免出现僵硬或过于随意的情况。通过优雅的摆臂动作，民航服务人员能够进一步展现自己的专业素养和自信风采。

此外，行走姿态的优美还体现在对细节的把控上。民航服务人员应保持头部端正、目光平视，面带微笑，以展现出亲切友好的服务态度。同时，注意保持身体的平衡与稳定，避免出现摇晃的情况，以确保行走过程的安全。通过不断的形体训练和实践锻炼，民航服务人员能够逐渐掌握优雅的行走姿态，并将其融入日常工作中。这不仅能够提升个人的职业形象和气质魅力，更能为乘客带来更加优质、舒适的服务体验。

6. 手势

飞机起飞前，民航服务人员通过专业的手势动作对乘客进行安全提醒，这不仅是职责所在，更是展现专业素养和服务水平的重要一环。这些手势动作看似简单，却需要经过严格的训练和学习，以确保其准确性和规范性。

在民航服务过程中，手势的运用非常重要。无论是为乘客指引方向，还是在交流过程中更好地表达，都需要服务人员具备一定的手势表达能力。

当服务人员为乘客指引方向时，他们会利用手势动作来指示位置，确保乘客能够准确理解并跟随。而在交流过程中，服务人员会运用合适的手势来辅助语言表达，使沟通更加顺畅和高效。这种行云流水般的手势与语言的配合，不仅让乘客能够充分理解服务人员的意图，更能感受到被尊重和重视。

在日常生活中，良好的手势礼仪同样能够给人带来诸多优势，运用恰当的手势礼仪能够提升个人的形象和气质，增强自信心和亲和力。通过配合一定的手势礼仪，人们可以更加生动地表达自己的思想和情感，拉近与他人的距离，建立更加和谐的人际关系。

因此，对于民航服务人员来说，学习和掌握专业的手势礼仪是非常必要的。通过不断地训练和实践，他们可以将手势与语言完美地结合在一起，为乘客提供更加优质、高效的服务。同时，在日常生活中也应该注重手势礼仪的运用，让自己成为更加有魅力和影响力的人。

拓展阅读

客舱暖心服务靠技巧，更靠爱

资料背景

春运对旅客来说也许是一张机票、一次旅程、一份乡愁，但对民航人员来说是一场考试、一种责任、一份坚守，更是一种情怀。

对于中国人而言，春节长假是宝贵的假期，更是与家人团聚的日子。在此期间选择旅行过年的人不在少数，因此飞机上的老人、孩子特别多，乘务员的工作压力随之加大。据了解，春运期间成都飞往三亚的航班几乎班班爆满，客舱里不同年龄段的小朋友非常多，婴儿的哭闹声、小朋友的欢声笑语让客舱很难安静下来。这时候，乘务员的服务能力备受考验。

在吉林飞往成都的航班上，一名乘务员发现有位旅客独自带着只有几个月大的宝宝乘机，就主动帮助该旅客哄孩子，一会儿温柔地将孩子抱起来拍拍背，一会儿用飞机上的小玩具逗孩子玩。在四个半小时的飞行时间里，小宝贝一直没有哭闹，画面非常温馨。

民航人用心的服务，勾勒出春运出行的温馨画面：在春运期间的航班上，一些乘务员提前准备好五颜六色的糖果，因为知道即将迎来许多小旅客，糖果或许可以消除部分孩子的乘机恐惧；还有一些乘务员用彩纸提前折好了小兔子，准备送给小朋友，希望他们在新的一年平安快乐。

思考与借鉴

对民航而言，客舱服务不断更新升级，乘务员提供的客舱服务早已不是提供餐食那么简单。春节期间客流量大，客舱服务工作量随之增加，但乘务员不仅不会在服务上打折扣，还策划了许多活动为乘客带来更好的飞行体验。这样的客舱服务已不是写在纸上的规范，而是乘务员的真心，他们用心发现旅客的困难和需求，用心感受旅客的情绪。只有将真诚、友善融入客舱服务的每一个细节，用一个个小行动帮助旅客、打动旅客，才会换来航空公司的服务口碑。

开放式讨论

讨论题目——形体训练对现代人的身体健康有何意义？

提示要点：

改善个人的形体：形体训练可以帮助改善个人的体态和姿势，使身体更加匀称和健美。

放松心情和舒展身心：形体训练可以帮助人们放松心情，舒展身心，减轻工作和生活的压力。

促进身心健康：形体训练调节人的情绪和心境，增强抵抗力，有益于身心健康。

提升审美能力：形体训练可以提升和培养人们的审美能力，使人们更加懂得欣赏美和追求健康美。

提升自我综合价值：形体训练可以从很大程度上提升个人的综合价值，培养高尚的情操，为自身的综合素质改善奠定基础。

总之，形体训练对现代人的身体健康意义重大，不仅可以改善个人形体，还可以促进身心健康和提升个人综合价值。

本章总结

本章的内容主要围绕形体的概念、基本素养、训练方法以及形体美与仪态美的关系展开。通过学习本章，可以了解形体的基本知识和训练方法，培养高雅的气质和美的意识，提高身体的协调性、控制力和表现能力，矫正不良姿势，练就健美形体。同时，本章还强调了形体美与仪态美的重要性，以及如何塑造仪态美和打造自身的亲和力。总的来说，本章的内容旨在帮助学生掌握形体的基本概念和训练方法，提高形体素质，培养良好的仪态和形象。

本章课后思考与练习

思考题

  1. 形体与仪态的区别是什么？
  2. 如何通过形体训练塑造优美仪态？
  3. 民航服务人员应该具备哪些优雅仪态？

练习题

  1. 形体训练的基本方法有哪些？
  2. 形体训练的特点是什么？

第二章
民航服务人员的
形体美

学习目的

　　追求美乃人之本性，正如英国哲学家培根所言，在美的领域，容貌之美超越色彩之美，而优雅得体的动作之美又胜过容貌之美。形体美构成了仪态美与形象美的基础，涵盖了体型、姿态与动作之美。我们在追求美的过程中，理应追求健康和谐的体形美、恰当的妆容与服饰修饰，以及充满魅力的举止与仪态。同样重要的，是培养高尚的品德和善良的内心，这些内在的美德，也是我们不懈追求的目标。

学习目标

1. 正确认识什么是健康的形体美；
2. 了解民航服务人员形体美的意义和要求；
3. 了解形体美的标准，并懂得如何进行正确的评价；
4. 培养美的意识，帮助学生建立审美情趣。

理论知识

1. 形体美的构成；
2. 形体美的标准；
3. 民航服务人员形体测量方法；
4. 民航服务人员形体美的标准与要求。

能力与素质

1. 能够正确认识形体美，树立健康的审美能力；

2. 通过对自身形体测量，了解自身形体与民航服务人员形体美要求的差距；

3. 通过形体美的学习与认知，了解自身形体特点与优劣，并为此建立正确的审美追求。

德育要素

1. 引导学生建立健康的审美意识；

2. 引导学生树立正确的审美观。

导读

　　在狭义的层面上，形体美主要关注人的自然属性，如体态和面貌。然而，从广义上理解，形体美应是外在之美与内在之质的有机结合，它不仅包括了外形之美、姿态之美和体态之美，还有内在的修养，才能构成真正而完整的美。

　　古希腊文化对形体美给予了极高的评价，将其誉为"身体美"。毕达哥拉斯学派深谙其理，他们主张身体之美体现在各部分间的和谐比例。而柏拉图哲学则进一步提出，当身体的优雅与心灵的优美达到和谐统一时，方能显现出至高无上的美的境界。

　　民航企业不仅承担着为社会提供公共航空运输服务的职责，还肩负着向世界展示中华民族精神风貌的使命。在民航服务过程中，服务人员的角色因不同的服务阶段、对象和目标而呈现出多样化的特征。因此，每一位民航工作者都需要严格要求自己，全面学习和修炼形体形态、行为举止、仪表仪态、语言沟通、语音语调、表情神态、文化涵养、专业素质、艺术修养和爱国情怀等，不断提升自身整体形象，努力成为更加专业、高效、高品质的全面人才。

第一节　形体美的标准

　　美的本质并非有明确的定义，而是在特定的历史时期和文化背景下，通过具体的表现形态逐渐展露。因此，美的追求成为人类的一种永恒志向。此外，随着不同历史时期的变迁，人们对美的表达和诠释的过程，其深远的意义已经超越了答案本身。形体美是基于社会评价体系对个体的体型、体态、仪态和气质等因素的综合评估，反映了社会审美标准的体现。由于形体美以人作为审美对象，它特指人体曲线之美，融合了人的躯体线条与情感、品质，并通过姿态、仪态等综合形象呈现给欣赏者。形体美涵盖了多个方面，包括身体之美、仪态之美、动作之美以及精神之美。

一、形体美的标准

黄金分割率最基本的公式是将1分割为0.618和0.382，而且我们可以发现黄金分割率的奇妙之处：

$$1/0.618 = 1.618$$
$$(1-0.618)/0.618 = 0.618$$
$$0.618 \times 1.618 = 1$$
$$1.618/1 = 1/0.618$$

黄金分割是一种数学上的比例关系，具有严格的比例性、艺术性、和谐性，蕴藏着丰富的美学价值，应用时一般取0.618。令人惊讶的是，人体自身也和0.618密切相关。对人体解剖有深入研究的意大利画家达·芬奇发现，人的肚脐位于身长的0.618处。科学家还发现，当外界环境温度为人体温度的0.618倍时，人会感到最舒服。

古希腊帕特农神庙由于高和宽的比是0.618，成了举世闻名的完美建筑。建筑师发现，按这样的比例设计殿堂，殿堂将更加雄伟、壮丽；设计别墅，别墅将更加舒适、美丽。连一扇门窗若设计为黄金矩形都会显得更加协调和令人赏心悦目。高雅的艺术殿堂里，自然也留下了黄金分割率的足迹。画家发现，按0.618:1来设计腿长与身高的比例，画出的人体身材最优美，而现实中的女性，腰身以下的长度平均只占身高的0.58，因此古希腊维纳斯女神像及太阳神阿波罗的形象都通过延长双腿，使之与身高的比值为0.618，从而创造艺术美。

希腊古城雅典有一座用大理石砌成的神庙，神庙大殿中央的女神像是用象牙和黄金雕成的。女神的体态轻柔优美，引人入胜。专家研究发现，她的身体从脚底到肚脐间的距离与整个身高的比值恰好是0.618。不仅雅典娜女神身材美好，其他许多希腊雕像的身体比例也是如此。人们所熟悉的维纳斯，太阳神阿波罗、海姑娘阿曼等著名的雕像都可以找到0.618的比值。

在研究黄金分割与人体关系时，人们发现了人体结构中也有许多符合黄金分割率之处。

(1) 头占肩宽的38%。

(2) 头与颈部的长度之比是62:38。

(3) 面部长宽之比为5:3（所谓三庭五眼）。

(4) 咽喉是头顶到肚脐之间的黄金分割点。

(5) 肘关节是肩关节到中指尖之间的黄金分割点。

(6) 肚脐是头顶到足底之间的黄金分割点。

(7) 腰围与臀围之比为0.618。

(8) 膝关节是肚脐到足底之间的黄金分割点。

二、均衡的比例与整体的和谐美

普列汉诺夫曾指出，绝对的审美标准是不存在的，也不可能存在。这是因为，在人类历史发展过程中，对于形体美的标准始终处于不断变化之中。即使是在同一时代，由于民族特色、种族差异、地理环境、审美习惯、教育背景和教育程度等因素的影响，人们对于美的评判标准也各不相同。因此，我们只能依据现代人对人体美的研究，提出一套相对稳定的评价标准。

（1）躯干骨骼发育正常　脊柱正视垂直，侧面曲度正常。骨骼的异常将直接影响到身体的外观。一些人平时不注意自己的姿势，久而久之会改变脊柱的弯曲度，以致成年后身体形态随之改变。

（2）四肢长而直，关节不显得粗大而突出。

（3）头顶隆起，五官端正　在体育运动中，一些要突出表现形体美的项目，教练员喜欢挑选头部稍小的苗子进行训练。头顶微微隆起，构成的圆弧与全身的线条保持流畅和谐，与端正的五官显得协调。如果两个身材差不多的运动员经过一段时间的训练，肌肉同样发达，给人的印象却是头部较小的运动员肌肉显得更强壮一些。

（4）两肩平正而对称，男宽女圆　男子的肩膀宽阔，可以显示其阳刚之气；女子的肩膀圆润，可以突出其曲线美。

（5）胸廓饱满　有宽大而隆起的胸部，人才显得健壮结实，富有活力。一个男子如果把胸大肌和背阔肌锻炼得匀称而发达，他的躯干就会呈现V形而显得挺拔有力。而女性丰满的胸部才能充分显示出身体的优美曲线，表现女性特有的魅力。

（6）腰部细而结实　可以通过体育锻炼来消除沉积在腰腹部的多余的脂肪，自然呈现圆柱形的腰部。

（7）腹部平坦　健美的身材要求腹部结实平坦，突出或下垂的腹部是不美观的。

（8）臀部圆翘，球形上收　如果两个骨骼比例一样的人站在一起，那么臀部圆翘将显得腿更长，重心更高，比例更完美。我们应通过经常的体育锻炼收紧臀部肌肉，有助于形体美的形成。

（9）腿修长而线条柔和　腿部的肌肉群比较多，其功能也比较多，所以腿部也显得灵活、有力。小腿修长，腓肠肌突出流畅，与大腿比例协调。

（10）踝细、足弓高　踝关节相对细小，会显得灵活；足弓高，行走时步伐富有弹性。这些对形体美的构成及表现也具有重要意义。

三、普通成年男子健美体围标准

男性以刚健挺拔的线条为美，身体比例匀称、均衡发展，具有"倒三角"的外形，丰满的胸部，结实隆起的肌肉，有力的四肢，线条清晰的腹肌，饱满而上翘的臀部，修长的下肢。挺拔而端正的体态除了受姿势的影响，也离不开身体基本骨骼的良好发育。男性的体脂率比女性低，所以整体展现均衡、协调，强壮而结实的体型特点。

普通成年男子健美体围标准如表2-1所示。

表2-1　普通成年男子健美体围标准

身高/cm	体重/kg	胸围/cm		上臂屈/cm	颈围/cm	小腿围/cm	大腿围/cm	腰围/cm
		常态	深吸气					
153～155	50	94	97	32			48	65
155～157	52	94	98	32			49	65
157～160	54	95	99	33			50	66

身高/cm	体重/kg	胸围/cm		上臂屈/cm	颈围/cm	小腿围/cm	大腿围/cm	腰围/cm
		常态	深吸气					
160～163	56	97	101	33		51	66	
163～166	58	98	102	34		51	68	
166～169	61	99	103	34		52	69	
169～171	63	100	104	35		52	69	
171～174	65	100	105	36		53	70	
174～176	67	102	107	36		54	71	
176～180	70	103	108	36		55	72	
180～182	72	103	109	36		55	73	
182～184	75	104	110	37		56	74	

四、普通成年女子健美体围标准

女性形体美主要取决于三个维度（胸、腰、臀）的协调比例，体脂百分比，头身比以及身体各部分间的和谐比例。丰满而挺拔的胸部是塑造女性曲线美的关键元素之一。理想的乳房应充满弹性且丰满，并以适度发达的胸肌为支撑，以形成优美的胸部曲线。无论是过于松弛或过度干瘪的乳房，都会对女性的身形美感产生负面影响。

坚实而平坦的腹部，以及稍显纤细、苗条的腰部，也构成了女性曲线美的另一重要特征。腰腹部过量的皮下脂肪堆积无疑会让人显得臃肿，影响美观。同时，丰满而适中的臀部能够塑造出女性身体的优美曲线。无论是过于肥大还是过于瘦小的臀部，都会破坏身材的和谐感。

修长而有力的四肢同样是女性身体美的重要组成部分。腿部应该稍长于躯干，以使身体显得修长而苗条；腿部既不能过于粗壮，也不能过于纤细，而应有一定比例的线条修长的肌肉，以展现出腿部的优美曲线。因此，一个健康美丽的体型首先应该是各个部位的比例均衡、和谐。

普通成年女子健美体围标准如表2-2所示。

表2-2　普通成年女子健美体围标准

身高/cm	体重/kg	吸气后胸围/cm	腰围/cm	臀围/cm
153～155	47.5	88	58	88
155～158	48.5	88	58	88
158～160	50	89	59	89
161～163	51.5	89	59	89
163～166	53	90	60	90

身高/cm	体重/kg	吸气后胸围/cm	腰围/cm	臀围/cm
166～169	54.5	90	60	90
169～171	56	92	61	92
171～174	58	92	61	92
174～176	60	94	64	94
176～180	61.5	98	66	96

第二节　民航服务人员形体美的评价体系

一、形体标准与评价

人体的形态评价指标受遗传因素和环境因素的影响。然而，这些指标并非一成不变，可以通过改善营养结构、进行形体训练以及实施各种科学的锻炼方法来进行调整。这是因为人体具有一定的可塑性，通过系统的锻炼，骨骼、关节、肌肉和韧带可以发生适应性的改变，尤其是肌肉的改变，会显著地改善人们的外观形态。

1. 身高

身高反映人体骨骼的发育状况和人体纵向发育水平的重要指标，其主要通过标准身高指数来表示，计算公式为：

$$标准身高指数=身高（cm）-体重（kg）$$

男子标准身高指数为109，女子标准身高指数为104。

一般来说，高于此指数，说明发育良好；低于此指数，说明发育较差。

2. 体重

体重是反映人体横向生长及围度、宽度、厚度及重量的整体指标，其主要通过标准体重来表示。国家常用的标准体重计算方法有以下两种。

方法一：

男：标准体重（kg）=［身高（cm）-100］×0.9

女：标准体重（kg）=［身高（cm）-100］×0.9-2.5

方法二：

男：标准体重（kg）=身高（cm）-100

女：标准体重（kg）=身高（cm）-105

3. 上下身比例

男子以股骨大转子为中心，上下身长相等；女子以肚脐为界，上下身比例为5：8。

身体各部分相对比例：

（1）男女两臂侧平举时两手中指间的长度等于身高。

（2）肩宽是反映人体体型特点的横向发育水平的重要指标。男女肩的宽度，约等于1/4身高。

（3）男女大腿长等于1/4身高。

（4）胸围是胸廓的最大围度，可以表示胸廓大小和肌肉发育状况，是人体宽度和厚度最有代表性的指标。男子胸围约等于1/2身高+5cm；女子胸围是身高的53.4%。

（5）男子腰围约比胸围小18cm；女子腰围不大于1/2身高。

（6）男子大腿围约小于胸围22cm；女子大腿围小于腰围8～10cm。

（7）男子小腿围约小于大腿围18cm；女子小腿围小于大腿围18～20cm。

（8）男子脚腕围约小于小腿围12cm，上臂围约等于1/2大腿围，前臂围约小于小腿围5cm，颈围约小于小腿围。

二、形态标准与评价

1. BMI

BMI（Body Mass Index），即身高体重指数，也叫身体质量指数，是衡量是否肥胖和标准体重的重要指标。BMI 最早是由一百多年前的比利时的阿道夫·凯特勒（Lambert Adolphe Jacques Quetelet）提出。它的定义如下：

$$W = 体重（kg）$$
$$H = 身高（m）$$
$$BMI = W \div H^2$$

身体质量指数（BMI）标准见表2-3。

表2-3　身体质量指数（BMI）标准

体重	男生	女生
体重不足	＜ 17.0	＜ 16.4
过轻	17.1～19.9	16.4～19.9
正常	20.0～25.0	20.0～25.0
理想体重	21.9～22.4	21.3～22.1
过重	25.1～27.8	25.1～27.3
肥胖	＞ 27.8	＞ 27.3

BMI原来的设计是一个用于公众健康研究的统计工具。通过把个体的身高及体重换算成BMI值，再与大众群体平均值对比，找出其与发病率是否线性相关。

BMI 只考虑了体重，没有把体脂率计算在内。所以不是每个人都适用BMI的，比如未满18岁的未成年人、怀孕或哺乳期的女性、身体虚弱或久坐不动的老人等。也就是说一个BMI指数超重的人，实际上可能并非肥胖。例如，一名健美运动员的体重中有很大比例是肌肉，他的BMI指数可能会超过30，而体脂却可能只有10%。

2. BFP

BFP（Body Fat Percentage）为体脂肪率，简称体脂率，是指身体脂肪含量占总体重的百分比。最初用于评估动物，例如评估饲养家畜的品质，近些年开始应用于人体。体脂率的计算公式为：

$$体脂率（\%）=1.2×BMI+0.23×年龄-5.4-10.8×G$$

其中 G 为性别，男性 $G=1$，女性 $G=0$。

具有相等 BMI 的男性和女性，前者体脂率比后者低 10%。

即使体重仍维持在相同的水平，随着年龄的增长，其体脂百分比也会有所增长。

人体内的脂肪可以人为地分为两部分：必需部分和储备部分。必需部分是维持身体新陈代谢所必需的最少脂肪量，高出该部分的即储备部分。成年男性的必需脂肪量占体重的 2%～5%，女性为 10%～13%。一般认为男性体脂率>25%，女性>33% 是可确定为肥胖的标准。

正常标准：男性正常体脂率为 10%～20%，女性为 17%～30%。此为成年男女标准值，女性超过 50 岁，男性超过 55 岁，每增加 5 岁，体脂百分比标准值上调 2%～3%。

测量体脂率具有一定的难度。其中最准确但烦琐昂贵的方法是排水法，可同时测量出被测对象全身浸泡在水下时的体重（即静水体重）和全身体积。

还有其他仅限于研究用的测量体脂的方法，比如 CT 扫描，核磁共振成像（MRI）以及双能 X 线吸收仪（DEXA）。

评价：以上几种可属于身体成分的测量，瘦体重比例越大，说明练习的效果越好，但也不是瘦体重越大越好，脂肪的含量应不低于体重的 20%。一般通过练习者自身纵向比较，即比较练习前后脂肪增减情况来评价练习效果。体脂下降表明练习效果好；若体脂含量提高，说明练习量不合适或是练习者的饮食等其他情况不合适，这时应调整运动量或饮食比例。

3. ABSI

ABSI（A Body Shape Index），即体形指数。这是一个身体参量，它于 2012 年由 Nir Y. Krakauer 与 Jesse C. Krakauer 提出。ABSI 实际上是把 BMI 和腹部脂肪结合起来得到的综合参量。发明者分别比较研究了英美两国的 14100 人，发现 ABSI 能比 BMI 更成功地预测出身体指标与过早死亡之间的关系。因为提出至今时间尚短，还需要大量后续的研究才能确定 ABSI 的价值。

4. WHR

WHR（Waist-to-Hip Ratio），即腰臀比，是腰围和臀围的比例，是判断中心性肥胖的重要指标。过多的腹部脂肪与心血管疾病发生是直接相关的。女性得数在 0.85 以下，男性得数在 0.9 以下，就说明在健康范围内。腰臀比是描述脂肪类型的指标，高者多为向心性脂肪分布，低者多为全身性脂肪分布。这是预测一个人是否肥胖及是否面临患心脏病风险的较佳方法，比当代普遍使用的测量体重指数的方法要准确 3 倍。健康指数无论男女，臀围明显大于腰围者，不仅体型优美，而且健康指数高；而腰围明显大于臀围者，不仅体态臃肿，而且危机四伏。如果腰臀比值过高，钙就容易在血管里堆积，使人体患动脉硬化的风险增大。胖人还容易早衰，死亡率较同龄的正常人高出 25%～50%。对于女性来说，胸围、臀围较大，肩部较宽，大腿较粗而腰腹较细者，是最理想的体型，而且健康状况良好。对于大多数人来说，体重的降低也意味着腰臀比的下降，患心脏疾病的危险也随之降低。

研究指出，腰臀比是预测心血管病、糖尿病和乳腺癌风险的指标。调查结果显示，腰臀比高于0.9的人群与低于0.9的人群相比，高血压和高血脂的风险显著上升，并且随着体重增加而逐渐升高。在绝经前的女性中，腰臀比的增加与乳腺癌的风险成正比，若女性体重超标或肥胖，则患乳腺癌的危险系数进一步增加。研究人员强调了运动对减少体脂的重要性，并指出运动有助于增强下肢肌肉力量，而单纯依靠节食无法有效改善腰臀比。因此，为了维护健康，应结合适当的饮食和规律的运动。身体质量指数（BMI）标准见表2-4。

表2-4　身体质量指数（BMI）标准

危险等级	男性	女性
高危险	>1.0	>0.85
较高危险	0.9~1.0	0.8~0.85
较低危险	<0.9	<0.8

三、民航服务人员形体美的测量、标准与评价

航空企业不仅承担着为社会提供公共航空运输服务的职责，同时也向全球展现中华民族的精神面貌。直接与乘客互动的民航服务人员，在决定航空服务质量方面扮演了至关重要的角色，并深刻影响着乘客对航空公司的整体印象。因此，航空公司对于服务人员的各方面素质提出了较高的要求。因此，了解和掌握民航服务人员形体美的标准及其评估方法显得尤为重要。通过对身体各部位的精确测量，如身体长度、围度以及厚度等，结合个人骨架构造及遗传因素，可以对照形体美的标准进行比较，识别差距，并进行有效的自我监管，以期不断提升个人的外在形象和专业水平。

1. 形体指标测量

（1）测量场地条件：须在光线充足的空间、温度适宜。

（2）测量工具：身高体重测量仪、软皮尺、脂肪钳、肩部卡尺。

（3）测量者的着装：测量时应着轻便贴身短装或练功服。

（4）测量禁忌：测量应尽量避免特殊时期，如生病或自我感觉不好、病后恢复期、训练后尤其大运动量后、女生生理期。

（5）测量指标的方法

·体重：测量时，赤脚、身体直立，保持平衡。

·身高：侧对测量员，赤脚，两脚并拢，后背自然挺直，测量头顶最高点至足底地面的垂直距离。

·上肢长：侧对测量员，自然站立，测量被测者肩外侧到中指手指尖的距离。

·肩宽：背对测量员，自然站立，后背挺直，双肩放松，双臂自然下垂，找到被测者双肩尖峰外缘，测量两点之间的最远距离，用皮尺从左到右贴合被测者身体。

·腿长：背对测量员，自然站立，测量臀折线到地面的长度（臀折线是臀部与大腿后侧相交线）。

·腕围：面对或侧对测量员，手臂放松，测量腕骨最细的部位。

·踝围：面对或侧对测量员，自然站立，测量踝关节最细的部位。

·臂围：面对或侧对测量员，自然站立，双臂自然下垂，手臂放松，测量上臂最粗的部位。

·胸围：面对或侧对测量员，自然站立，软尺经过胸部最高点，水平环绕一周。

·胸下围：面对或侧对测量员，自然站立，皮尺沿乳房下沿水平环绕一周。

·腰围：面对或侧对测量员，两脚并拢，躯干直立，后背自然挺直，测量腰部最细的部位，皮尺水平绕环一周。

·臀围：侧对测量员，两脚并拢自然站立，躯干自然挺直，测量臀部最突出的部位，皮尺水平绕环一周。

·大腿围：侧对测量员，自然站立，两腿自然伸直，两脚分开与肩同宽，测量大腿最粗的部位。

·小腿围：侧对测量员，自然站立，两腿自然伸直，两脚分开与肩同宽，测量小腿最粗的部位。

·上臂皮脂厚度：面对测量员，自然站立，手臂自然下垂，放松，测量上臂最粗部位前部的脂肪厚度。

·上腹皮脂厚度：面对测量员，自然站立，测量被测者从腰线向左右4~5cm处脂肪厚度。

·下腹皮脂厚度：面对测量员，自然站立，测量被测者肚脐下2~3cm，腹中线左右4~5cm处厚度。

·后背皮脂厚度：背对测量员，自然站立，测量被测者肩胛骨下靠近斜方肌的位置中点3~4cm处脂肪厚度。

2. 美学标准

头身比良好，五官端正，肤色好，眉清目秀，轮廓清晰；颈部颀长、舒展，身材匀称，躯干有正常的生理曲度与良好的三围比例，挺胸，纤腰有力，臀丰满而不下坠；下身长应超过上身长2cm以上；穿着夏装时暴露部位无明显疤痕和色素异常；性格开朗、举止端庄。

3. 身高标准

女性：160~175cm。
男性：175~185cm。

4. 体重标准

30岁以下体重（kg）=［身高（cm）－110］±［身高（cm）－110］×10%
30岁以上体重（kg）=［身高（cm）－105］±［身高（cm）－105］×10%

5. 语言能力标准

具有较好的语言表达能力，语言规范，表达流畅；口齿清晰，嗓音圆润，声音不干、不涩、不哑、不弱等。普通话标准，英文发音准确，富有表现力、感染力和亲和力。

6. 步态标准

步态自然大方，有节奏感；造型自然有韵味，能把握人体的均衡性，有良好的身体表现能力；表情自然、有亲和力。

7. 前庭耐力的标准与评价

前庭耐力是指人对连续的颠簸、摇晃、滚翻等运动的耐受能力，是民航服务人员必备的特殊的身体素质。前庭耐力与人的平衡功能的稳定性有着直接的关系，前庭耐力差的人在飞行中容易出现头晕、头痛、恶心、呕吐、面色苍白等晕机症状，从而影响工作任务的完成。

（1）抗眩晕操测试

① 测试场地：地板、草地或地面平整、质地软硬适中的场地。在测试场地画一条10cm的白线。

② 测试方法：受试者严格按照动作规范和节奏要求，在规定时间内依次连续完成双腿连续纵跳、坐撑左右侧屈、仰卧抱膝前后滚、左右滚、左右侧后滚、抱膝螺旋滚等动作。完成后立即站立并在无任何帮助的情况下，沿直线行走10m，测试员量受试者左右脚印的最外侧边缘的距离，测量其两脚印的左右最大偏离度不超过1m。

③ 评价

0度：能顺利直行10m，无不良反应。

1度：能行走10m，但不能完全直行，有轻微头晕、恶心、面色苍白、微汗等。

2度：不能延白线直行10m，有明显头晕、恶心、面色苍白、大汗、肢体震颤、精神不振等，甚至不能完成整个测试者。

0度为合格，其他均为不合格。

（2）电动转椅测试

① 测试器材：使用空军招飞电动转椅。

② 测试方法：受试者坐在转椅上，头直立靠在头托上。以2s/圈（180°/s）的角度匀速旋转，旋转中闭目，随节拍器连续左右摆头（60°），2s/次，共45圈（90s）。

（3）评价

0度：无不良反应。

1度：有轻微头晕、恶心、面色苍白、微汗等。

2度：有头晕、恶心、面色苍白、冷汗、肢体震颤、呕吐等反应。

3度：有明显头晕、恶心、面色苍白、大汗、肢体震颤、精神抑郁等反应。

2度和3度反应者，为前庭自主神经反应敏感。

8. 身体健康水平要求

满足中国民用航空局颁布的《中国民用航空人员医学标准和体检合格证管理规则》（CCAR-67FS）中规定的体检标准。

9. 部分国内及国际航空公司的体能要求

根据民航局要求，航空安全员在取得安全员执照前须参加民航局组织的安全员初始训练考核，体能考核项目及标准见表2-5、表2-6。

表2-5　男子体能考核项目及标准

项目	3000m	100m	引体向上	双杠臂屈伸	立定跳远	1分钟屈腿仰卧起坐
标准	17′00″	15″50	3个	5个	2m	26个

表2-6　女子体能考核项目及标准

项目	1500m	100m	立定跳远	1分钟屈腿仰卧起坐
标准	11′30″	18″40	1.3m	20个

 附：中国民用航空局颁布的民航服务人员面试标准

美学标准：五官端正；肤色好，着夏装时暴露部位无明显疤痕和色素异常；形体匀称；下肢长超过上身2cm以上，不是"O"形或"X"形腿。

男生身高为173～185cm，

体重（kg）：[身高（cm）-105]×90%～[身高（cm）-105]

女生身高为162～175cm，

体重（kg）：[身高（cm）-110]×90%～[身高（cm）-110]

较好的语言表达能力；清晰的口齿和圆润的嗓音，声音不干、不涩、不哑、不弱等。

航空医学标准：每眼视力不低于0.5（C字表）；无色盲、弱视、斜视；无精神病史；不晕车、晕船；无口臭、腋臭；无明显的内、外八字脚；无肝炎、结核、痢疾、伤寒等传染病。

第三节　民航服务人员形体美的意义和要求

一、形体美的构成

形体美包括形体形态美、形体姿态美、形体仪态美与形体形象美。

1.形体形态美

人体的形态美学是一门研究人体比例与外观的科学，它涉及了个体的高矮、胖瘦、头部与身体的协调性、肩宽与头部的匹配度、四肢与躯干之间的均衡、上半身与下半身的比例关系、骨架的结构大小以及体脂含量等因素。这些特征共同构成了一个人的体型和轮廓。

在观察一个人的形体时，我们往往无需近距离地细致审视，便能够通过肉眼的远距离感知，对其外貌特征进行初步的判断。这种判断虽然粗略，但却能够迅速为我们提供关于对方身体特征的基本信息。例如，我们可以迅速地识别出一个人的身高是否适中，或者体型是否匀称。

然而，值得注意的是，形体形态美并非仅仅局限于外观上的和谐与比例。它还涉及个人的健康状况、生活方式、遗传因素等多方面的内在因素。因此，对于形体美的欣赏和追求，不应仅仅停留在表面，而应更加注重健康和谐的生活方式，以及对身体内外平衡的维护。

2. 形体姿态美

形体姿态之美关乎于人体静态与动态姿势的和谐与优雅。尽管一个人可能拥有健康的体魄和比例协调的外形，无明显瑕疵，然而，若日常习惯中存在不良姿态，如驼背、颈部前伸等，便有可能破坏整体的美感。行走时，有的人脚步内外翻、腰臀缺乏力量、身体松懈无力，相反地，有的人肩膀平稳、头部保持直立、收腹挺胸、步履轻盈；坐姿时，有的人可能是弓腰低头、膝盖分开并抖动双腿，有的人却坐得背部挺直、腰部紧致、膝盖紧靠，显得安静而端庄。无论是在日常生活、工作还是各种活动中，人们展现出的静态和动态姿势，共同塑造了个人的形体姿态风貌。值得庆幸的是，优美的姿态并非天赋所定，而是可以通过一系列系统化的形体姿态训练来获得和提升的，进而使个人的整体形象更臻完美。通过这些训练，每个人都能学会如何调整和控制自己的身体语言，从而在任何场合下都能展现出最佳的自我形象。

3. 形体仪态美

"仪态"一词，究其字义，"仪"乃礼仪、礼节与礼貌的集合，而"态"则代指人的样貌、态度和状态。二者结合，便构成了一种充满知礼与懂礼的外在表现和内在涵养。在社交场合，仪态不仅仅是简单的行为模式，它更是一个人精神风貌和教养的直观反映。

这种仪态的表现，涵盖了人们日常举止中的一系列动作，如站立、坐下、行走、下蹲、手势运用、鞠躬握手等。同时，也包含了表情的微妙变化、眼神的交流、语调的抑扬顿挫及音色的和谐悦耳。这些非言语的表现形式，是情感、态度、智慧及教养的无声传达，通常被称作体态语言或非言语交际。尽管体态语言是无声的，却能传递出远胜于言辞的丰富信息。它是一种不断流动且时刻变化着的沟通要素，体现了个人的愿望、情感、意志和思想，彰显了个体的自我存在。在人际交往的过程中，体态语言发挥着不可或缺的作用。特别是在跨文化的沟通中，正确解读和使用体态语言显得尤为重要。

随着社会文明的不断进步，人们的生活水平在物质和精神两方面都得到了显著提升。科技和文化等领域的互动变得日益频繁，为了展现自我克制、自律以及自尊自爱，维护道德和社会有序，人们在社交活动中逐渐形成了一套被广泛认可并乐于遵守的行为规范。我们通过优雅的肢体语言来实践这些行为规范，并考虑诸如时尚、场合、年龄、身份等多种因素，以期建立基于相互尊重、友好、平等与和谐的人际关系。优美的肢体不仅展现出健康、自然、和谐与优雅的外在美，同时也反映了个人的气质、风度以及学识修养的内在美。这种仪态之美，是形态与气质完美融合的体现，也是现代文明社会成员应当追求和培养的一种重要素养。

4. 形体形象美

美国心理学家奥伯特·麦拉比安发现人的印象形成是这样分配的：55%取决于你的外表，包括服装、个人容貌、体型、发色；38%是如何自我表现，包括你的语气、语调、手势、站姿、坐姿等；7%才是你真正所讲的内容。

这一理论深刻地表明，个体的吸引力并非单纯源自其外在形象或内在素质和修养，而是内外素质协调统一的结果。单纯的外在美浮于表面、浅薄而不能长久，而一个只注重内在美的人又难以在短时间内让他人了解其丰富的内心。现代社会节奏快，压力大，竞争激烈，时间是每个人最珍贵的财富，这就很难让人停下脚步，聆听一个外在形象过于普通的人的内心世界。虽说人不可貌相，也不要以外表去看待和评判一个人，因为内心才是最重要的，但现实中，他人尤其是陌生人往往会首先被你的外在形象所吸引，进而愿意投入时间和精力来探究你的内在品质。

研究表明，人们初次会面前30s的表现，给对方的印象最为深刻，也就是通常所说的第一印象。而这第一印象，取决于你的性别、容貌、体型、年龄、衣着、发型、姿势、表情、神态等"外部特征"。而这些外部特征可以让大多数人快速以此来判断你的家世、学识、修养、性格等内在的品质，并在头脑中形成并占据主导地位。著名主持人杨澜曾因自己的亲身经历感受至深地说："形象永远走在能力之前。"

研究表明，在初次会面的前30s内所展现出的形象，对他人产生的第一印象是最为持久和深刻的。这种印象受到性别、面容、体型、年龄、着装、发型、姿态、表情及气质等一系列"外部特征"的影响。这些特征能迅速帮助人们判断出一个人的家世背景、教育水平、文化修养和性格特质等内在素质，并据此在脑海中构建起主导性的形象认知。

因此，我们应当结合形体形态美、形体姿态美、形体仪态美等方面的美学，同时结合服装搭配、色彩运用、化妆技巧和发型设计等外在形象的学问，不断学习和实践，以发挥个人优势，弥补不足。这样我们就可以塑造更为完美、优质、实用且有价值的个人形象，使之成为通往成功的一把钥匙。

二、民航服务人员形体美的意义

1. 形体美可以提升民航服务人员的个人综合素养

形体之美，无论是对自身还是对他人，它能够带来赏心悦目的审美享受。人类天生就怀有对美的向往，当身处美的环境中，与美好的事物和人们共事、交流时，我们的心灵无疑会感受到一份特别的愉悦，这种愉悦感往往能让我们的学习、工作和其他交往活动变得更加高效与和谐。

尽管有些人或许因遗传之赐而拥有了天生的容貌和体型之美，但优美的形体姿态和举止却需要后天培养的。这些优雅的风采，需要通过不懈的学习和刻苦的训练才能够培养和塑造。这并非一朝一夕可以完成的，而是需要长期坚持不懈的努力。

在民航服务行业中，从业人员对于形体美的追求同样不可或缺。他们需要培养出恒久的形体之美，这不仅要求他们养成良好的生活习惯，如规律的运动、均衡的饮食、合理的作息以及丰富的爱好等，更要求他们在面对惰性和诱惑时展现出坚定的自控力，持之以恒地付出努力。唯有通过自律和自我严格要求，才能最终实现形体之美的目标。

坚持一件事情绝非易事，然而，正是在这个过程中，追求形体美不仅锻炼了个人的坚韧和自律，还能够带来健康的身心和提升生活的品质。因此，对于民航服务人员而言，形体美的训练过程也是他们综合素质提升的重要途径，是他们专业形象塑造的关键一环。

2. 形体美可以提升民航服务人员的专业素养

民用航空服务业不止于表面所见的光鲜亮丽的制服和精心打理的妆容发型。作为专业的民航服务人员，他们肩负着为旅客提供长时间、高频率服务的职责，要求他们在面对来自世界各地、拥有不同文化背景和社会经历的乘客时，展现出无微不至的关怀和专业能力。

在飞行旅途中，每一位旅客都可能因为各种原因感到压力重重或情绪紧张。民航服务人员以恒久的微笑、诚挚的接待以及优雅的形象和举止，不仅能够有效地缓解乘客的压力，舒缓紧张的心情，还能营造出一种轻松愉悦的旅行氛围。这种对乘客细致入微的关怀，体现了民航服务人员的专业素养和服务精神。

因此，每一位从事民航服务的员工都承担着严格的自我要求。他们不仅要维护自身的外在美，更要不断提升内在的专业素质，以确保能够用最美好的形象和最高质量的服务，满足广大旅客的需求，为他们创造一个舒适、愉快且轻松的旅行体验。

3. 形体美可提升航空公司形象

民用航空服务领域，是航空运输中直接面对乘客的窗口，承载着展现航空公司公众形象的重要职责。在旅客享受服务的过程中，他们所体验到的每一个细节，无不深刻地反映出背后航空公司的服务宗旨与品牌内涵。在竞争日趋白热化的航空市场，民航服务人员的素养和所提供的服务质量，无疑成为衡量一家航空公司品牌形象、市场声誉及经营成果的关键指标。

民航服务人员的形象美，不仅仅局限于外在的形体表现，它从个人的形体姿态、仪态、行为举止等多维度出发，共同塑造出一种由内而外散发的整体美感。这种美，不仅令乘客感到愉悦和舒适，如沐春风，更有助于缓解旅途中的紧张情绪，为乘客营造出宾至如归的温馨体验。一项调研数据揭示，约46.2%和28.3%的旅客认为，民航服务人员提供的卓越服务对于树立企业正面形象和推动公司经济效益具有显著影响。

形体从于外表，服务从于形式，沟通交流从于内心，三者合而为一，相辅相成，共同构筑起一个高端精致的航空服务体系，不仅提升了旅客的飞行体验，更是有效提高了航空公司的品牌形象与市场竞争力。因此，在追求卓越的路上，民航服务人员的个人修养与专业素养，以及他们提供的每一个服务细节，都显得至关重要。

4. 形体美可以引领行业标准

民用航空服务是航空运输服务行业的一个重要分支，该行业不仅包括空中的航运服务，还涵盖了陆地上的铁路运输、水上的船舶运输等多种形式的运输服务。此外，与民航服务紧密相连的还有旅游业、金融业、住宿和餐饮业、通信服务、娱乐、文化与体育服务，以及政府机关对外服务窗口等。这些行业的一个显著特点是它们都涉及与客户的直接互动，需要通过面对面的交流来提供服务，确保顾客的需求得到及时响应和满足。大多数行业都有自己的标志性制服，这不仅方便了顾客识别，也体现了各自独特的企业文化和专业精神。

在众多服务行业中，民航服务因其高标准和高质量而被视为高端服务的代表，它不仅是服务业的领军者，更是品质服务的典范。民航服务行业致力于塑造一种优雅、亲切、专业的形象，这种形象不仅体现在员工的仪表和气质上，还体现在温馨细致的服务态度和专业的技能上。通过不断提升服务质量，民航服务行业不仅赢得了乘客的信任和赞誉，也为其他服务行业树立了高标准的榜样，推动了整个服务行业形象的提升，进而促进了社会服务业的整体发展。

三、民航服务人员形体美的要求

1. 形体形象要求

秀外而慧中，是民航服务人员的整体要求：

(1) 五官端正，面貌姣好，眼神柔和，表情自然真挚，具有较强的亲和力。

(2) 嗓音柔和、不干、不涩、不哑，语言表达简明，语调温婉，发音标准，吐字清晰。

(3) 身高、体型、身体各部分比例适中，双腿直，没有明显"O""X"形，下身长于上身2cm以上。

(4) 双手整洁，手指骨节不明显，肤色细腻匀称，无色素沉着，无明显疤痕。

(5) 妆容干净，典雅；规范着装，统一制服、发型、丝巾、胸牌等。

(6) 态度温和，礼貌待人，腰直背挺，举止适度，仪态优雅。

2. 形体体能要求

形体线条优美，身体健康，各部位比例好，肌肉强健有力，富有弹性，肢体协调灵活，这些是民航服务人员的基本标准。

(1) 保持体育锻炼的习惯　持续的体育锻炼成为每位民航服务人员的必修课。强健有力的肌肉不仅展现出美感，更赋予了他们应对各种特殊工作要求的能力。无论是需要长时间蹲姿服务，还是面对飞行中的颠簸与密闭空间的挑战，一个优秀的民航服务人员总能以超凡的体能和平衡能力，轻松自如地完成各项任务。

(2) 学会游泳技能　游泳作为一项全面的体育运动，对于民航服务人员来说，它的价值不可估量。水的浮力能减轻关节负担，降低运动伤害的风险；而水的阻力则能增强锻炼效果，提升肺活量，全面锻炼身体功能。在紧急情况下，游泳技能更是生命安全的保障。因此，尽管不是所有航空公司都明文规定员工必须掌握游泳技能，但学会并定期进行游泳训练，对民航服务人员而言，能够塑造完美体型的同时，也是提高生存技能的重要途径。

(3) 拥有沉着坚韧的心理素质　密闭的客舱环境，长时间的飞行作业，频繁的客舱服务与突发状况处理，这些极具挑战性的工作条件，对民航服务人员的身心素质提出了极高的要求。他们不仅需要强健的体魄，更需要坚韧的心理素质，以及出色的情绪控制能力。在面对乘客的各种需求与意外情况时，他们总能保持冷静与专业，以高效的沟通和应变能力，确保每一次飞行的安全与舒适。

除了上述的身体与心理素质，民航服务人员还需精通一系列专业技能，如敏锐的观察力、卓越的沟通能力及应急处理技巧等，这些能力的汇聚，使得他们能够更好地担任空中乘务员的角色，为每一位旅客带来难忘的飞行体验。

中国人的审美变迁：美人在骨不在皮（摘自《新周刊》节选）

春秋战国时期，男人提倡女人"柔顺顺从"，士大夫盛行"精致细腻"的审美意识。脸部好看比身材好看更重要，"柔顺细腻"的女人被奉为美女。两汉时期，"妇容"是女性必备的四项德行之一。那时女人的服装设计也以功能性为主，奢华的服饰一般在宫廷中才能见到。在那些含蓄的年代，人们多靠眉语表达爱意，所以画眉是古代女子必不可少的技能。闺阁女人日日对镜梳妆，还要把脸搽得雪白，嘴唇用红色的染料把轮廓画得很小。"八岁偷照镜，长眉已能画"，这是她们自幼学习的必修课。面如凝脂，樱桃小口逐渐成为古代女性美的基本格调。到了宋代，最好能天生一双小脚，走起路来更让人感觉优雅。

随着两汉经学瓦解，人的个性得到一定释放，自然飘逸的美盛行一时。对女性美的评价标准也逐渐趋于外在的个性和精致。在这样的社会大环境下，女性开始主动追求美。汉代女性大多穿着广袖短襦、曳地长裙，腰部束以"抱腰"并以衣带装饰。当时还流行在头上插戴花钗和步摇，这样走起路来衣袂翩翩，环佩叮当，进一步表现女性温婉妩媚、婀娜多姿的体态。

汉代乐府诗《陌上桑》中写到当时流行的男子风范：为人洁白晰，鬖鬖颇有须，盈盈公府步，冉冉府中趋。大意是男人的皮肤白嫩，留着浓密的胡须，走四方步，气场十足。南北朝时期，中国人对中性美的喜好达到极致。文有潘安、卫玠，武有韩子高，高长恭。根据当时的审美，男子"面如凝脂，眼如点漆"就是帅。晋朝流行的美男普遍中性化，美貌、白皙和优雅的谈吐。

唐代丰满的女性被视为性感的象征，这与欧洲文艺复兴时期的审美具有相似之处。中国最早描绘女性的图像据说是唐代的《簪花仕女图》，从图中可看出唐朝女性以身材丰腴、面如满月为美。由于政治经济、文化等诸多方面的影响，宋代人开始崇尚淳朴淡雅之美。女性美从华丽开放走向清雅内敛。人们对女性美的追求渐渐倾向于文弱清秀、削肩、平胸、柳腰、纤足。宋代缠足之风大盛，"三寸金莲"成了对女性美的基本要求。中国女性以瘦为美的审美趋势在此定下了基础。

随着资本主义的萌芽，审美也随潮流转变，但对女性美的标准仍然和前朝没有太大区别。清朝文人张潮在《幽梦影》中说，所谓美人者，以花为貌，以鸟为声，以月为神，以柳为态，以玉为骨，以冰雪为肤，以秋水为姿，以诗词为心。透过这个生动的比喻，可以看到一个文人心中要求内外兼备的审美标准。这种审美意识一直持续到民国。

从20世纪末开始，人们的衣食住行、婚丧嫁娶无不渗透着文化和文明的融合。中国人的形象早已发生巨大的变化。"汉服运动"在近几年兴起。这些行动者认为"华夏复兴，衣冠先行"，复兴汉服，是为了"重建华夏文化，重塑中华文明"。复旦大学历史系教授顾晓鸣把"汉服热"解读为"新中国成立至今的现代服装发展过程，正是国人放弃传统最彻底的时期，汉服运动是在全球化的状态下，中国人身份认同焦虑的反映"。

讨论题目——民航服务人员形体美的意义

提示要点:

1. 形体美不是单一的外表美。

2. 民航服务人员形体美不仅仅是个人形象美的组成部分。

3. 在形体美的塑造过程中个人的收获。

本章总结

本章从美、形体美、民航服务人员形体美的角度进行阐述,层层递进,层层深入,让读者对美具有更深的认识。从而建立正确的审美意识,树立健康的审美观。在追求美的同时获得健康,让健康与美丽同行。对于民航服务人员而言,能够让他们更清楚地了解形体美对于个人综合素质的提升,对于航空公司服务质量的提升,对于民航业高质量发展的重要性。通过学习能确定更正确的职业发展目标,实现个人的职业价值,促进个人不断成长,为航空公司、民航业的发展作出贡献。

本章课后思考与练习

思考题

结合自己目前的各项形体指标,找找自身距离职业标准的差距。

练习题

1. 请说出三种身体形态评价指标。

2. WHR 是什么?男性和女性的健康标准是多少?

3. 形体美的构成是什么?

第三章

民航服务人员
形体美的塑造

学习目的

对于民航服务行业来说，通过对形体美的塑造，能够从观感上增加乘客对服务的信任感，提升乘客对服务的满意度，给乘客留下良好的印象，也能够提升公司的形象和口碑，并提升自己的自信心，有助于民航服务人员更好地开展工作，提供高品质的服务，因此，民航服务人员需要格外注重塑造自己的形体美。

学习目标

1. 正确认识运动对于形体美塑造的作用；
2. 了解掌握有氧运动、肌肉训练、徒手健身、舞蹈训练的意义和要求；
3. 树立健康的饮食观念。

理论知识

1. 有氧运动、徒手健身、肌肉训练的锻炼方法；
2. 各民族舞蹈的训练方法；
3. 掌握合理膳食原则。

能力与素质

1. 能够运用科学的锻炼方法提高自身的健康水平；
2. 可以根据自身的实际情况及锻炼需求，为自己制定有效的锻炼计划；
3. 在塑造形体美的过程中通过不同类型，多元化训练身体灵活性、协调性，提高体能水平。

1. 在运动过程中，清晰地认识自我、肯定自我、超越自我；

2. 通过科学健康的运动培养自强、自律、坚持、克服困难的意志品质；

3. 现代人的生活方式包括学习工作、社交生活、锻炼娱乐、饮食作息等方面，健康的生活方式于己、于人、于家庭、于社会甚至于国家都有益处。

导读

形体美的标准是根据社会文明的进步及时代背景的不同来要求的。人体的骨骼架构、体形体态大都来自遗传因素，甚至姿势、饮食习惯以及一些小动作由于长期共同生活而互相影响。骨架周边包裹的面积最大的部分是肌肉和脂肪，也是可以通过后天锻炼进行修塑的，体形体态也可以通过学习得到不同程度的改善。科学证明，要想获得并保持健康的形体美离不开科学有效的运动、合理的饮食、健康的生活方式。任何速成的方法都无法与之相比。

第一节　芭蕾基训

芭蕾舞，以其独特的艺术魅力，在舞蹈领域中独树一帜。芭蕾基训作为芭蕾舞的基础，其动作设计建立在"开、绷、直、立"的美学原则之上。这一原则要求舞者保持身体的直立、挺拔，以展现其高贵与优雅。通过长期的规范训练，舞者的身体感知与控制能力将得到显著提升，从而塑造出优雅的身形与高贵气质。

一、把上部分

在芭蕾基训中，"把上练习"是舞者塑造形体、提升技艺的重要环节。它主要包括Battement部分、Plié部分以及Rond de Jambe部分。这些动作不仅锻炼了舞者的肌肉力量，还提升了其身体的柔韧性与协调性。

（一）Battement部分

1. Battement Tendu

Battement Tendu是芭蕾基训中的基础动作之一，包括一位Tendu（图3-1）和五位Tendu（图3-2）。

一位Tendu是舞者身体正面向把杆，双脚呈一位站姿，双手轻扶把杆。动作开始时，动力脚向外轻轻擦出，同时保持身体的直立与重心的稳定。在擦出过程中，腿部肌肉需保持收紧状态，以确保动作的准确与优美。当动力脚收回时，腿部肌肉同样不能松懈，胯部需始终与把杆保持平行。这一动作的练习有助于舞者初步锻炼腿部与脚部的肌肉能力，为后续更复杂的动作打下基础。

五位 Tendu 是上述所说的一位 Tendu 的延伸与发展，Battement 原意指拍打，它是单手把上练习的 Tendu 动作。五位 Tendu 的动作过程中，身体要垂直站立，腿部肌肉始终收紧，动力脚向前（图3-3）、旁（图3-4）、后（图3-5）擦出时，髋关节始终保持平行，身体重心微微移至主力腿，动力脚向外擦出时，脚跟先离开地面，然后脚弓，最后脚掌依次离开地面，最后脚尖在最远点点地。动力脚收回时则是脚尖先踩地，然后脚弓，最后脚跟至开始的位置。

图3-1　一位 Tendu　　　　　　图3-2　五位 Tendu

图3-3　前 Tendu　　　　　图3-4　旁 Tendu　　　　　图3-5　后 Tendu

Battement Tendu 是芭蕾舞训练中至关重要的一个基础动作，它主要关注于脚趾、脚弓、脚掌、脚背、脚腕等关节和韧带的柔韧性、灵活性与能力的训练。这一动作不仅有助于脚部肌肉群的延伸，还能够有效地训练脚部与腿部的外开能力，同时加强后背的控制能力。

在芭蕾舞中，"开、绷、直、立"是四大基本原则，而Battement Tendu正是贯穿这些原则的重要动作。通过规范、正确的训练，学生逐渐体会到这些原则的真谛，并在日后的舞蹈中将其融入每一个动作之中。

Tendu的价值不仅在于其训练效果，更在于其规范性。在舞蹈中，每一个动作都需要符合一定的规范，这样才能确保舞蹈的美感和准确性。Tendu作为基础动作，其规范性对于后续的舞蹈学习至关重要。

特别值得注意的是，踝关节的灵活有力对于舞者来说具有至关重要的作用。如果踝关节没有足够的力量，那么在完成各种技术动作时就会显得力不从心，无法保持身体的稳定性。因此，在训练Tendu时，特别需要强调踝关节的锻炼。

通过规范的Tendu训练，学生的脚部能力将更加扎实。在后续的舞步训练中，他们的动作将会更加富有弹性，脚步动作也会变得更加灵巧、轻盈和优雅。同时，在旋转训练时，他们能够更好地控制脚部的重心，起跳时拥有强大的推力，落地时也能够展现出轻盈如猫着地般的控制力。

综上所述，Battement Tendu不仅是芭蕾舞训练中的基础动作，更是塑造优雅舞者的重要一环。通过这一动作的训练，学生不仅能够提升脚部的各项能力，还能够为日后的舞蹈学习打下坚实的基础。

2. Battement Tendu Jete

Battement Tendu Jete是芭蕾基训中一项至关重要的力度训练动作。其中的"Jete"原意即为"踢出"或"扔出"，这充分体现了这一动作的核心特征——迅速、有力且带有延伸感。尽管这一动作的幅度并不大，但它却是舞蹈基训中不可或缺的一环。

在执行Battement Tendu Jete时，舞者需将动力腿向前（图3-6）、旁（图3-7）、后（图3-8）三个方向踢起至空中。在此过程中，胯部必须保持稳定与平行，这对于主力腿承受身体重量和维持重心稳定的能力提出了较高要求。同时，这一动作也能有效增强舞者的腰部与背部肌肉力量。

图3-6　Battement Tendu Jete前　　图3-7　Battement Tendu Jete旁　　图3-8　Battement Tendu Jete后

值得一提的是，Battement Tendu Jete 与 Battement Tendu 在多个方面存在相似之处。例如，两者都涉及前、旁、后三个方向的腿部动作，且都需要经过Tendu（伸展）动作。然而，它们之间的主要区别在于动作的空间位置与力度。Battement Tendu 是在地面上完成并停留，而 Battement Tendu Jete 则是在空中完成停留，且需要更大的力度和更快的速度来执行。这种快速而有力的踢出与收回不仅锻炼了脚部的灵活性，还为后续的更大幅度的踢腿动作奠定了坚实的基础。

通过反复练习Battement Tendu Jete，舞者可以逐渐提升动作的规范性和连贯性，同时也有助于力量的爆发。此外，这一动作还为后续的舞蹈技巧如Passaute和Grand Jete等提供了必要的准备和铺垫。因此，对于芭蕾舞者来说，熟练掌握并灵活运用Battement Tendu Jete是至关重要的。

3. Battement Fondu

Battement Fondu是芭蕾舞中的一项基础动作，它主要训练舞者双腿的柔韧性、跟腱的软度和力度，以及膝关节的韧性。这个动作的法文原意是"溶化"或"渐蹲"，形象地描述了动作过程中腿部的流畅和柔软。

在练习Battement Fondu时，舞者需要保持身体的直立和稳定，主力腿（支撑身体重量的腿）和动力腿（进行动作的腿）需要同时弯曲（图3-9）、同时伸直（图3-10）的练习动作。在弯曲的过程中，舞者需要确保臀部不撅起，胯部与背部保持垂直，注意腿的外开度，即两腿需要向外打开，呈现出优雅的姿态。同时，舞者需要始终保持重心在主力腿上，防止身体前倾或后仰。

图3-9　Battement Fondu 弯曲　　图3-10　Battement Fondu 伸直

当动力腿向外伸直时，脚尖需要带领整个腿部动作，伸直后的双腿依然需要保持外开状态，髋关节保持平行，避免移位。整个动作过程需要细致、缓慢，以便充分拉伸腿部肌肉，提高关节的灵活性和韧性。

通过反复练习Battement Fondu，舞者不仅可以增强腿部的力量和柔韧性，还可以提高身体的协调性和平衡感。这对于芭蕾舞舞者来说是非常重要的，因为芭蕾舞是一种高度依赖身体技巧和平衡感的艺术形式。同时，这个动作也有助于减小舞者在进行大幅度动作和跳跃时受伤的风险，因为它可以帮助舞者更好地掌握身体的重心和稳定性。

总的来说，Battement Fondu是芭蕾舞中一项非常重要的基础动作，它对于提高舞者的身体素质和技巧水平具有显著的作用。无论是初学者还是经验丰富的舞者，都应该重视这个动作的练习，以便在舞台上呈现出更加优雅、流畅和稳定的表演。

4. Battement Frappe

Battement Frappe是芭蕾舞蹈中一项重要的基本练习动作，主要训练舞者的腿部敏捷性和灵活性。这个动作的名称源自法语，其中"Frappe"意为"拍打"，形象地描述了腿部在动作中的快速、有力的击打动作。

在Battement Frappe中，主要有两种脚部形式：一种勾脚（图3-11），一种绷脚（图3-12）。这两种形式虽然在外观上有所不同，但都要求舞者在动作执行过程中保持迅速、敏捷、有力的特点。同时，无论哪种形式，都需要舞者保持身体的垂直，主力腿外开，胯部平行，以维持身体的稳定性和优雅性。

图3-11　Battement Frappe勾脚　　图3-12　Battement Frappe绷脚

对于勾脚的Battement Frappe，舞者需要将脚尖和脚腕尽可能地勾回，然后在动力脚弹出时，经过拍打地面再升至空中。这个过程中，脚尖在弹出后会迅速绷直，并带有一种延伸感，使动作看起来既有力又优雅。

而绷脚的Battement Frappe，则是动力脚在Sur le cou—de—pied（即脚跟在地面，脚尖抬起）的位置上弹出至空中。这个动作要求舞者在弹出时保持脚部的紧绷，以增加动作的力量感和线条美。

通过Battement Frappe的练习，舞者不仅可以提高腿部的敏捷性和灵活性，还可以加强腿部肌肉的力量和控制能力。同时，这个动作对于培养舞者的身体协调性、节奏感和舞蹈表现力也具有重要的作用。

总的来说，Battement Frappe是芭蕾舞蹈中一项基础且重要的练习动作，通过不断地练习和打磨，舞者可以逐渐掌握其精髓，将其融入更复杂的舞蹈动作中，从而展现出芭蕾舞蹈的独特魅力。

5. Battement Developpe

在芭蕾这一优雅而严谨的舞蹈艺术中，每一个动作、每一个细节都凝聚着舞者们无数次的练习与汗水。其中，Battement Developpe作为芭蕾基训中的重要动作之一，对于舞者身体控制能力的提升和舞姿的完美展现都具有至关重要的作用。

Battement Developpe是动力腿沿着主力腿吸至Passe位置，见图3-13，然后动力腿再向前、旁、后伸直至空中。Battement Developpe的练习可以使舞者在动力腿向空中抬起时胯部保持放松、外开的状态，在动力腿沿着主力腿吸至Passe位置后用绷直的脚尖力量带动动力腿向最高点慢慢抬

图3-13　Battement Developpe Passe位置

起。在做动作的过程中，舞者身体保持垂直，双肩与胯部在同一水平面上，动力腿抬起时，不能为了一味追求腿部的高度而撅起臀部、腿部内扣。经过这样长期的训练有利于锻炼腰肌的收紧与拉长、动力腿的外开与控制能力，同时也对初学者脱离把杆后的把下练习动作提前做好了准备。

6. Grand Battement Jete

腿部能力的深度训练与技巧掌握，Grand Battement Jete是芭蕾舞蹈中一项至关重要的腿部训练动作。它不仅能有效提升腿部软度与抛出能力，更能增强肌肉的爆发力以及中段的控制能力，是舞者塑造优雅舞姿与展现技巧不可或缺的基础。

在Grand Battement Jete练习过程中，要把重心放在主力腿上，而支撑点始终放在主力腿脚掌并有力地踩在地面上，保持身体的稳定、直立，当踢前腿时（图3-14），髋关节要保持平行，而主力腿不能坐胯，即髋关节要平行并且适当向上提；当踢后腿时（图3-15），髋关节则要立起，腰部向前向上挺，主力腿托住主力胯，不能向后扯，从而避免出现髋关

图3-14　踢前腿

图3-15　踢后腿

节和腰肌群损伤问题。踢腿要快，腿由下至上快速向头部踢起，踢起至空中时，在动力脚脚背的带领下将腿部踢至更高的位置。但是，在初步学习Grand Battement Jete时，一定要保持动作的规范性，腿部踢至90°即可，不能为了追求腿的高度出现掀胯、双腿弯曲、主力脚踮起、用头部去找动力腿脚尖等情况。只要按照要求练习，Grand Battement Jete的训练对提升腿部能力会有很大的帮助。

（二）Plié 部分

Plié作为芭蕾舞蹈中的基础动作，其重要性不言而喻。这个动作，无论是Demi Plié（半蹲）还是Grand Plié（深蹲），都对舞者的身体控制和肌肉能力提出了严格的要求。

Demi Plié，即半蹲（图3-16），要求舞者在动作过程中保持速度的平均，身体后背的垂直，以及脚掌的完全贴地。此时，舞者的肩、胯、膝盖、脚尖需要保持在同一水平面上，双腿的外开度尽管理论上应为180°，但根据舞者自身能力的不同，实际执行中应以在不离开地面的前提下，尽可能地向两侧打开双腿为标准。

而Grand Plié，即深蹲（图3-17），是Demi Plié的延续与发展。其要求与Demi Plié基本一致，但在逐渐平稳下蹲后，双脚的脚跟会稍离开地面。这一细微的变化，对舞者的平衡能力和腿部肌肉的控制力提出了更高的要求。

图3-16　半蹲　　　　　　　　　　图3-17　深蹲

Plié的主要功能是训练腿部肌肉能力和后背控制能力。通过这一动作的练习，舞者的跟腱、膝关节、髋关节的柔韧性和灵活性都能得到提升，同时也有助于增强整个身体的平衡能力。它是其他技术技巧动作的基础，无论是旋转还是跳跃，都离不开Plié的支撑与准备。

在跳跃动作中，Plié的作用尤为显著。它不仅可以保护膝关节，减少跳跃落地时对膝关节的冲击力，还能帮助舞者保持在空中的高度，找到起跳时的重心点和爆发点。而在动作结束时，Plié还能帮助舞者保持身体的平衡，确保动作的完美完成。

同样，在旋转动作中，Plié也发挥着不可替代的作用。它能帮助舞者稳定重心，提供旋转所需的爆发力和惯性，使旋转动作更加流畅、优美。

综上所述，Plié是芭蕾舞蹈中不可或缺的基础动作。无论是初学者还是资深舞者，都需要不断地练习和打磨这一动作，以提升自己的舞蹈技巧和表现能力。同时，通过Plié的练习，舞者也能更好地理解和掌握芭蕾舞蹈的精髓和魅力，为日后的舞蹈之路奠定坚实的基础。

（三）Rond de Jambe部分

Rond de Jambe意思为"腿部的划圈"，这一动作要求舞者以胯部为轴心，腿部进行划圈运动。该动作主要训练腿部和脚背的柔韧性和灵活性，对于舞者来说，是提升腿部技巧与舞蹈表现力的基础练习。

Rond de Jambe包含了多个变种，其中Rond de Jambe à Terre、Rond de Jambe en l'air以及Grand Rond de Jambe Jete各具特色。

首先，Rond de Jambe à Terre即"地面划圈练习"，见图3-18，要求舞者在练习过程中保持髋关节平行，主力胯向上提起并保持稳定，避免晃动。动作进行时，脚尖向外划至最大可能的远点，同时保持腿部绷直和外开，脚尖始终不离地面。当动力脚到达前、后四位时，不能超过主力脚脚跟最外侧的界限。这一动作主要锻炼髋关节的开度、松弛度和稳定性，为后续脱离把杆的练习打下坚实的基础。

其次，Rond de Jambe en l'air即"空中划圈练习"，见图3-19，要求舞者向旁抬起动力腿至45°或90°进行空中划圈。在此过程中，主力腿需保持垂直，胯部平行，动力腿外开且膝盖伸直。在保持大腿不动的前提下，小腿在脚尖的引领下向主力腿膝关节方向收回，完成En Dedans（向内）或En Dehors（向外）的划圈。这一练习旨在提升小腿的灵活性和敏捷性，增强身体各部位的控制能力，同时锻炼整条腿的外开性。

图3-18　地面划圈　　　　　图3-19　空中划圈

最后，Grand Rond de Jambe Jete与上述两种Rond de Jambe有所不同。在动作过程中，主力腿保持垂直，动力腿经五位或一位向前或向后抬起至小Attitude位置。随后，在保持外开及膝盖以上部分稳定的状态下，动力腿向斜前方或斜后方伸直小腿，并借助脚背的力量向空中踢起，同时完成En Dehors或En Dedans的Grand Rond de Jambe。最后，动力腿落至后点地或前点地位置。Grand Rond de Jambe Jete不仅具有与Rond de Jambe à Terre相同的训练价值，而且由于它涉及将动力腿向空中踢出的动作，还能锻炼胯部的松弛性与灵活性。同时，这一动作还能提升背肌能力、主力腿的稳定性和控制能力。

综上所述，Rond de Jambe部分的练习对于舞者来说具有重要意义，不仅有助于提升腿部的技巧与表现力，还能为后续的舞蹈动作和技巧打下坚实的基础。因此，舞者在日常训练中应重视这一部分的练习，不断加以强化和提升。

二、把下部分

（一）Port de Bras部分

Port de Bras练习在芭蕾中占据着至关重要的地位。它如同一座桥梁，连接着把上动作与把下动作，同时也是从把上动作练习过渡到把下动作练习的关键环节。通过Port de Bras的练习，舞者能够提升舞蹈表演中手臂、头、身体和腿部的协调性，使整体动作更加流畅自然。

以Arabesque为例，这个词汇意是指图案，在芭蕾中，它代表了一种基本舞姿。有第一Arabesque（图3-20）、第二Arabesque（图3-21）、第三Arabesque（图3-22）三种基本舞姿。尽管在做法上，这些舞姿的手与脚位置有所互换，但它们的体态要求是一致的。在执行Arabesque舞姿时，舞者需要保持身体的挺拔，四肢的伸长，动力腿和主力腿要紧绷有力，避免腰部塌陷。同时，身体需要略微前倾，以保持重心的稳定。手臂的动作要松弛而自然，动力腿需要抬至90°，展现出优雅而有力的姿态。

图3-20　第一Arabesque　　　图3-21　第二Arabesque　　　图3-22　第三Arabesque

舞姿训练对于提升学生的气质和培养良好的形体具有显著的作用。通过长期的练习，学生不仅能够掌握手臂及手臂运动的路线，还能更好地协调头、眼、手、脚之间的配合，提高身体的稳定能力，培养舞蹈感觉。这种训练为舞者在Adagio等更为复杂的舞蹈训练中培养体态及舞姿的表现力奠定了坚实的基础。

综上所述，Port de Bras 部分的练习在芭蕾舞蹈训练中具有不可替代的重要性。它不仅是连接把上动作与把下动作的桥梁，更是提升舞者协调性、稳定性和舞蹈感觉的关键环节。因此，舞者应高度重视这一部分的练习，不断加以强化和提升。

（二）Battement部分

1. Battement Tendu

在芭蕾舞蹈中，Battement Tendu 是一项基础且重要的练习动作。无论是在把上练习还是把下练习中，这一动作都扮演着至关重要的角色。在把下练习中，Battement Tendu 与把上练习时的要求保持一致，但要在没有把杆支撑的情况下完成，这无疑增加了训练的难度和挑战。

作为继 Port de Bras 之后的第一个把下练习动作，Battement Tendu 具有独特的训练价值。在动作过程中，舞者需要保持身体垂直站立，确保身体的重量平均分布在双脚上。当动力脚向前、旁或后擦出时，身体的重心需要微微移至主力腿，以维持整体的平衡和稳定。

动力腿在伸直的同时，双腿需保持外开状态，脚尖向外擦出的距离应是在保持两跨水平的情况下所能达到的最远点。这一动作要求舞者不仅要有良好的腿部控制能力，还要具备出色的身体平衡感。

在做前（图3-23）、旁（图3-24）、后（图3-25）的 Tendu 时，重心的稳定是至关重要的。舞者不能因为脱离了把杆的支撑，就在擦出时让重心停留在两脚之间。相反，他们需要学会如何在没有把杆的情况下，通过调整身体的重心和姿态，保持动作的流畅和优雅。

图 3-23　Battement Tendu 前　　　图 3-24　Battement Tendu 旁　　　图 3-25　Battement Tendu 后

在训练过程中，教师可以根据学生的年级和水平，对 Tendu 的组合练习进行难度上的调整。通过加入一些连接动作，不仅可以使组合看起来更加美观，还能够有效地提升学生的各方面能力，如协调性、平衡感以及舞蹈表现力等。

总之，Battement Tendu作为芭蕾舞蹈中的基础练习动作，在把下练习中具有不可替代的重要性。通过不断的练习和打磨，舞者能够逐渐掌握这一动作的精髓和技巧，为后续的舞蹈学习和表演打下坚实的基础。

2. Battement Tendu Jete

在芭蕾舞蹈训练中，Battement Tendu Jete是一项富有挑战性和表现力的动作。与把上练习中的Battement Tendu Jete相似，把下练习中的这一动作同样要求迅速、敏捷地执行。在脱离把杆的支持后，Battement Tendu Jete的练习成为检验学生核心力量强弱的重要标准。

在把下练习Battement Tendu Jete时，学生需要特别关注身体的稳定性。要想确保身体在动作过程中不出现晃动，能够顺利完成动作，动力腿在向前（图3-26）、旁（图3-27）、后（图3-28）踢起时，髋关节需要保持收紧状态。这一要求不仅有助于动作的准确性和稳定性，更能够有效地提升学生的腰背肌能力，为后续更为复杂的舞姿和旋转技巧做好充分的准备。

图3-26 前　　　　　　　　　图3-27 旁　　　　　　　　　图3-28 后

在练习过程中，学生需要仔细体会动力腿与主力腿之间的协调与配合，确保动作流畅而有力。同时，身体的重心控制也是至关重要的，学生需要学会在动作过程中调整重心，保持身体的平衡和稳定。

通过长期的练习和打磨，学生不仅能够掌握Battement Tendu Jete的技巧和要领，更能够提升自身的核心力量和舞蹈表现力。这一动作的练习不仅有助于学生在芭蕾舞蹈中取得更好的成绩，更能够为他们未来的舞蹈之路打下坚实的基础。

3. Battement Fondu

把下的Battement Fondu练习是芭蕾舞蹈中一项重要的训练内容，它主要强化双腿的柔韧性、跟腱的软度和力度，以及膝关节的韧性。尽管把上与把下的Battement Fondu在要求和做法上保持一致，但由于把下练习时脱离了把杆的支撑，学生需要更多地依赖自身的力量来保持平衡和稳定。因此，腰背部的力量以及身体核心部分的力量在把下练习中显得尤为重要。

通过把下 Battement Fondu 的升华练习，学生不仅能够提升双腿的柔韧性和力量，更能够在完成各种跳跃动作时更加轻松自如。同时，这种练习也有助于减少膝关节等部位受伤的概率，为学生的舞蹈之路提供更加坚实的保障。

在练习过程中，学生需要特别注意保持身体的垂直、主力腿的外开以及胯部的平行。动力腿在动作中应避免上下起伏，确保弹出的停顿位置准确清晰。通过不断地练习和打磨，学生能够逐渐掌握这一动作的技巧和要领，为后续的舞蹈学习打下坚实的基础。

4. Battement Frappe

Battement Frappe 是一种要求敏捷与灵活性的带拍打的踢腿动作，无论是在把上练习还是把下练习中，都要求学生具备迅速、敏捷、有力的动作表现。Frappe 原意是拍打，这个动作有两种脚的形式：一种是勾脚（图3-29），一种是绷脚（图3-30）。尽管形式不同，但在动作过程中都需要保持身体的垂直、主力腿的外开以及胯部的平行。

图3-29　勾脚　　　　　　　　　　　图3-30　绷脚

在勾脚的 Battement Frappe 中，学生需要将脚尖、脚腕勾回至最大限度，动力脚在弹出时要经过拍打地面然后至空中，脚尖要迅速绷直并展现出延伸感。而在绷脚的 Battement Frappe 中，动力脚则需要在 Sur le cou-de-pied 的位置上弹出至空中。

Battement Frappe 的练习不仅能够提升小腿与脚部的灵活性和敏捷性，加强腿部肌肉能力、主力腿的稳定性以及背部控制能力，还为把下练习部分中的小跳性质的动作打下坚实的基础。通过不断地练习和磨炼，学生能够在舞蹈中更加自如地运用这一动作，展现出更加优美的舞姿和表现力。

5. Battement Developpe

在芭蕾舞蹈训练中，Battement Developpe 是一项至关重要的练习。这个动作要求动力腿沿着主力腿吸至 Passe 位置，然后向前、旁、后伸展至空中。通过这个动作，学生不仅可以锻炼腿部肌肉的控制能力，还能够提升身体的核心稳定性。

在练习过程中，学生需要特别注意保持胯部的放松和外开状态。当动力腿沿着主力腿吸至 Passe 位置时，应使用绷直的脚尖力量带动动力腿向最高点慢慢抬起。同时，身体要保持垂直，双肩与胯部在同一水平面上。在抬起动力腿时，学生应避免为了追求腿部的高度而撅起臀部或腿部内扣。

通过长期的Battement Developpe练习，学生可以有效地锻炼腰肌的收紧与拉伸能力，提升动力腿的外开与控制能力。这一动作对于稳定性的训练也具有重要意义，为学生脱离把杆后的把下练习动作打下了坚实的基础。

6. Grand Battement Jete

Grand Battement Jete是芭蕾基训中用于训练腿部能力的重要动作。通过这一练习，学生可以提升腿部的软度和爆发力，同时增强中段的控制能力。

在练习Grand Battement Jete时，学生需将重心放在主力腿上，确保支撑点始终有力地踩在地面上，以保持身体的稳定和直立。在踢前腿时（图3-31），髋关节应保持平行，主力腿不能坐胯，即髋关节要平行并适当向上提。而在踢后腿时（图3-32），髋关节则要立起，腰部向前向上挺，主力腿托住主力胯，避免向后扯，以防止出现髋关节和腰肌群损伤问题。

图3-31　踢前腿　　　　　　　　　图3-32　踢后腿

踢腿动作要迅速，腿由下至上快速向头部踢起。当腿踢至空中时，应在动力脚脚背的带领下将腿部踢至更高的位置。然而，在初步学习阶段，学生应保持动作的规范性，腿部踢至90°即可，避免为了追求腿的高度而出现掀胯、双腿弯曲、主力脚踮起、用头部去找动力腿脚尖等不良动作。只要按照要求认真练习，Grand Battement Jete的训练将对学生提升腿部能力产生显著的效果。

（三）Plié 部分

在芭蕾舞蹈中，Plié部分的训练是塑造优雅体态和提升身体控制能力的关键环节。无论是在把上还是把下，Plié的训练要求都是相同的，分为Demi Plié（半蹲），见图3-33和Grand Plié（全蹲），见图3-34两种练习。尽管把下的Plié没有外力的支撑，但其难度相对较高，对学生身体的平衡能力是一种极大的挑战。

在进行Demi Plié和Grand Plié的练习时，学生必须确保身体重心平均分配在双腿上，不能出现倾斜。同时，颈部、背部、臀部应保持在一条水平线上，以强化Plié部分的训练效果。这种练习不仅能够锻炼腿部肌肉，还能够提升学生的身体稳定性和平衡感。

此外，Plié也可在把下练习的其他组合中作为连接或辅助的动作，用来提升整个组合的难度，加强对学生各个能力的训练。通过不断的练习和打磨，学生能够逐渐掌握Plié的技巧和要领，为后续的舞蹈学习打下坚实的基础。

图3-33　Demi Plié　　　　　图3-34　Grand Plié

（四）Rond de Jambe部分

在芭蕾舞蹈中，Rond de Jambe（划圈）是一种重要的腿部动作，它不仅可以锻炼腿部的外开和灵活性，还可以提升髋关节的松弛性和稳定性。把下也可进行Rondde Jambe部分的训练，与把上练习一样，可做Rondde Jambe Aterre，Rondde Jambe En I'air和Grand Rondde Jambe Jete的练习。把下的Rondde Jambe对学生核心力量的要求较高，尤其在Rondde Jambe En I'air和Grand Rondde Jambe Jete中，腰背部的控制能力与髋关节的稳定能力是学生能否顺利完成动作的决定因素。因此这部分的训练是不容小觑的，它对训练学生腿部的外开及灵活、髋关节的松弛性及稳定性等具有较好的提升作用。Rondde Jambe也可与其他组合进行搭配训练，对学生综合能力的提升起到很好的帮助作用。

Rondde Jambe Aterre

Rondde Jambe En I'air

（五）Pirouette部分

Pirouette（旋转）是芭蕾舞蹈中最具挑战性和表现力的动作之一。它要求舞者具备开度、力度、控制力、协调性等身体综合素质。在基础训练中，这些综合能力都在把上部分和把下部分的所有练习内容中得到了锻炼和提升。

Pirouette

在进行Pirouette的练习时，学生需要特别注意起转前的Plié准备动作以及向上立起时的动力。同时，旋转过程中的动力腿和主力腿的配合也是至关重要的。通过不断地练习和打磨，学生能够逐渐掌握Pirouette的技巧和要领，提升旋转的稳定性和流畅度。

此外，舞姿的控制也是Pirouette训练中不可忽视的一部分。学生需要学会规范地控制手臂的高度和姿势，避免在旋转过程中出现晃动或变形的情况。通过不断的练习和纠正，学生能够逐渐掌握正确的舞姿控制方法，为后续的舞蹈表演打下坚实的基础。

总之，Plié、Rond de Jambe和Pirouette等动作的训练都是芭蕾舞蹈中不可或缺的部分。通过不断地练习和打磨，学生能够逐渐掌握这些动作的技巧和要领，提升自己的舞蹈水平和表现力。

（六）Passaute部分

Saute，原意指小跳，它包含了在一位、二位、四位、五位以及Chanement de Pied和En Trechat等脚位上所做的小的跳跃动作，它是所有跳跃的基础，通过Passaute的训练，能够掌握跳跃的基本方法和规则，锻炼膝关节的韧性，提升跳跃能力，为以后难度较大的跳跃动作打下坚实的基础。

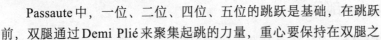

Saute

Passaute中，一位、二位、四位、五位的跳跃是基础，在跳跃前，双腿通过Demi Plié来聚集起跳的力量，重心要保持在双腿之间，双腿同等程度地向外打开，双脚脚掌平铺地面，上身保持直立，肩部、背部以及髋关节要在同一水平面上，推地跳起时两脚的力量要平均，在空中双腿伸直，脚掌、脚趾通过抓地跳起后至空中保持绷直状态，在进行连续跳跃练习时，手臂要自然、松弛、稳定地控制在规定位置上，双脚每一次跳起后落地都要落在起跳时的位置上，不能移位。

Chanement de Pied，是在五位脚位上进行的双脚快速换脚的跳跃训练，在跳起时双脚双腿要绷直，在空中后双脚小距离的快速交换位置然后落地，通过Chanement de Pied的训练，可以锻炼脚的灵活、敏捷性与柔韧性，为后面进行的难度较大的小跳动作打下基础。

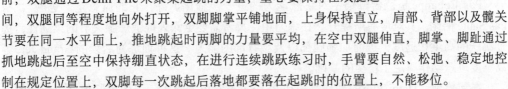

Chanement de Pied

Entrechat系列的小跳动作是小跳训练中难度较大的练习动作，它的原意是交叉编织，在课堂中，根据学生的能力，通常以Entrechat Quatre为最常练习的动作。在Entrechat Quatre练习时，右脚前五位站立，双腿经过Demi Plié后向空中跳起，至空中时双腿伸直、双脚绷直并向旁等距离稍微分开，然后右脚快速击打左脚后。

（七）Pas Assemble部分

Pas Assemble是一种单起双落的小跳性质的跳跃动作。在练习时，舞者需要保持身体的垂直和稳定，通过动力脚向旁踢出并起跳，同时主力腿也要垂直跳起。落地时，双脚要同时着地并收回五位。这个动作能够锻炼脚腕和腿部的力量，增强腰部的控制能力，提高双腿的协调性和跳跃能力。

Pas Assemble

在组合练习中，Pas Assemble 可以进行多种变化和发展，如 Double Assemble、Assemble Battu 以及带 En Tournant 的 Pas Assemble 等。这些变化不仅能够增加组合的多样性和美观度，还能够进一步强化其训练目的和效果。

（八）Pas Jete 部分

Pas Jete 是一种单脚起跳、单脚落地的跳跃动作。在练习时，舞者需要注意双脚在空中形成二位后再落地，脚踢出时要经过 Tendu 踢至空中，并保持髋关节的平行和稳定。同时，腰背肌要收紧，落地时不能移动位置。这个动作对于锻炼脚部的灵活性、提升跳跃的稳定性和控制能力具有重要意义。

Pas Jete

在单一训练成熟后，Pas Jete 可以以组合形式进行进一步的训练。通过加入移动位置的 Pas Jete、带 En Tournant 的 Pas Jete 等变化形式，可以更加强化对舞者跳跃能力、稳定能力以及控制能力的锻炼，同时增强组合的连贯性和观赏性。这些练习不仅为后续的单脚起跳、单脚落地的跳跃动作打下了坚实的基础，还能够在舞蹈表演中展现出优雅而富有力量感的舞姿。

（九）Pas Echappe 部分

Pas Echappe 是芭蕾舞蹈中对跳跃能力的进一步强化训练，它的原意是"逃脱"，与 Pas Saute 相比，其难度有所提升。在练习中，舞者需要更深入地锻炼膝关节的柔韧性，提升跳跃的高度和远度，进而加强腿部以及腰背部的能力。这种训练为后续的 Grand Jete 等高难度跳跃动作奠定了坚实的基础。

在起跳前，Demi Plié 的动作需要比 Pas Saute 时更加深入，以便更好地聚集起跳的力量。起跳时，舞者需要充分利用膝关节的韧性和大腿、小腿的肌肉力量，奋力向上跃起。在空中，舞者需保持双脚五位，双腿绷直并夹紧，尽量在空中停留更长时间，然后再落至二位或四位。这一过程中，高度要明显高于 Pas Saute。

值得注意的是，由于 Pas Echappe 对跳跃高度有较高要求，有些学生在练习时可能会出现身体前俯、撅臀等不良姿势，这不仅影响了动作的美观度，还削弱了训练效果。因此，在练习中，舞者需要时刻保持身体的正确姿势，确保动作的准确性和美观性。

Pas Echappe 可以单独进行训练，也可以与其他动作组合在一起进行练习。通过组合训练，不仅可以进一步锻炼舞者的双腿柔韧性、控制能力以及协调能力，还可以通过加入一些连接动作，增强双腿与双手的配合能力，使舞蹈组合看起来更加流畅、美观。

（十）Grand Jete 部分

Grand Jete 是芭蕾舞蹈中的一大跳跃技术，它具有较强的独立表演性，也是一系列大舞姿跳跃动作的基础。经过之前 Pas Saute、Pas Echappe 等动作对跳跃能力的训练之后，Grand Jete 的练习不仅能够进一步提升舞者的跳跃能力，还能够增强腰、背肌的力量，提升舞者的表现力。

在练习 Grand Jete 时，腿部肌肉力量是关键因素。它决定了舞者在空中能否保持优美的舞姿形态。因此，在训练中，舞者需要加强对腿部肌肉力量的锻炼。从把上训练到把下训练，都是为大型跳跃动作做准备。跳跃完成的好坏很大程度上取决于腿部肌肉能力的强弱。

在最初练习时，舞者应以直腿的Grand Jete为主，随着动作的熟练和技巧的掌握，可以逐渐尝试Developpe、Glissade等形式的训练。但无论进行哪种形式的训练，其要求都是一样的。在动作过程中，Grand Jete起跳前需要借助辅助动作如Chasse等的力量，使自己能够跃至空中最高点。在空中，舞者需要尽量长时间保持舞姿，双腿最大幅度地展开至180°，身体挺拔，双臂在空中可形成不同位置，如双手打开至七位或双手至Arabesque手位。整体动作要自然、美观，双腿收紧、双脚绷直，给人以无限延伸的视觉感受。

第二节　舞蹈训练

民航服务人员作为展示航空公司形象和服务质量的重要窗口，其优雅的仪态和形象对于提升乘客满意度和增强公司竞争力具有不可忽视的作用。科学系统的舞蹈训练对于改善民航服务人员的肌体和体质，塑造良好的形体，培养良好的体态和动作等方面都具有显著的效果。民航服务人员在工作中需要保持端庄、大方的仪态，通过舞蹈形体训练，可以让他们更加自然地掌握正确的站姿、走姿和手势等，从而在服务过程中展现出更加优雅、专业的形象。

通过舞蹈训练塑造出的体态和气质，能够充分体现出民航服务人员的良好职业形象。这种形象不仅代表了个人的专业素养和服务水平，更代表了航空公司的整体形象和品牌价值。因此，加强舞蹈训练对于提升民航服务人员的整体素质和形象具有积极的推动作用。

一、芭蕾形体舞蹈

芭蕾形体舞蹈是专业芭蕾基训的一种演化形式，虽然与芭蕾基训有一定的联系，但二者之间也存在显著的差异。芭蕾形体舞蹈并非芭蕾基训的简单复制，而是借鉴了其训练内容和原理，并在此基础上进行了适度的调整和创新。

芭蕾形体舞蹈的主要目标在于实现强身健体，并培养优雅气质。通过一系列的训练动作和技巧，芭蕾形体舞蹈能够有效地提高训练对象的身心素质，调整其体态，从而改变不良的姿态。这种训练不仅注重身体的柔韧性和协调性，还强调肌肉的线条美和身体的优雅感。

与芭蕾基训相比，芭蕾形体舞蹈更加注重普及性和适用性。它不像芭蕾基训那样对训练者的身体条件和技能水平有严格的要求，而是更加适合广大人群参与。无论是学生、职场人士还是普通大众，都可以通过芭蕾形体舞蹈来改善自己的体态和气质，提升个人的整体形象。

此外，芭蕾形体舞蹈还强调个性化和差异化的教学。根据不同的训练对象和需求，教练可以制定个性化的训练方案，针对性地解决每个人的问题。这种差异化的教学方式能够更好地满足训练者的需求，提高训练效果。

1. 将芭蕾形体舞蹈应用于航空服务专业形体训练的可行性

芭蕾艺术，以其独特的舞蹈形式和深厚的艺术底蕴，在世界范围内赢得了广泛的赞誉。它不仅能够塑造人外在的优雅气质，更能通过长期的训练提升内在的精神风貌。因此，将芭蕾艺术引入航空服务专业的形体训练中，具有显著的现实意义和可行性。

芭蕾形体舞蹈强调身体的线条美和协调性，这与航空服务专业对形体美的要求高度契合。航空服务人员在工作岗位上需要展现出良好的职业形象，包括优美的体态、高雅的气质和得体的举止。通过芭蕾形体舞蹈的训练，学生可以有效地改善身体的柔韧性和协调性，塑造出更加优雅挺拔的身姿，为未来的职业生涯打下坚实的基础。

芭蕾形体舞蹈的训练过程注重细节和精准度，这有助于培养学生的职业素养和服务意识。在芭蕾训练中，学生需要严格按照规范的动作要求进行练习，这种对细节的关注和追求可以迁移到航空服务工作中。学生将学会如何以更加专业、细致的态度为乘客提供优质服务，从而提升乘客的满意度和认可度。同时，芭蕾形体舞蹈的艺术性可以提升学生的审美能力和艺术素养。通过学习和欣赏芭蕾舞蹈艺术，学生可以培养出高雅的艺术品位和审美能力，这对于提升航空服务人员的整体形象和气质具有重要意义。同时，艺术素养的提升也有助于学生更好地理解和满足乘客的多样化需求，提供更具个性化的服务。

将芭蕾形体舞蹈应用于航空服务专业形体训练具有显著的可行性和优势。芭蕾艺术的独特魅力和航空服务专业的实际需求相结合，可以培养出更具专业素养和艺术气质的航空服务人才，为航空业的发展注入新的活力。

2. 芭蕾形体舞蹈在航空服务专业形体训练中的作用

芭蕾形体舞蹈注重身体的线条美和协调性，通过科学的训练，能够改善学生的身体姿态，使其更加优美挺拔。在航空服务专业中，良好的体态是展现职业形象的关键之一。通过芭蕾形体舞蹈的训练，学生可以学会如何保持正确的站姿、坐姿和走姿，从而在工作中展现出优雅自信的形象。芭蕾形体舞蹈还能够提升学生的气质和内在修养。这种气质和修养会渗透到学生的言行举止中，使他们在面对乘客时能够展现出亲切、自然、大方的状态，提升乘客的满意度和舒适度。

此外，芭蕾形体舞蹈还能够培养学生的艺术素养和审美能力。芭蕾艺术作为一种高雅的艺术形式，具有深厚的艺术底蕴和审美价值。通过学习芭蕾形体舞蹈，学生可以接触到丰富的艺术元素和表现形式，提升自己的艺术素养和审美能力。这种能力的提升不仅有助于学生在航空服务中更好地理解和满足乘客的审美需求，更能够使他们在生活中更加懂得欣赏和创造美。

芭蕾形体舞蹈的训练过程还能够锻炼学生的意志品质。芭蕾形体舞蹈是一项需要长期坚持和付出努力的活动，学生在训练过程中需要克服各种困难和挑战，这有助于培养他们的意志和毅力。

3. 芭蕾形体舞蹈训练的内容

芭蕾形体舞蹈训练是一个系统而严谨的过程，其内容涵盖了多个方面，旨在塑造优雅的体态，提升气质，并增强身体的协调性和灵活性。以下是芭蕾形体舞蹈训练的主要内容：

（1）基础动作训练　基础动作训练是芭蕾形体舞蹈的基石，包括身体各部位的基本姿势、动作和技巧。通过反复练习，学生可以逐渐掌握正确的站立、行走、转身等基本动作，为后续的复杂动作打下基础。

（2）单一动作训练　单一动作训练主要关注身体某一部位的特定动作练习，如腿部、手臂或脚部的动作。这种训练有助于精准地塑造身体线条，提升特定部位的力量和灵活性。

（3）复合动作训练　复合动作训练要求身体多个部位在同一时间内协同工作，按照规定的顺序和规格进行运动。这种训练有助于提高学生的身体协调性和平衡能力，使动作更加流畅自然。

（4）组合动作训练　组合动作训练是将多个单一或复合动作按照一定的规格和顺序组合起来，形成连贯的舞蹈片段。这种训练旨在提高学生的舞蹈表现力和节奏感，使动作更具艺术性和观赏性。

（5）身体线条与姿态训练　芭蕾形体舞蹈非常注重身体线条的优美和姿态的端庄。训练中会特别强调手型、腿部线条、手臂动作和脚部动作的正确性，以塑造出轻盈、优雅的身体姿态。

（6）身体柔韧性与力量训练　芭蕾形体舞蹈对身体柔韧性和力量有着较高的要求。训练中会通过各种拉伸动作、肌肉力量练习等来增强身体的柔韧性和力量。例如，地面练习中的拉伸动作有助于增加肌肉的伸展性，而腿部和核心力量的训练则有助于提升身体的稳定性和平衡感。

（7）优雅气质的培养　芭蕾形体舞蹈训练不仅注重身体的动作和技巧，更重视内在气质的培养。通过长期的训练和熏陶，训练者会逐渐形成高雅、自信、从容的气质，这种气质将体现在他们的日常行为和工作中，使他们更加符合航空服务人员的职业形象要求。

（8）音乐节奏感培养　音乐是舞蹈的灵魂，芭蕾形体舞蹈更是如此。在训练中，学生需要学习如何与音乐相配合，根据音乐的节奏和旋律来调整自己的动作和速度，使舞蹈更具韵律感和表现力。

芭蕾形体舞蹈训练内容丰富多样，旨在全面提升训练者的身体素质和优雅气质。通过科学、系统的训练，训练者能够逐渐掌握芭蕾舞蹈的基本技巧和精髓，为未来的航空服务职业生涯奠定坚实的基础。

二、民族舞蹈

（一）汉族舞蹈的内容、目标及方法

汉族舞蹈，是汉族人民在长期历史进程中创造和积累的艺术瑰宝，它深深植根于汉族的传统文化和日常生活中。汉族舞蹈的种类繁多，风格各异，既有宫廷雅致的古典舞，也有民间生动的秧歌舞，每一种舞蹈都承载着汉族人民丰富的情感和深厚的文化内涵。

古典舞，如汉唐古典舞，以其典雅、端庄的舞姿和深邃的文化内涵，展现了汉族古代宫廷的华丽与庄重。而秧歌舞，如山东秧歌、胶州秧歌等，则以其活泼、生动的表演形式，反映了汉族人民的生活情趣和乡土气息。

汉族舞蹈的动作往往与音乐、诗歌、戏剧等艺术形式相结合，形成了独特的艺术风格和表演体系。它不仅是一种艺术形式，更是一种文化的传承和表达。

对于航空服务专业的学生来说，学习汉族舞蹈是一项重要的课程。在学习过程中，学生将接触到汉族舞蹈的基本动作、节奏和韵律，以及舞蹈背后的文化内涵和历史背景。具体而言，学生将学习汉唐古典舞的基本舞姿和舞步，感受其典雅、庄重的风格；同时，也将学习秧歌舞的热情、活泼的表演形式，体验其生动、真实的情感表达。此外，学生还将了解汉族舞蹈在传统节日、庆典活动中的重要作用，以及它在现代社会中的传承与发展。

学习汉族舞蹈的目标在于提升学生的文化素养和艺术修养，培养他们的审美能力和创新精神。通过学习汉族舞蹈，学生可以更好地了解汉族的传统文化和历史，增强对民族文化的认同感和自豪感。同时，舞蹈学习也可以帮助学生塑造优雅、端庄的气质，提升他们的职业形象和综合素质。

在学习汉族舞蹈的过程中，可以采用多种教学方法和手段。首先，通过课堂讲解和示范表演，让学生了解汉族舞蹈的基本知识和表演技巧；其次，通过分组练习和合作表演，培养学生的团队协作能力和创新精神；此外，还将结合案例分析、视频欣赏等方式，让学生更深入地了解汉族舞蹈的艺术魅力和文化内涵。

总之，学习汉族舞蹈对于航空服务专业的学生来说具有重要意义。它不仅可以提升学生的文化素养和艺术修养，还可以帮助他们更好地了解和服务于广大旅客，提升航空服务的质量和水平。

（二）傣族舞蹈的内容、目标及方法

傣族舞蹈具有深厚的文化底蕴，是傣族人民最喜爱的舞蹈形式之一。它以独特的舞姿、优美的动作和深刻的内涵，展现了傣族人民的生活、情感和审美观念。傣族舞蹈动作优美恬静、内在含蓄，手部动作灵活多变，舞姿极具塑造性。其中，三道弯是傣族舞蹈中最具特色的典型动作。傣族人民善于将日常生活、劳动场景以及自然景物融入舞蹈中，通过舞蹈动作展现出丰富的情感和生活画面。

傣族舞蹈中最具代表性的便是孔雀舞和戛光舞。孔雀舞以模仿孔雀的动作为主，展现孔雀的温驯、轻巧、美丽善良和婀娜多姿的特点。舞者通过细腻的肢体语言和面部表情，将孔雀的形象栩栩如生地呈现在观众面前。戛光舞则是一种群众自娱性舞蹈，其特点是不拘形式、不分时间和地点，人们只要听到鼓声就会跳起来。舞蹈动作虽然不多，但特点突出，随着鼓声在屈膝半蹲姿态上均匀地颤动，展现出独特的韵律和节奏感。

在航空服务专业中，学习傣族舞蹈的内容主要包括基本的手形、手位和脚位，以及手、头、肩的基本动作和基本舞步。学习者需要掌握傣族舞蹈的基本风格和动律特点，了解傣族人民生活、劳动、音乐等人文知识和专业知识，进而培养形体姿态的美感。

此外，学习者还会接触到傣族舞蹈中的代表性作品，如孔雀舞和戛光舞等。通过对这些舞蹈的学习和实践，学习者可以更深入地了解傣族舞蹈的艺术魅力和文化内涵。

1. 基本手形

（1）掌形　四指伸直并拢，虎口张开，拇指用力向上翘，可分托掌式（图3-35）和立掌式（图3-36）。

图3-35　托掌式

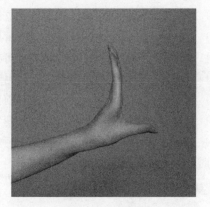

图3-36　立掌式

（2）冠形　食指与大拇指相对并弯曲成一个圆形，中指、无名指、小指伸直如扇形张开。整个手形像孔雀头，三个伸直的手指像孔雀顶的羽毛冠。

（3）嘴形　食指向前伸，与大拇指靠拢成嘴形，中指、无名指及小指成扇形，整个手形像孔雀的尖嘴，如图3-37所示。

（4）爪形　食指第二关节屈，大拇指第一关节伸直，两指相对形成爪形，其余三指伸直，手型像孔雀爪子一样，如图3-38所示。

（5）曲掌　掌心向上，四指并拢从中指关节处向掌心弯曲，其他指关节微屈，大拇指伸出，如图3-39所示。

图3-37　嘴形

图3-38　爪形

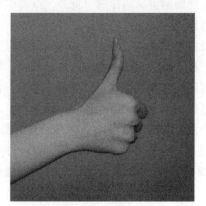

图3-39　曲掌

2. 部分基本手位

（1）准备式　双手成曲掌，掌心朝上放于腰的左右两侧，双肘朝后。

（2）平展翅　两臂侧平伸，稍弯臂，立掌，手心向外七位。

（3）高展翅　一臂上举，托掌；另一臂胯前屈臂，手心向下。

（4）双合翅　两臂屈肘，手背相对；可在一位、二位、三位完成。

（5）合抱翅　一臂上举，手背向上；另一臂屈肘于胸前，立掌。

（6）侧展翅　一臂侧伸；另一臂在胸前屈肘立掌。

（7）双抱翅　双手交叉于胸前，屈肘弯臂立掌。

（8）翻腕　转动手腕，手心向里转成手心向外或上。翻腕时，要有内在的韧性，上、下翻腕时要有力，屈肘立掌要有停顿。

3. 基本步法

（1）平步　一拍完成。前半拍两膝屈一下。后半拍右脚快速向后抬起，勾脚，慢慢落地。平步时，保持上下均匀颤动的律动，主力脚上下节奏是平均的。往下蹲时，膝盖要有韧劲。直膝时，膝盖带动上身。

（2）踮步　右脚全脚落地，左脚前脚掌点地，左脚推动右脚向前迈步，可两脚交替进行，保持均匀而柔和的屈伸动作。

（3）抬头望月　左腿屈膝为重心，右脚前脚掌点地于右旁，左胯微向左出，右手抬于头右上方，左手在身体的左下方，头转向左斜上方；反面一样。同时两腿原地做屈伸。

（三）维吾尔族舞蹈内容、目标及方法

维吾尔族舞蹈是新疆地区维吾尔族人民在长期历史发展过程中创造出的优秀艺术形式，具有鲜明的民族特色和独特的艺术魅力。它以其热情奔放、开朗轻快的风格，以及昂首挺胸、立腰拔背的体态，深受人们喜爱。

维吾尔族舞蹈的特点主要表现在以下几个方面：首先，其体态特征明显，舞者通常昂首、挺胸、直腰，呈现出强烈的立体感，使得观众能够深刻感受到其热情、稳重和细腻的民族特性。其次，舞蹈动作丰富多样，包括膝部的微颤、旋转等，这些动作不仅柔美且衔接自然，使舞蹈更具韵律感。此外，维吾尔族舞蹈中的眼神交流也非常重要，传神的眼神更能表达舞者的情感，增强舞蹈的感染力。

在舞蹈形式方面，维吾尔族舞蹈有赛乃姆、刀郎舞、萨玛舞、夏地亚娜、纳孜尔库姆、盘子舞、手鼓舞等多种民间舞蹈形式，每种形式都有其独特的风格和韵律。同时，维吾尔族舞蹈还注重与民间音乐的紧密结合，音乐伴奏中常用的切分音、符点节奏等，进一步突出了舞蹈的风韵和民族色彩。

对于航空服务专业的学生来说，学习维吾尔族舞蹈不仅是对民族文化的一种传承和弘扬，更是一种提升个人气质和艺术修养的有效途径。在学习过程中，学生将接触到维吾尔族舞蹈的基本动作、节奏和韵律，通过反复练习和体会，逐渐掌握其舞蹈技巧和精髓。

学习目标方面，通过学习维吾尔族舞蹈，学生可以提升身体的柔韧性和协调性，培养优雅的气质和良好的体态。还可以丰富自己的艺术修养，为未来的职业生涯增添一抹亮丽的色彩。

1. 基本手形

（1）兰花指　平掌的基础上，大拇指贴合中指的第二关节处，四指上翘，见图3-40。

（2）花形　基本手型是建立在兰花指基础上，保持整个手指处于放松状态，见图3-41。

（3）握袖手　四指自然弯曲，拇指轻靠食指第一与第二关节之间，有握袖之感，见图3-42。

图3-40　兰花指

图3-41　花形

图3-42　握袖手

（4）绕弯　保持兰花指手形的同时，手指还应该向里收回，手腕快翻，使手掌呈直立状态。

2. 基本手位

（1）叉腰式　即"提裙式"，双手保持基本手型状态，提起手腕，并置于双胯之前。

（2）小七位　即芭蕾手位小七位，此时手肘方向保持向下，手腕下压，见图3-43。

（3）三位　即保持芭蕾手位三位，此时手心方向向上，见图3-44。

图3-43　小七位

图3-44　三位

（4）五位　即芭蕾手位五位，手心方向保持向外，舞者整体体态要呈现向上伸展状态，见图3-45。

图3-45　五位

（5）七位　即在芭蕾手位七位上，手肘自然下沉，手腕下压，见图3-46。

图3-46　七位

（6）托帽式　保持托帽动作，此时一只手保持托帽状态，而另一手呈45°向高处延伸，双眼保持向高手位方向观看，见图3-47。

3. 基本步法

（1）垫步　先准备好姿势，之后进行单脚踏步。

动作要领、要求：第1拍，要将右脚移动至7点位置，此时脚跟需要先着地，第2拍，将脚掌落于地面之上，而脚尖需要放置于8点位置；第3～4拍，将左脚移动半步至7点位置；按照这个规矩依次进行。

（2）三步一抬　先准备好动作姿态，身体对准8点位置，之后正步，并将两膝靠拢之后略微保持弯曲，左膝盖稍颤动一下，之后将右小腿向后提起。

动作要领、要求：第1拍，将右腿向8点位置上一步；第2拍，将左脚迈一步至7点位置，脚掌自然落地；第3拍，身体需要转动到2点位置，动作与1拍保持一致。

（四）藏族舞蹈内容、目标及方法

藏族舞蹈是藏族民族舞蹈的总括名称，其文化源远流长，与汉族舞蹈文化相互交流，也与周边民族和国家的舞蹈文化相互影响，形成了独具特色的中国西藏高原地区的藏族文化艺术形式。藏族舞蹈的种类繁多，每种舞蹈都自成体系，风格各异。其中，弦子、锅庄、踢踏等是较为常见的藏族舞蹈形式。

藏族舞蹈的基本动作十分丰富，从脚部动作上可概括为蹭、拖、踏、蹉、点、掖、踹、刨、踢、吸、跨、扭等12种基本步伐。手势则包括拉、悠、甩、绕、推、升、扬七种变

图3-47　托帽式

化。此外，藏族舞蹈在动作、体态等方面都表现出鲜明的民族特色，如膝关节有规律的颤动和屈伸，脚型的外开，手脚同一方向的运动，顺时针方向的绕圈等，这些都体现了藏族人民的性格特点和宗教信仰。

对于航空服务专业的学生来说，学习藏族舞蹈不仅可以了解藏族文化，提升艺术修养，还可以通过舞蹈训练提高身体的柔韧性和协调性，培养优雅的气质和良好的体态。在学习藏族舞蹈的过程中，学生将接触到藏族舞蹈的基本动作、节奏和韵律，通过反复练习和体会，逐渐掌握藏族舞蹈的技巧和风格。提高身体协调性和灵活性，同时增强学生的文化自信心和民族自豪感。

（五）蒙古族舞蹈内容、目标及方法

蒙古族舞蹈，作为中国北方草原文化的重要代表，深受其游牧、狩猎生活特征的影响，展现出独特的魅力和风格。蒙古族舞蹈不仅表现了蒙古族人民的淳朴、热情、精壮的气质，还反映了他们的宗教信仰、风俗习惯以及丰富的历史文化。

蒙古族舞蹈的动作和节奏往往与其马背文化紧密相连。蒙古族人民通过编创固定的"马步"和"马舞"作品，将"人马合一"的思想融入舞蹈艺术中，使舞蹈充满了马背文化的鲜明特色。这种舞蹈形式不仅展现了蒙古族人民的豪放、彪悍的气质，同时也透露出柔美细腻的一面，给人一种洒脱却温润的感觉。

蒙古族舞蹈的动作特点鲜明，男子舞姿造型挺拔豪迈，步伐轻捷洒脱，表现了蒙古族男性的剽悍英武和刚劲有力之美。而女子的动作则多以抖肩、翻腕来表现，展现了蒙古族女性的欢快优美和热情开朗的性格。在舞蹈中，无论是顶碗舞、筷子舞还是盅子舞，都充

满了蒙古族人民对生活的热爱和对自然的崇敬。

首先，通过学习蒙古族舞蹈，学生可以更深入地了解蒙古族文化，提升个人的文化素养和审美能力。其次，蒙古族舞蹈强调身体的柔韧性和协调性，对学生的身体素质和形态塑造有很大帮助。通过长期的练习，学生的四肢力度会得到增强，柔韧性也会得到有效提高。学习和掌握蒙古族舞蹈的动作和节奏，学生在面对工作中的各种情况时，能够更加灵活地运用身体语言，展现出优雅、自信的形象，提高服务质量。

蒙古族舞蹈是一种独特而富有魅力的艺术形式，它不仅是蒙古族人民文化的重要组成部分，也是航空服务专业学生形体训练和文化素养提升的重要途径。通过学习和实践蒙古族舞蹈，学生可以更好地了解和感受蒙古族文化的魅力，提高自身的综合素质和服务能力。

1. 基本体态

身体面向正前方，两只手保持叉腰状态，胯部向上提，腰背挺拔。脸部可以面向2点或者是8点方向，两只手保持叉腰，胯部向上提，腰背挺拔，脚步可以是右或者左踏步，此时上身需要微微向左转身，即左拧身，也可以是右拧身，此时整个身体的重心应该保持略微向后的状态，形成微靠状，双眼盯住8点或者是2点方向，呈现向远处瞭望的神态，见图3-48。

2. 基本手型

（1）平掌　手掌保持打开状态，虎口自然张开，四指保持并拢状态，五指自然平伸，整个手掌心处于放松状态，见图3-49。

（2）空握拳　空心拳，整个手心保持空心握拳状态，见图3-50。

图3-48　基本形态

图3-49　平掌

图3-50　空握拳

3. 基本手位

（1）叉腰　叉腰时，需要双手呈空握拳状态，大拇指要保持张开形态，见图3-51；无名指四指第一个关节要放置于胯骨位置，整个手腕呈现自然下压状态，见图3-52。

（2）胯前按手　两只手在胯前按手时，两手的指尖相对，形状酷似圆弧形状，见图3-53。

（3）后背端手　后背端手时，两只手放置于身体后方臀部位置，呈现端托手姿势状态，两手指尖保持相对，保持圆弧形状。

图3-51　叉腰手型

图3-52　叉腰

图3-53　胯前按手

（4）斜下手

a. 将两只手放置于身体前侧斜下方，保持平伸状态，两手之间的距离应该保持与双肩同宽距离。

b. 两只手位于身体前侧斜下方，保持平伸状态，打开的距离略比肩宽稍大。

c. 两只手需要在胸前保持按手状态，此时两手指的指尖保持相对状态，呈现圆弧形状。

（5）平开手　平开手即双手需要向身体两边打开，且处于平伸状态，整个手臂基本保持圆弧形状态。

（6）斜上手　两只手向身体斜上方伸展。

（7）肩前折臂　将双手折臂到双肩之前，此时两手肘与两肩应该保持持平状态，且手掌应该保持自然按掌状态。

（8）点肩折臂　两只手在进行折臂过程中，要注意与双肩保持持平状态，中指指向肩部。

（9）胸前交叉　两只手在胸前保持交叉状态，两手的手背要保持相对。

4. 基本脚位

（1）正步　两脚保持自然并拢状态，且两脚脚趾尖朝向前方，见图3-54。

（2）小八字　两只脚的脚跟处于并拢状态，此时两脚脚尖应该自然向外打开，两脚形状呈"八"字形状，见图3-55。

（3）大八字　大八字主要是在小八字的基础上形成的，两只脚打开距离在一脚宽左右。

（4）踏步　踏步也是建立在小八字的基础上，右脚需要向左斜后方撤出约半步的距离，而左脚的脚掌保持撑地状态，此时两膝的内侧应该保持紧贴相靠状态，见图3-56。

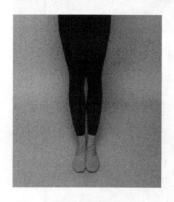

图3-54　正步

图3-55　小八字

图3-56　踏步（右脚为例）

（5）虚丁位（右脚为例）　两只脚保持右前左后姿势，前面的右前脚掌保持点地状态，而整个身体的重心向后方靠，且两膝保持略微屈伸状态。

5. 肩部

（1）柔肩

准备姿势：将两只手保持叉腰姿势，同时两肩要进行前后交替动作，给人一种延绵柔韧的感觉，在进行整个动作时，形成一个下弧线向上提的过程。

准备站姿：站立保持正步状态，同时两只手应该保持握拳叉腰状态，眼睛目视方向保持在1点左右。

第一个八拍：主要是右肩向前发力并送出，左肩向后发力，这样两个肩膀就呈现一前一后状态，来回交替，实现四拍一前、四拍一后的规律。

第二个八拍：基本上与第一个八拍一样，两个肩膀一前一后，完成四拍动作。

（2）硬肩　两只手保持叉腰准备状态，力度上相比于软肩有所加大，两肩膀保持前后交替状态，应该表现出铿锵有力的态势。

（3）耸肩

准备姿势：两只手做叉腰的姿势。

做法要求：两肩要保持上下耸动状态，处于重拍时应落在上方。

（4）笑肩

准备姿势：两只手做叉腰的姿势。

做法要求：做法和耸肩相同，但是注意笑肩的整体幅度要较小，当重拍时要落在下方。

（5）碎抖肩

准备姿势：两只手做叉腰的姿势。

做法要求：两肩的肩胛骨要保证处于快速交替抖动状态，此时要保持身体的臀部及胯部不能出现抖动现象，此时身体后背应该保持挺拔状态。

（6）柔臂

准备姿势：基本体态应该保持小八字，腰背挺拔站立好。

动作做法：

第一个八拍：通过左肩部发力，进一步带动大臂向上拎起，之后再用大臂带动小臂持续向上走，然后将这种力量延伸至手腕部位以及指尖部位，直至到达头顶，整个八拍完成。

第二个八拍：接下来右手掌，沿着原来的路线返回到最开始位置，八拍结束，此时，左手臂依照上面的动作要求，向上拎起，左手臂与右手臂保持相对称方向进行运动，整个运动的时候，呈现出接连不断的波浪运动形状以及路线。

第三个八拍：同第一个八拍动作一样，整体的节奏速度保持一个八拍缓慢推进的状态。

第四个八拍：与第二个八拍相同，每个动作的具体要求都一样，舞姿见图3-57。

图3-57　柔臂

（7）蹉步柔肩

准备姿势：两只手做叉腰的姿势。

准备拍最后1拍：左肩膀向前方移动，手肘、右肩膀向后方拉伸，手肘向前方伸展，呼吸状态保持提气。

第1～2拍：左脚向前迈出的时候需要保持贴地前行，两膝保持微微弯曲并向外打开，身体整个重心慢慢向前移动，此时右肩膀还需要向前方拱出，而肘部则向后拉伸，而左肩膀、手肘方向正好与之相反，左肩向后，肘向前。两膝略微直起，保持顺畅的呼吸。

第3～4拍：左脚在向前迈出时，需要贴地迈出，两膝保持微微弯曲并向外打开，身体整个重心慢慢向前移动，左肩、手肘向前方拱出，而右肩以及肘向相反方向运动。

三、古典舞

古典舞基训与古典舞身韵的教学内容，主要涵盖了身韵元素和基础技巧训练的掌握与运用，旨在培养学生的舞蹈基本功和艺术表现力。

古典舞的身韵是古典舞的灵魂所在，它强调的是舞蹈的韵律感和内涵表达。身韵元素包括提、靠、含、冲、移等多种形式，每一种元素都有其独特的舞蹈特点和表现方式。需要掌握这些身韵元素的基本要领和动作规范，同时，注重呼吸方法，将呼吸与动作相结合，使舞蹈动作更加流畅自然。

古典舞基训，可提升身体柔韧性和协调性。这包括基本舞姿的训练，如身体保持优雅挺拔，腿部动作准确有力，手部动作细腻生动。同时，还需要进行基本舞步的学习，如行走步、转体步等，以及身体协调性的锻炼，使学生能够通过身体的转动和平衡完成舞蹈动作。

此外，为了使学生能够更好地理解和掌握古典舞的技巧和精髓，还要学习舞蹈组合与编排的实践。通过参与舞蹈的编排过程，可以培养学生创新能力和团队合作精神，同时加深对古典舞的理解和掌握。

1. 常用手形与手臂舞姿

（1）兰花式　手型整体保持上翘，中指为下压状态，拇指指尖贴近中指指根位置，食指、无名指的指尖要贴近。

（2）女指式　食指方向朝上伸直，中指指尖与拇指指尖相连，四指靠近中指的右边，小指微微向上翘起，保持空心状，见图3-58分别为兰花式与女指式。

图3-58　兰花式与女指式

（3）女拳式　食指、中指以及四指弯曲，且保持并拢状态，指尖与拇指指尖相抵；小手指保持弯曲，手指尖紧贴在四指第二关节处，保持空心状，见图3-59。

（4）小五花　这个动作建立在兰花指基础上，形成盘腕绕花状，自然形成两个圈，在空中划8字。提起手腕，背手；右手小指从左至右进行盘腕，并变腕，整个手的手心向上；此时左手也要进行变腕，方向是由右至左，同样的手心方向向上；两只手持续进行，右手小指带盘腕，左手从右侧跟随；双手连续做这个动作，变腕，且两手手背保持相对状态。

图3-59　女拳式

（5）摊掌　以兰花指作为基础，手心朝上，手掌摊开，见图3-60。

（6）按掌　以兰花指作为基础，手心朝下，为摊掌的相反动作，见图3-61。

（7）托掌　手臂处于三位，手指保持兰花指形状，手心朝上，见图3-62。

（8）背手　以兰花指作为基础，两手保持提腕动作，手腕贴在臀上，见图3-63。

（9）顺风旗　保持五位手位，两手手心朝外，手形保持兰花指状态，见图3-64。

（10）男拳式　食指至小指保持靠拢并且弯曲状态，手指尖汇集到手心中，拇指为弯曲状。

（11）男指式　又可以称之为"剑指"，主要是食指与中指贴紧且伸直，小指贴近四指，四指与拇指指尖相互连接。

（12）男叉腰　以掌式作为基础条件，两手虎口叉于腰间，两臂打开。

图3-60　摊掌　　　　　　　　　　　图3-61　按掌

图3-62　托掌　　　　　　　图3-63　背手　　　　　　　图3-64　顺风旗

2. 常用下肢动作

（1）踏步　前脚脚掌在地面上，脚尖伸展打开；后脚的前脚掌落地，两个膝盖之间并拢，见图3-65。

（2）半脚尖　两只脚以小八字为基础，前脚脚掌需要落地，双脚跟抬起到极限。

（3）大掖步　身体面向1点方向，左腿方向为1点位置，保持半蹲，脚尖稍微打开略开，右腿需要对准7点方向，注意脚背应该着地，见图3-66。

图3-65　踏步

图3-66　大掖步

（4）横弓步　身体面向1点方向，重心放到左腿上面，方向为8点位置，保持半蹲，右腿方向为3点位置，保持伸直，全脚落地。

（5）竖弓步　身体面向1点方向，左腿朝向1点方向保持半蹲姿势，脚尖稍稍打开，右腿保持伸直状态，且朝向5点方向，前脚掌落地。

3. 身韵基本舞姿元素

（1）提　保持吸气，带动尾椎、腰椎、胸椎、颈椎，依次输送力量，双眼目视前方，见图3-67。

（2）沉　保持吐气，整个身体慢慢放松，双眼随着头部慢慢地向下，望向地面，见图3-68。

（3）冲　保持吐气，两肩与地面之间为平行状态，肩部以及胸部向左前或者右前移动，见3-69。

图3-67　提

图3-68　沉

图3-69　冲

（4）靠　保持吐气，肩背保持平行，使肩向左或者右边靠，见图3-70。

（5）含　保持吐气，头部下沉，背向后方弓出，见图3-71。

（6）腆　含必沉，腆必提，胸腰前推，肩胛骨收紧，见图3-72。

（7）移　肩、肋、腰在相同的时间内移动，两个肩膀保持稳定平衡状态，见图3-73。

（8）卧鱼　保持坐姿，两腿微微弯曲，两膝保持重叠状态，见图3-74。

（9）旁提　向斜上方领，先沉之后，再进行移、拉、提等动作，保持月牙形状，见图3-75。

（10）横拧　以腰部作为中心轴，两个肩膀平行，右背前推时，拉回左肋。可以做相反方向，见图3-76。

图3-70　靠

图3-71　含

图3-72　腆

图3-73　移

图3-74　卧鱼

图3-75　旁提

4. 身韵舞姿

身韵课内容丰富，主要是由各个独立动作组合之后形成的，运用"片段"和"套路"来加强学生的训练，最后掌握其中的精髓。

在训练时，重视元素的提炼，得到强化之后，构成短句，最后通过组合实现训练目标。为了提高学习的效果，还应该重视提炼"主干"动作，并配合"支干"动作。

图3-76　横拧

（1）云间转腰　云间转腰为"横向"的动势，在舞者身体左右移动时，身体前后都要保持收放，从而达到审美效果。在整体的动作上，需要将"提、沉、冲、靠、含、腆、移"几个主要动作贯穿起来，顺利地完成云间转腰。在持续的锻炼之下，腰部可以保持高度的灵活性，这也是古典舞的基础。

基本动作如地面盘坐，上半身要完成一个360°的平圆环动。在训练时，应该重视各个动作之间的连贯性，慢慢融入单臂动作，接着需要两只手相配合，站立之后，手位和脚位做好配合，在原地保持踏步、移动重心。在掌握熟练之后，可以将单、双盘手和云间转腰联合起来，使动作的连接更灵活。

① 单臂做法。通常采用盘坐姿势，上肢以腰为轴准备进行动作。单手自然下垂或置于胸前，另一手则根据动作需要进行配合。以腰为轴心，上肢进行前、后、左、右的平圆动律。单手在动作中起到引导和平衡的作用，通过提、沉、冲、靠、含、腆、移等动律元素的配合，形成连贯、圆润的动作轨迹。

② 双手配合。一只手至四位直臂，再收到一位，另一只手保持交叉平抹。这一动作贯穿于云间转腰所有的动作。在经过反复练习之后，可以实现协调配合，符合规范标准。

③ 起立后手脚的配合动作。将重心从主力腿移向另一条腿上，左手保持二位，右手保持四位，含胸，两只手移至左弓箭步时，手臂动作完成。在这个过程中"移、靠、含、靠、冲、腆"每个动作都应该完成。

云间转腰需要注意以下几点。

① 在"移"时，用手部力量将身体送出，"含"通过身体收缩将手让出。

② 注意动作的连贯性，具有一种"灌满"感觉。在掌握每个动作之后，可以变化动作。

（2）云手系列　"云手"为戏曲、舞蹈以及武术中经典的动作。任何角色，在正式开始之前都会使用云手。在舞蹈中，云手的继承与发扬尤为重要，做好兼收并蓄，既要有戏曲的内涵神韵、武术的舒展力度，又要结合舞蹈的规律，形成舞蹈化的云手。

① 基本云手。手臂交叉配合如胸前环绕一个圆球，含胸提气。内涵要具有浑厚的气质，提、仰、含、沉等动作连贯自然，眼睛随着手臂的位置而移动。节奏一般是先连绵不断再慢慢渗透每个"点"。完成基本动作之后，能够加入其他元素，如大开大合的云手、波浪云手等。经过长期的训练之后，动作的艺术性以及实用性就会有所提升。

② 大开大合云手。该动作由盖叫天老前辈创作，把云手"圆球"经过创新形成"平

面开合"式，使上下身保持协调统一。这对于舞者来说，艺术表现性和灵活性都需要非常好，使身体在较大的范围内实现了敞开、横拧、撤开，具有较高的训练价值。在做这个动作时，上身保持挺拔横拧，双手平面摊开，完成"走下身留上身"动作，两个手向后靠，接着从头前绕过，并完成"走上身留下身"的动作。

（3）燕子穿林　这一动作具有较大的难度，汇集了移、靠、旁提、仰倾等动作，同时又具备了撤步、上步、转身等动作。"穿林"即在整个过程中应该连贯准确，避免不规范现象，丧失动态特征。这一动作具有较高的流动性，能够与其他动作、步法相互结合，也能够与舞姿相互融合。具体动作包括：右脚后撤，身体向后靠，整个重心向旁侧移动，右脚迈步并将胯送出，此时右手还要向上穿出，借力做"三位内旋盘手"，打开肋部，呈现旁提姿态，处于上部的手向下穿出，呈踏步全蹲姿势，这一动作如燕子穿过的轻畅之感。含胸保持前倾状态，敞胸保持后倾状态，为"摆扣步"做准备，可以实现顺畅衔接。

"燕子穿林"是一种连接动作，其中涵盖了古典舞中"欲左先右、逢冲必靠"等动作规律，通过持续的训练，可以增强学生重心的稳定性，为以后的学习奠定基础。

第三节　塑形与健身

在当今社会，体育运动已成为人们生活中不可或缺的一部分。对于广大民众而言，积极参与体育活动的主要目的在于促进身体健康，塑造健美的体态，调节情绪，缓解生活与工作的压力，以及带来身心的愉悦。因此，确保运动的安全性和有效性显得尤为关键。

然而，不当的锻炼方式往往会导致无效的努力，不仅无法达到预期的健身效果，反而可能造成身体伤害，甚至引发运动损伤。鉴于此，我们在投身于任何体育活动之前，首要任务是充分了解自身的身体状况和健康水平，特别是那些具有特殊健康情况的人群，应当遵循医生的建议。

此外，我们还应该深入了解各种运动项目和体系背后的理念与训练方法，从身体到心理层面做好全面的准备。运动的过程应当遵循由浅入深、循序渐进的原则，采取科学的健身方法，这样才能最大限度地减少运动损伤的风险，确保运动过程的安全与效果，进而享受到最佳的运动体验。

体育运动不仅仅是一种简单的身体活动，它也是一种全面的生活方式，需要我们以科学、合理的态度去对待。只有这样，我们才能在享受运动带来的无穷乐趣的同时，也守护着我们的健康和安全。

一、运动前的准备

1.适宜的装备

（1）运动服　运动锻炼穿着的服装应该适合自己所选的运动方式，服装首先要舒适，有弹性，具备较好的吸汗功能。例如"减肥裤"是不科学的，由于它阻止了汗液的正常挥发，容易对身体健康造成损害，运动时应尽量穿着吸汗能力较强的袜子，大小弹力适中，太紧容易影响正常的血液循环，阻碍脚趾的活动；太松可能会影响脚与鞋子的包裹性，甚至磨出水泡。

（2）特殊装备　有些运动形式需要专门的装备，如自行车运动需要专门的头盔、手套；轮滑、滑板等运动除了头盔、手套之外还需要专门的护肘、护膝等；瑜伽和普拉提运动需要有一个垫子，首先要防滑，有一定的弹性和保护作用，其次对垫子的厚度有一定要求；像走、跑等相对简单的运动则需要一双具备减震功能和保护足弓，稳定足踝功能的专业运动鞋。

（3）运动鞋　一般来讲，目前市面的运动鞋有健走鞋、慢跑鞋、健身舞蹈鞋以及各种不同运动项目的训练鞋等。他们的基本构造是相同的，比如运动鞋的鞋跟稳定，最大程度保证了运动时脚的稳定性及人对脚的控制；鞋底的适宜软厚度与弹性可以有效缓冲运动中地面对身体的冲击性，但进行相对剧烈的运动时缓冲也不能过大，过大的缓冲（过于厚软的鞋底）会使人在脚冲击地面时，无法利用自身的反射性快速动作进行自我保护，过大的缓冲也不利于提升运动成绩。不同的项目有其特殊的要求，比如各种球类运动几乎都有自己项目的专用运动鞋，也都是根据项目本身不同的运动方式特殊设计制作的。

2. 避免损伤

任何运动甚至日常活动都有受伤的可能性。练习不当可能导致受伤，所以开始运动之前，首先要了解自己的身体条件、健康情况，选择适合自己的运动项目和运动方式

3. 呼吸

运动过程中尽量不要完全屏住呼吸，要注意放松面部和肩膀，由于每个人的日常习惯可能不同，在开始练习时可能需要一个逐渐适应的过程。

4. 循序渐进

任何练习都要循序渐进，量力而行。切勿在还未掌握动作要点时，就勉强自己，大幅度猛力完成，尤其是突然爆发性地用力。运动中当感觉疼痛或不适时，应立即停下动作，休息，有必要时及时就医。

二、有氧运动

1968年，肯尼斯·库珀博士根据他在预防医学领域的研究和实践出版了奠定有氧运动基础的《有氧运动》(*Aerobic*) 一书，阐述了人们可以通过有氧运动减少患心脏病的风险。这是世界上第一本运动处方论著，由此开创了全球范围内的有氧运动革命，对人们的健康和健身观念产生了深远而持久的影响。肯尼斯·库珀博士因此被称为"有氧运动之父"。

1970年，为推动美国大众健康，库珀博士从NASA（美国航空航天局）退役在美国达拉斯创立了有氧中心——全世界第一个以有氧运动为核心，"体医融合"和"治未病"的预防医学诊所与中心。经过近半个世纪的发展，库珀有氧已成为全世界预防医学的指路灯塔了。

《牛津英语词典》将有氧运动定义为："一种通过运动以增加和保持氧气摄入适量增加

来改善呼吸和心血管系统的体育锻炼方法。"有氧运动是一种主要以有氧代谢方式为机体提供能量的运动方式。运动负荷与耗氧量呈线性关系，要求全身主要肌群参与，运动持续时间较长并且有规律。运动时，由于肌肉收缩而需要大量能量和氧气，氧气的需求量增加，心脏的收缩次数、每搏输出量、呼吸次数、肺部的收张程度均增加，所以当运动持续，肌肉长时间收缩，心肺就必须努力地供应氧气给肌肉，以及运走由此产生的代谢垃圾，而这持续性的需求，可以提高心肺的耐力。当心肺耐力增加了，人体的心脏功能更强，每搏输出量更多，随着供氧能力加强，日常平均脉搏数会适当减少。一个心肺功能好的人可以参加较长时间的有氧运动，且恢复也较快。

有研究表明，长期坚持有氧运动能增加体内血红蛋白的数量，提高机体抵抗力，提高大脑皮层的工作效率，增加脂肪的消耗，防止动脉硬化，降低心脑血管疾病的发病率。相比较来说，有氧代谢时，体内营养物质通过一系列的分解最终生成二氧化碳和水，可以随呼吸、汗液、排泄等方式排出体外。而无氧酵解会产生大量乳酸等中间代谢产物，这些酸性产物堆积在细胞和血液中，就会使机体产生疲劳、肌肉酸痛等运动后的一系列反应，不过一般会在几天后慢慢消失。

在有氧运动中氧的供应能满足机体对氧的需求时，运动所需的 ATP（三磷酸腺苷）主要由糖和脂肪的有氧氧化来供能。有氧氧化能提供大量的能量，从而维持肌肉较长的工作时间，例如，由葡萄糖有氧氧化所产生的 ATP 为无氧糖酵解供能的19倍。简单地说，糖和脂肪是有氧耐力运动的主要供能物质。由于人体内糖的储备很少，并且容易耗尽，所以脂肪可以在有氧运动中给人体提供能量，这就是有氧运动可以有效地减脂的原因。

1. 有氧运动的益处

（1）锻炼心肺功能，增强体质。

（2）增强神经系统调节功能，尤其是增强自主神经系统调节功能。

（3）增强体力，提高机体免疫力。

（4）提高机体代谢率，促进细胞的活性化。

（5）消耗肌体过剩的能量物质，预防肥胖、高血脂、高血压、心脑血管疾病及动脉硬化、糖尿病等。

（6）促进生长发育，延缓机体老化。

2. 有氧运动强度与频率的选择

（1）心率　心率是测定有氧运动效果和强度的最直接的指标。健身房里很多器械都有能量效果（热量）计数功能。但事实上这种计数一般都与实际消耗有很大的差异。脂肪的分解代谢是一系列复杂的生化反应，而心率反映的是交感神经的兴奋度，交感神经的兴奋促进了一系列脂解激素的分泌，从而活化脂解酶，使储存在脂肪细胞组织里的脂肪分解为游离脂肪酸和甘油，而游离脂肪酸在氧供给充足的条件下，可分解成二氧化碳和水并释放大量的能量。所以用心率来控制人们的运动强度是相对简单而科学的。

那么运动时心率达到多少或者说运动强度多大才能符合有氧运动的要求呢？首先介绍几个参数：

最大心率：220−年龄

静态心率：一般在清晨刚起床还未进行身体活动时测试获得，测好数据，把数据代入公式，结果就是有氧运动的适宜心率。

公式1： 适宜心率=（220-年龄-静态心率）×35%+静态率

公式2： 适宜心率=（220-年龄）×60%～（220-年龄）×80%

（2）运动持续时间及频率 美国运动医学的研究表明，有氧运动的前15min，由肝糖原作为主要能源供应，脂肪供能在运动后15～20min占比才会逐渐增多。所以，一般都要求有氧运动最好持续20～30min或更长时间。每周建议参加运动2～5次，如果你没有运动经验，就要从少到多次、从短到长时间、从小强度到中大强度，循序渐进，给机体一个逐渐适应新的运动方式与强度的过程。

三、徒手健身（结合普拉提运动体系的理念与实践）

徒手健身的过程不需要用任何器械或者工具，是克服自重的各种身体练习。可以是以有氧耐力、伸展肢体练习为主的走、跑、健身操、体操、形体舞等相对传统多见的练习形式；也可以是近些年比较流行的如静蹲、爬行、俯卧撑、卷腹等在站立、仰卧、俯卧、俯撑及四足支撑等各种体位下进行的健身练习。这些练习有的以强化机体某部位的力量为主，有的是以拉伸肌肉肌腱为目的的练习，还可以是全身性的身体练习，既可以锻炼心肺功能，又可以增强机体的肌肉力量与耐力，同时也可以锻炼身体的灵活性、协调性及反应能力。

徒手健身具有重复性，也就是通常为达到健身的目的在做某一动作时需要重复一定的次数，也可以是把两个或多个简单的单一动作通过合理的方式排列起来，合成一个复合动作，然后根据练习者的体能状况重复一定的次数来达到健身的目的。另外徒手健身还具有静态性，即需要保持某一动作持续发力的特征。综合来说，徒手健身就是不需要任何器械或者工具，在站立、俯撑、仰卧等体位下进行的以锻炼心肺、促进健康、增强体能为目的的一种健身活动。

近年来徒手健身形式之所以越来越为大众所接受，原因之一是此类运动在增强体能、促进健康的同时，注重运动参与者身体姿态的端正与体态的矫正。不同生活方式会对个体身体姿态和体态产生不同的结果，比如长期右手做相对大负荷的动作会造成身体两侧肌肉肌腱发展不均衡，出现身体两侧外表不对称甚至一侧更容易出现伤痛的情况；再如生活中比较常见的外八字脚习惯，长期如此可能会造成大腿外侧肌肉相对内侧过于紧，内外两侧肌肉张力失衡，也会造成膝关节长期处于不正确位置可能会产生磨损与疼痛等等。

生活中人体所呈现的自然姿态可以传递很多信息。大量研究证明，人们认为姿态优美挺拔的人更具魅力，且大多数人都会被身姿挺拔、气度优雅的人吸引。当我们情绪低落、心情抑郁、遭遇挫折和失败时，往往颔首驼背，呈现收缩的状态，所谓"垂头丧气"的模样；当我们情绪兴奋，心情舒畅，获得赞扬和成功时，不由会昂首挺胸、拔背展肩，一副"得意洋洋"的样子。例如普拉提运动，把训练目标放在改变运动模式，坐、立、行、卧等姿势体态，它既注重肌肉力量与耐力的练习，又包含身体柔韧性与协调性的平衡。整个练习体系相对安全、动作难度可控，适合各个年龄和不同体能水平的人群。它最大的特点就是融入生活，从而潜移默化地增强健康意识、改善体态、提高健康水平和生活满意度。

人体的姿态取决于关节和骨骼的排列，以及肌肉的平衡状态和功能状况。融合了普拉提体系运动理念和实践的徒手健身动作本身就是很多姿态的集合，而姿态的正确与否也必然会影响锻炼效果。在这里我们借助普拉提运动理念与实践，一起来学习可以不借助任何器械的徒手健身运动。

1. 呼吸——结合普拉提呼吸法

很多研究证明，呼吸和我们的健康息息相关，我们甚至可以从呼吸的长短以及呼吸模式来判断一个人当前的情绪状态与健康状况。呼吸是普拉提运动里非常重要的元素。呼吸技巧可以用于协助动作、增加练习的灵活性、提高肺活量和集中思维。普拉提运动中我们可以运用到多种呼吸方法，除了常用的横向呼吸法，还有横膈膜呼吸、鼻式呼吸、单侧肋间呼吸、后背式呼吸等。不同的呼吸技巧在运动中具有不同的生理功效。而实际上大多数情况下是几种呼吸方式共存，只是某种方式占据主导而已。具体表现在运动中的运动方式与呼吸的一般关系为：躯干屈曲时更有利于呼气，反之，躯干伸展时更有利于吸气；双臂打开呈双肩外展时有利于吸气，反之，肩内收时更有利于呼气；换言之，在呼气时更有利于核心的收紧，并有助于躯干的稳定。在实际运用中，没有绝对不变的呼吸方式，针对不同的训练动作和目的，呼吸模式及节奏可以有所变化。而自然呼吸穿插其中，值得强调的是，当初学者不能很好掌握普拉提呼吸方式时，自然呼吸反而更加有助于其练习。

（1）横向呼吸法　横向呼吸法也称"肋间呼吸法"，它能够协助我们的核心向内收缩，是普拉提练习中比较常用的呼吸方法。一般在开始练习前，经常先调整呼吸方式进行横向呼吸模式，横向呼吸能够促成正确的动作模式，同时让肺部吸入最大量的氧气。

（2）横膈膜呼吸　也称"腹式呼吸"，这是一种主要以放松为目的的呼吸方式。可有助于我们放松和集中注意力，也可以强化横膈膜。

（3）鼻式呼吸　"鼻式呼吸"对于一些有冲击性的动作组成很有帮助，快速有力的节奏能迅速提升身体的能量，也可以用于在练习中当完全呼吸比较困难而需要小口呼吸的动作，如滚动动作的起始和结束时。

（4）单肋间呼吸　也称为"单侧肺部呼吸"，能够提高肋骨和脊柱的活动性，改善肺部在侧面屈曲练习体位中的扩张能力，如"美人鱼侧展"中的运用。对于脊柱侧弯的人可以运用凹侧的"单侧肋间呼吸"来提高脊柱和胸廓的活动性。对于某些肺部问题，针对性的呼吸练习也很有帮助。

（5）后背式呼吸　个人生活和运动习惯、呼吸肌肉的功能、疾病造成的机构改变或肌肉代偿等都有可能改变我们的呼吸模式。后背式呼吸主要是通过后肋间呼吸肌群的收缩来扩张胸腔容积以协助呼吸的。在俯卧体位的运动练习中更多地能感受到这种呼吸模式。对于胸椎屈曲变直的人也可以通过针对性的呼吸训练来改善"平背"的情况。

2. 轴心盒子

维持"轴心盒子"稳定非常重要，这样才可以安全地运动，并保持身体的匀称。将肩膀两端点和骨盆两端点相连，再把肩膀端点与骨盆端点相连，呈四条直线，组成一个盒子。这个"盒子"是身体调准和对称的提示，做每一个动作时，提醒自己，保持盒子的方正。很多人习惯性地依赖一侧身体，你甚至可以留意到自己的倾侧或旋向一边。运动或日常活动中也会经常有身体一边比另一边更容易操控的感觉。普拉提练习理念及练习方式可以让你意识到这种不平衡，并纠正和改善它们。

3. 身体的中立位

脊骨和骨盆的中立位是相辅相成的，当骨盆处于自然中轴，下背脊骨就会自动落入它的中轴位置，要找到你的骨盆中轴位置，将手心底部置于骨盆上，手指尖于耻骨上，形成一个三角形，这个三角形水平时，骨盆和下背部就处于中轴位置，或中立位。尽量做每一个动作都保持骨盆的中立位。

4. 身体核心

身体核心是身体动力的中心，身体运动的起始点，有时也被称为身体的能量库。主要指一系列构成和稳定身体中心的肌肉群，这些肌肉往往连接脊柱和骨盆区域，起到稳定的作用，包括腹肌（尤其是腹横肌）、下背部肌群和盆底肌群。当我们运动和日常活动时，稳定的核心始终在默默地发挥着作用，若没有深层肌肉的协同工作提供机构的相对稳定，我们的脊柱将是非常脆弱的。一个强壮的核心不但可以减少背伤的概率，更能改善体态和强化身体平衡。要达到良好的核心稳定，需要你在拉紧下腹的同时，收缩盆腔底肌，以启动深层的腹横肌。盆腔底肌位于盆腔底部，而腹横肌是包围着下腹和腰部的像一条腰带一样的肌肉。要启动盆腔底肌，应把盆腔底向内向上抽紧。当你缓缓抽紧盆腔底肌，多裂肌和腹横肌就会同时收缩。持续下腹的收紧，这种收缩要向上向内进展并逐渐往脊柱位置。不要用尽全力收缩，到达完全收紧的30% ～40%就是凝聚核心的标准力度。

5. 延伸脊柱和四肢

想象有一根绳子，它连接你的脊柱顺着头顶拉向天花板，通过这种方式，我们甚至可以再"长高"一点。在练习中，正确地配合"中轴延长"会增加骨盆与胸腔之间的距离，实际上是用你自身的肌肉来拉伸脊柱，伸展椎间盘、关节囊之间的空间。四肢的延伸，有助于缓解关节压力，伸展关节周围紧张的肌肉，放松关节囊。在四肢延伸的过程中，要确保不要锁住肘部和膝关节。

6. 脊柱的逐节运动

"脊柱的逐节运动"是指在完成某些脊柱相关的练习时，将脊骨一节一节，清晰有序地卷曲或拉伸松懈开。代表性的动作有，"卷腹""仰卧抬臀"等。人的脊柱由7节颈椎、12节胸椎、5节腰椎以及1块骶骨1块尾骨构成，每一节椎体都能独立活动。一根健康的脊柱应该是同时具备一定的力量和灵活度，脊柱的逐节运动原则要求每一个椎骨都参与运动，既可以锻炼脊柱的灵活性，又可以逐节缓冲各种动作姿势对脊柱的冲击和压力。如果有某节或某几节由于僵硬或者不够灵活没有参与运动，那么上下与其相邻的椎骨就必须完成双倍的工作，我们把它称为"代偿性"运动，久而久之，就会更加加剧脊柱的不平衡状况，甚至出现劳损、疼痛和损伤等。

结合以上六个方面的学习和了解，在以后的徒手健身活动中，我们有意识地逐步建立正确的健身模式，最大程度地避免损伤，优化锻炼效果，改善体态，不断进步，从而更好地感受运动带给我们的美好体验。

四、抗阻力训练（器械训练）

抗阻力训练也可以称为力量素质训练或者通常所说的器械训练，力量素质是指人体肌肉系统工作时克服或对抗阻力的能力，包括肌肉力量和肌肉耐力两方面。

良好的力量素质可以提高我们的工作效率，帮助我们形成良好的身体形态和姿势，同时还可以帮助我们减少运动对身体损伤，减轻腰痛病的症状，调节人们正常的生命质量。肌肉力量健身练习处于身体活动金字塔的三级水平，也是受到广大健身运动爱好者普遍欢迎的运动形式。

增加肌肉的力量和耐力对人的一生都有益处。研究表明，随着年龄的增长，人们基础代谢率下降，每10年下降3%，不爱运动的成年人每年约减少0.25kg的肌肉，60岁的人比20岁的人基础代谢率约下降12%。安静状态下，60岁的人约比20岁的人少消耗280kcal的热量，每12～13天少消耗约0.5kg脂肪的热量。换言之，基础代谢率下降，同样的活动量能量消耗减少，体重和体脂就会慢慢增加。

有研究表明，科学有计划的力量练习，除了可以增强基础代谢率、改善体脂百分比、紧致肌肉线条、增强机体稳定性外，还可以改善骨骼的状况，对女子来说更是如此，因为女子骨骼无机盐较少，骨密度较低，并且女子丢失钙的速度比男子快，而力量练习可以有效减少钙的流失速度，推迟骨质疏松的发生。

决定人体力量素质水平的因素很多，包括身体形态和遗传因素（肌肉的体积和快、慢肌纤维的比例）、神经生理因素（神经冲动的强度和同步化水平、肌纤维募集的数量、肌肉协调和肌肉间协调等）、动作技能因素（运动链的机械效率），以及心理学因素（动机和心理唤醒水平等）。

1. 抗阻力训练的基本技术

（1）**握法与握距**　握法是抗阻力训练时，两手持握器械的方法，常用到以下几种：

① 正握：前臂内旋的握法，如杠铃卧推时使用的就是正握。

② 反握：前臂外旋的握法，如杠铃弯举时一般采用反握。

③ 正反握：这种握法通常在抗阻力训练保护中使用。

④ 对握：两手掌心相对的握法，如壶铃硬拉时就是用这种握法。

握距是指在抗阻力训练时，持握器械把手两手之间的距离，通常分为窄握、中握、宽握三种。一般来说，握距同肩宽或窄于肩宽为窄握；握距比肩宽长10～20cm，为中握；握距长于肩宽20cm以上为宽握。

（2）**身体的姿态与稳定**　在抗阻力训练中，除了某些通过躯干本身的运动进行的动作外，躯干都应保持稳定的状态，即保持核心收紧、骨盆中立位、两肩胛后缩下降、头部与躯干保持正确的延伸状态，下颌微收。

在站姿训练中，两脚距离与肩同宽或略宽于肩，全脚掌着地，脚尖自然略外展，双膝微屈，不要锁定，膝关节正对脚尖方向。

在坐姿训练时，两脚自然分开略宽于肩，全脚掌着地，身体与训练凳接触的位置要保证有利于躯干部位的稳定。

（3）**动作节奏**　动作节奏（速度）是指抗阻力训练时，目标肌肉或肌群向心收缩和离心收缩的时间。为了不使用惯性的力量和避免受伤，练习时目标肌肉向心和离心收缩都是2～4s，也可以向心收缩2～3s，离心收缩3～4s。

（4）**呼吸**　适用所以抗阻力训练的呼吸方法是：目标肌肉向心收缩时呼气，离心收缩时吸气。健身性的训练过程尽量避免憋气。憋气时压迫胸腔，使胸膜腔内压上升，造成静脉血回心受阻，进而心脏充盈不充分，输出血量锐减，血压下降，可能会导致心肌、脑细胞及视网膜供血不足，产生头晕、恶心、耳鸣和眼黑等感觉，影响和干扰我们运动的正常进行。憋气结束，出现反射性的深呼吸，造成胸膜腔内压骤减，原来滞留于静脉中的血液迅速回心，冲击心肌并使心肌过度伸展，心排出量增加，血压也会骤升，这对心率储备差者十分不利，特别是少年儿童因心脏承受能力低而易使心肌过度伸展导致松弛，老年人因血管弹性差、韧性不足容易使心、脑、眼等部位的血管破损，带来严重不良后果。

2. 抗阻力训练的频率

（1）每周训练的次数　一般情况下，每周进行3次力量练习，每次持续45～75min。每次练习后休息一天，或安排其他性质的练习，以保证肌细胞的恢复和重建，使肌肉更强壮。

（2）每次训练的组数　有研究表明，获得力量训练最佳效果的训练方式是每个练习重复3～5组，之后再练习增强力量的效果就显著下降。

（3）每组的重复次数　不同强度、次数、组数和时间间歇的肌肉力量练习组合，分别产生不同的效果。研究证明，高负荷低重复次数的训练对增加肌肉力量更有效，而低负荷和高重复次数的训练使肌肉耐力得到良好的发展。在某种程度上，肌肉力量和耐力在每种练习选择上都可以得到提高，关键是哪种负荷方案更有利于其专门的神经肌肉类型。一般来讲，以发展肌肉力量为主的抗阻力训练应采用1～6RM（RM为最大完成次数）的强度；以发展肌肉体积为主采用6～12RM的强度；以发展肌肉耐力为主采用12～15RM的强度。应注意，对于没有训练经验的人来说，在开始训练时可采用较轻重量，每组重复10～15次。

3. 抗阻力训练开始阶段使用的重量（以每组10次为例）

（1）重复10次的重量　采用连续重复10次的重量，最后一次恰好能够完成，也就是说，这个重量你只能完成10次，那么这个重量就是合适的。在开始练习时，可以通过不断尝试来确定适宜的重量。

（2）增加重量的时机　经过一段时间的训练，一旦你可以在一个总量下连续超过10次，这时你就可以酌情增加重量。

4. 抗阻力训练组间歇时间

以发展肌肉耐力和体积为目的的训练，组间歇一般为30～90s，以发展肌肉力量为主的训练组间歇为2～5min，当然这是一个参考值，也可以根据个人训练水平及感受做出相应调整。

五、伸展运动

人体由206块骨头组成，骨头与骨头之间都有关节相连接，还有肌肉、肌腱和韧带等软组织，它们的伸展能力决定了该关节的灵活性和活动范围，不仅如此，由于个人学习、工作和生活习惯等因素可能会造成身体长期处于某种姿势，如果长时间不能得到缓解，就会造成某些关节机能异常，甚至产生疼痛。伸展练习的目的是提高肌肉、肌腱、韧带等软组织的活动范围，增加肌肉的柔韧度，平衡肌肉的紧张压力，拓展关节有效活动范围，从而使某些异常疼痛情况也可有效得到缓解。

伸展运动也叫作拉伸运动，除了可以伸展跨过关节的肌肉、肌腱和韧带等软组织，同时也有助于全身淋巴的疏通。人体各部位的伸展能力关系到人体的关节活动幅度和范围的大小，这种能力也叫作柔韧素质。伸展运动时的拉伸方法可分为静态拉伸、动态拉伸和"神经-肌肉本体促进"拉伸（PNF）等。无论哪一种拉伸方法，其共同的都是将目标肌肉等软组织拉伸到一定的长度，克服它的牵张反射，最终放松肌纤维。对于任何人来讲，保持肌肉的力量、弹性和柔韧度，对于改善体态、维持身体健康、降低身体意外伤害的概率都有积极的意义。

伸展运动不仅可以在运动前、运动中、运动后选择合适的拉伸方法与动作进行，也可以作为一种单独的锻炼方式来进行健身活动。对于老年人，通过拉伸，能够改善身体的运动范围，解决一些由于关节机能异常和疼痛造成的活动受限情况，可以减少跌倒的发生；对于青少年儿童来讲，可以作为一种专门的运动方式，以达到强化身体柔韧度、预防运动损伤、提高运动能力的效果；对于一般人，拉伸有助于减缓疲劳、恢复体力、改善体态，提高机体综合健康水平。伸展能力是人体健康要素的重要组成部分，只要掌握正确的拉伸方法，这项运动适合所有人群。

1. 伸展运动的功能

主要体现在它对我们日常生活和工作能力及身体功能的改善上，可以概括为以下几个方面：

（1）能够提高肌肉的柔韧度并且强化肌肉，保障人体基本动作行为能力。

（2）让关节能够顺利地活动，改善疼痛，提高运动能力。

（3）让肌肉和肌腱得到锻炼，预防各种软组织拉伤和劳损，降低受伤的概率。

（4）缓解紧张，消除机体疲劳，减缓机体老化，改善运动受限。

（5）让肌肉线条更流畅、匀称，保持良好的体态和基本姿势，进一步提高日常生活和工作质量。

（6）为各种身体动作打下良好基础，构成其他健身运动热身和放松活动的必要部分。

2. 伸展运动注意事项

（1）要有意识地锻炼经常使用的肌肉和关节。

（2）拉伸的方式要准确。

（3）要在放松的状态下进行。

（4）拉伸时，控制在无痛的范围内。

（5）先进行简单的热身，要在身体温暖的情况下进行。

（6）慢慢地呼吸，不能憋气。

（7）做静态拉伸时一个动作保持不超过60s。

六、前庭耐力训练

人体空间定向机能系统（即能感知人体在空间的体位变化和维持人体平衡的系统）是由多种分析器协同作用的结果，它包括视觉分析器、前庭分析器、本体感受器、听觉分析器和触觉分析器等，其中前庭分析器起着重要的作用。

前庭发生的神经冲动与支配眼肌的神经相联系，可以反射性地引起眼肌有规律地收缩，产生眼震；与支配颈部、四肢和躯干部位的运动神经相联系，可以反射性地引起四肢与躯干张力失调，使躯干向旋转一方倾倒，不能沿直线行走，定向能力下降或遭到破坏；

与自主神经相联系，会产生一系列自主神经功能紊乱的症状，如：头晕、恶心、呕吐、出冷汗等。

飞机的起落、加速是引起空晕症亦称晕机症和产生空间定向错觉的直接原因。体弱、疲劳过度、大脑皮层功能不良对前庭器官的控制能力会减弱；长期没有乘坐飞机造成的适应减退、胃肠功能不良、心血管功能障碍、缺氧等都能使前庭功能反应增高，容易产生晕机症状。晕机症可以通过一些有效的措施来加以预防。实践证明，通过系统、特定的地面训练是有效提高民航服务人员的前庭耐力最有效的方法。在进行前庭耐力训练时，应遵循以下原则：

1. 全面发展身体综合素质

人体各器官系统都是在中枢神经系统调节下的有机统一体，其各个组成部分既是独立的，又是相互联系、相互影响的。身体综合素质较好的人，前庭耐力素质通常也相对较好，或者比较容易通过锻炼提高并保持相对高的水平。所以前庭耐力的好坏与本身身体综合素质的强弱相对一致，所以平时应注重身体综合素质的锻炼，才能使前庭耐力的锻炼取得理想效果。

2. 持之以恒

人体的各项体能水平的保持与提高都离不开持之以恒的合理锻炼。研究表明，前庭耐力锻炼积累50个小时即可见到成效，一般停止5～7天，有些前庭耐力基础差的或者身体综合素质不太好的人就会出现消退现象。所以，要定期坚持锻炼，使身体适应性逐渐提高，才能保持较长的时间。

3. 循序渐进

无论是技术技能还是身体基本素质，都存在一个逐步适应与提高的过程。俗话说，一口吃不成一个胖子。人体前庭分析器对旋转和摆荡的刺激的适应性也要遵循由小到大、由易到难的过程，切勿操之过急，刺激负荷量要适中，每次训练要有头晕和发热的感觉，但如果出现恶心、呕吐、出冷汗的情况就是负荷量过大，容易对人体造成伤害。

4. 变换锻炼方法

人体经过锻炼会对某种行为方式产生适应，所以经常变换锻炼方法，或者多种锻炼方法交替进行，以保证更好的锻炼效果。

以上几种运动方式，既有目前流行的，也有传统并经典的，还有针对民航服务人员特别需要练习的，选择自己喜欢的运动方式进行尝试，从中找出最适合自己的并坚持下去，半年、一年、三年……慢慢地，你一定会惊喜地发现自己的变化。

第四节　运动与饮食

生命的存在、有机体的生长发育、各种生理活动的进行，都有赖于机体的物质代谢过程。体内进行物质代谢必须不断地从外界获得各种营养物质以供机体需要，这些营养物质主要从食物中获得。营养素是指能在体内消化吸收、供给机体能量、构成机体组织的更新和调节生理机能，为机体提供正常的物质代谢所必需的物质。人体所需要的营养素有蛋白质、脂肪、碳水化合物、维生素、无机盐、膳食纤维和水七大类。

现代医学研究证明，人类各种疾病的发生，或多或少或轻或重都与机体内营养平衡失调有关，所以，人体营养平衡是至关重要的。尤其是当今科技的飞速进步也带来了许多食品安全问题。食物添加剂的使用、高科技生物食品的开发、保健食品的种类也越来越多等等，导致人们营养平衡失调，所以，健康饮食就显得更加重要了。

营养学家建议我们把全天的食物定质、定量、定时分配供给，也称为平衡膳食。

一、平衡膳食

1. 平衡膳食的原则

合理的膳食调配就是供给比例适当，使其互相配合而增加营养价值。在调配过程中应注意几个方面：

（1）各种营养素的供给平衡　供给足够的热能、满足机体生理活动以及日常生活需要；供给充足的蛋白质，全面平衡人体所需的八种氨基酸，以满足机体的生长发育、组织修复和更新的需要；供给各种无机盐，满足构成机体组织和调节生理功能的需要；供给足够的维生素，满足调节生理功能，维持正常的新陈代谢，增进机体健康的需要；供给适量的膳食纤维，维持正常的排泄及预防某些疾病的需要。同时，要保持能量摄入与消化的平衡。现代加工食物口感更佳，但往往热量普遍偏高，因此膳食中应注意少油、少糖、少量多餐。

（2）三大能源物质的配比平衡　蛋白质、糖类、脂肪是人体三大能源物质，在膳食中含量最多，它们在人体新陈代谢过程中关系密切。其中最主要的是糖类和脂肪对蛋白质的节约作用，即足够的糖类和脂肪可减少蛋白质作为能源的消耗，但并不是说蛋白质的摄入不足可以单纯提高糖类和脂肪的供给量。所以，蛋白质的供给量要达到最低需要量以上，糖类和脂肪才能充分地发挥它们对蛋白质的节约作用。蛋白质、脂肪、糖类的供给量比例分别占总热量的10%～20%、20%～25%、60%～70%。

（3）氨基酸平衡　人体所需的氨基酸有些可以在体内合成，有些必须从食物中摄取，所以，日常饮食中氨基酸摄入应种类齐全、数量充足、比例适当。一般来讲，必需氨基酸和非必需氨基酸的比例为4∶6。一般在肉、蛋、奶等动物性食物和豆类食物中含量充足、比例适当，故这类食物营养价值较高，但其热量较高，而谷类等植物性食物中常常会缺乏几种氨基酸，因此，应做到动、植物食物的合理搭配，实现比例均衡。

（4）脂肪酸平衡　脂肪可来自动物性食物、坚果类以及食用油等。脂肪由甘油和脂肪酸组成，脂肪酸可分为饱和性脂肪酸、多不饱和性脂肪酸和单不饱和性脂肪酸。膳食中饱和性脂肪酸在动物性油脂中含量较高，如猪油、牛油、奶油等，过多摄入可增加高血脂、动脉硬化等风险，故摄入应控制。而多不饱和性脂肪酸一般在植物性食物中较多，如豆油、葵花籽油、芝麻油等，其中有的多不饱和脂肪酸（如亚油酸）是人体不能合成，必须由食物中获取的必需脂肪酸，故人们通常认为植物油营养价值更高。当然摄入也要适量，一般以食用油脂加上其他食用脂肪不超过总热量的25%为宜。

（5）酸碱平衡　人体在正常情况下血液处于酸碱平衡状态，pH值稳定在7.3～7.4之间。食物中，含磷、硫、氯等非金属元素较多的，在机体内代谢后产生酸性物质，称为酸性食品，如米、面粉、肉、鱼、蛋等；而含钠、钾、镁、钙等元素较多的，则在体内氧化，产生碱性物质，称为碱性食品，如大多数蔬菜、水果、黄豆等。膳食中应保持酸性和碱性食物摄入平衡，才能维持机体健康。

（6）维生素平衡　在我国传统膳食结构中，维生素A、维生素D膳食来源不充分，应注意补充，水溶性维生素，如维生素B_1、维生素B_2、烟酸、维生素C等在机体内储备少且烹饪加工及储存过程中易流失，从而人体发生供给不足的情况，且维生素B_1、维生素B_2、烟酸等还参与体内生物氧化过程，同能量代谢有关，维生素E能够促进维生素C在肝脏内的储存，维生素C能促进铁的吸收和利用，所以应注意这几种维生素的补充。

（7）无机盐平衡　膳食中如果磷酸盐过多可与食物中的钙结合，使其溶解度降低，影响钙的吸收率。因此膳食中钙、磷的比例恰当，才能有利于两者的消化吸收。成年人膳食中钙、磷之比为1:1.5，儿童为1:1。过量的铜、钙和亚铁离子可抑制锌的吸收。铁和铜在造血过程中起协同作用，铜是合成血红蛋白的催化剂，缺铜也会同缺铁一样导致贫血。膳食中膳食纤维过高或蛋白质缺乏也会影响钙的吸收。所以，平衡膳食也要注意无机盐摄入平衡。

2. 平衡膳食的组成

根据我国普通人的膳食情况，可将食物归纳为以下几类：粮谷类（含薯类）、动物性食物（鱼、肉、奶、钙）和豆类、蔬果和坚果类、食用糖和油类、盐和其他调味品，这几类食物所占重量比例为见表3-1。

表3-1　食物所占重量比

粮谷、薯类	动物性食物和豆类	盐和其他调味品	食用糖和油	蔬果和坚果类
30%～35%	20%～25%	2%	2%～3%	35%～40%

（1）粮谷、薯类　粮谷、薯类包括小麦、大米、玉米、小米等，是供给热能、B族维生素物质的主要来源，还是我国人民蛋白质的主要来源。在普通人的膳食中，粮食摄入量应占膳食总量的30%～35%。薯类食物的热量与谷物相近，但蛋白质含量低，不宜作为主要粮食。

（2）动物性食物和豆类　动物性食物和豆类包括各种肉、蛋、奶、豆类及其他制品，它们供给优质蛋白质，还是许多维生素和矿物质的重要来源，在普通人的膳食中，占膳食总量的20%～25%为宜。

（3）蔬果、坚果类　蔬果和坚果是维生素和矿物质以及膳食纤维的重要来源，在膳食中应占35%～40%。

（4）食用糖和油　食用糖和油指烹调用糖和油，它们供给热量和必需氨基酸，且促进脂溶性维生素的吸收，在普通人膳食中占比2%～3%。

（5）盐和其他调味品　不宜过多，在食物中应占2%左右。

二、健康的饮食习惯

1. 食物多样化

人类的食物是多种多样的，各种食物即使是同类的，但其中所含的营养成分不完全相同，任何一种天然食物都不能提供人体所需的全部营养素。平衡膳食必须由多种食物组成，才能满足人体各种营养需求，达到合理营养、维持机体新陈代谢和日常需要、促进健康的目的，因而要提倡人们广泛食用多种食物。

第一类是谷类及薯类：谷类包括各种米、面、杂粮，薯类包括马铃薯、红薯、木薯等，主要提供糖类、蛋白质、膳食纤维及B族维生素。

第二类为动物性食物：包括各种肉、蛋、奶等，主要提供蛋白质、脂肪、矿物质、维生素A和B族。

第三类为豆类及其制品：包括大豆及其他豆类，主要提供蛋白质、脂肪、膳食纤维、矿物质和B族维生素。

第四类为蔬果类：包括各种新鲜蔬菜、水果等，主要提供膳食纤维、矿物质、维生素C和胡萝卜素。

第五类为纯热能食物：包括动植物油、食用糖和酒，主要提供能量。植物油还可以提供维生素E和必需氨基酸。

2. 多食用蔬果类和薯类食物

蔬菜与水果含有丰富的维生素、矿物质和膳食纤维。蔬菜的品类繁多，包括植物的叶、茎、茄果、鲜豆、食用藻等，不同品种所含营养成分不尽相同，甚至相差较大。深色蔬菜中的维生素含量超过浅色蔬菜和一些水果，它们是胡萝卜素、维生素B_2、维生素C和叶酸、矿物质（钙、磷、钾、镁、铁）、膳食纤维和天然抗氧化物的主要来源。我国近年来开发的野果，如猕猴桃、刺梨、沙棘、黑加仑等，也是维生素C和胡萝卜素的丰富来源。

薯类含有丰富的淀粉、膳食纤维，以及多种维生素和矿物质。我国居民近10年来吃薯类较少，应当鼓励多吃些薯类。

多吃含丰富蔬菜、水果和薯类的膳食，对保持心血管健康、增强抗病能力、减少儿童发生眼干燥症的危险及预防某些癌症等方面，起着重要的作用。

3. 常吃奶类、豆类及其制品

奶类除含丰富优质的蛋白质和维生素外，含钙量较高，且利用率也较高，是天然钙质的极好来源。我国居民膳食提供的钙质普遍偏低，平均只达到推荐量的一半左右。我国婴幼儿佝偻病的患者较多，这与膳食中钙的供给不足可能有一定的联系。大量的研究表明，适量给儿童、青少年补钙可以提高其骨密度。豆类是我国的传统食物，含大量优质蛋白质、不饱和脂肪酸、钙及维生素B_1、维生素B_2，烟酸等。

4. 经常摄入适量鱼、瘦肉、禽、蛋类，少吃肥肉

鱼、禽、瘦肉等动物性食物是优质蛋白质、脂溶性维生素和矿物质的良好来源。动物性蛋白质的氨基酸组成更适合人体需要，且赖氨酸含量较高，有利于补充植物性蛋白质中赖氨酸的不足。肉类中的铁利用率较好，鱼类特别是海鱼所含不饱和脂肪酸有降低血脂和

防止血栓形成的作用。动物性肝脏含维生素A极为丰富，还富含维生素B_{12}、叶酸等。但有些脏器（如脑、肾脏等）所含胆固醇相当高，对预防心血管系统疾病不利。

5. 食物摄入量与日常体力活动、运动量要保持平衡

食物提供人体热量和日常活动、运动消耗能量。如果摄入量大于总消耗量，多余的热量就会在体内以脂肪的形式堆积，相反如果摄入量低于总消耗量，可能会引起体重下降，活动和运动能力下降。所以，二者之间要保持相对平衡。特殊时期，如处于生长发育期的青少年儿童、疾病恢复期等，应适当增加营养摄入。不论哪一类人群，都应根据实际情况因地制宜增加运动量，经常运动可增强心血管和呼吸系统的供能，保持良好的生理、心理状态，提高工作效率，调节食欲，强健骨骼，预防骨质疏松。三餐热量分配要合理，一般早、中、晚的比例为30%、40%、30%。

6. 清淡少盐

清淡少盐的膳食习惯有利于健康。近些年，人们生活水平日渐提高，城市居民的油脂的摄入量越来越高，我国居民食盐的摄入量平均值是世界卫生组织建议量的2倍多。流行病学调查表明，钠的摄入量与高血压发病呈正相关，钠的来源包括酱油、味精等许多调味品及含钠的加工食品等。所以，应减少钠的摄入，应从认识到行动养成少盐的膳食习惯。

7. 饮酒应适量

酒文化在中国源远流长，不少文人学士写下来品评鉴赏美酒的著述。所谓"无酒不成席"，酒作为一种特殊的载体，在人类交往中占有独特的地位，酒文化已经渗透到人类生活的各个领域。对人文生活、文学艺术、医疗卫生、政治经济等领域都产生巨大的影响。但是高度酒能量高，不含其他营养素。无节制饮酒，会使食欲下降，以致营养素缺乏，严重时会造成酒精性肝硬化。过量饮酒会增加患高血压、中风等风险值，并可能导致事故及悲剧。成年人应学会控制，可少量饮用低度酒，青少年不宜饮酒及含酒精类饮料。

8. 食用清洁卫生，安全食品

近些年来，食品安全问题日益严重，在条件允许的情况下，日常食物的选取，应选择外观好、没有污染、杂质、变色、变味并符合卫生标准的食物。个人卫生习惯非常重要，可以有效地避免传染性疾病的传播。如：在外佩戴口罩，不接触公共区域的物品；回家及时洗手，外套及时脱掉挂在通风的地方，特殊时期要进行消毒；进餐要注意卫生条件，在外用餐提倡分餐制，自带餐具，或用消毒餐巾清洁公用餐具。

三、大学生的饮食

大学生正处于青春期向成年过渡时期，不仅身体发育需要足够的营养，而且繁重的脑力活动和较多的体育活动也要消耗大量的能源物质，因此，合理的饮食和营养有助于提高大学生的身体素质和学习效率。

大学生饮食除了保证足够的主食以补充热量外，还应补充足够的、多样的副食品，一般每人每天保证肉类75～100g，豆类50～100g，鸡蛋1～2个，牛奶250ml，蔬菜500g及水果1～2个的摄入量。膳食中的蛋白质最好以动物性蛋白为主，优质蛋白占总蛋白量的60%，应平均分配在每餐中。

资料背景

故事的主人公名叫大卫·戈达德（David Goggins），他曾是一个体重达到300磅（约136kg）的肥胖者，存在各种健康问题。然而，他通过自己的努力，成功地改变了自己的形体，并因此改变了命运。

大卫·戈达德从小就是一位肥胖者，随着年龄的增长，他的体重也在不断增加。这使得他在生活中遭遇了很多困扰，因此而自卑，产生社交障碍。后来，他决定通过健身改变自己的命运。

大卫一开始选择跑步锻炼，但由于体重过大，他的关节承受了巨大的压力，导致跑步时非常痛苦。然而，他并没有因此放弃，而是选择继续坚持。随着时间的推移，他的体重逐渐减轻，身体也变得更加健康。

在体重减轻的同时，大卫开始参加各种健身比赛，如马拉松、铁人三项等。慢慢地，他在比赛中的成绩越来越好，成了一位备受瞩目的运动员。通过健身，大卫不仅改变了自己的形体，还重拾了自信，摆脱了生活中的困境。

思考与借鉴

这个故事告诉我们，改变形体确实可以改变一个人的命运。通过努力和坚持，我们可以塑造更健康的身体，提高自己的生活质量，实现人生的华丽蜕变。

开放式讨论

讨论题目——有氧运动的界定是什么？
塑形健身可以采用哪些运动方式？

提示要点：

1. 知道什么是有氧运动。
2. 区别常见运动项目中哪些属于有氧运动，哪些不属于。
3. 不同运动方式可以对身体产生不同的影响，根据自身条件和需求选择不同的运动方式。

本章总结

本章涉及芭蕾基础训练、民族舞蹈片段、古典舞蹈片段、有氧运动、徒手训练、伸展运动、器械运动等多角度多方面的训练内容。让读者结合自身形体仪态的具体情况，既可以针对性地进行某一类型运动的练习，也可以从柔韧性、控制力、协调性等方面进行学习和练习，使读者在健美塑形的同时获得强健的体魄、良好的形态、健康的体态和优雅的仪态。本章节在讲解理论的同时附加有对应的图片，以更好地帮助读者理解和学习。

思考题

1. 如何通过芭蕾基训提升服务水平，提高客户体验感？
2. 通过哪些舞蹈训练可以提高肢体的灵活性和动作的舒展性？
3. 建立徒手健身运动模式应注意哪几个方面？

练习题

1. 简述什么是有氧运动，有氧运动的负荷量和强度怎样控制？
2. 请解释"轴心盒子"的概念。
3. 古典舞的呼吸和抗阻力训练中的呼吸有什么相似之处？

仪态篇

CIVIL
AVIATION

第四章

民航服务人员
的仪态美

仪态美既是民航服务系统的组成部分，又具有鲜明的标志性引领作用。在与人交往的过程中，注重仪表是一个不容忽视的问题，它对于获得社交和事业的成功都有着不可或缺的作用。所谓仪表就是我们通常所说的人的外貌，它在人际交往中会引起交往对象的特别关注，并影响到对方对自己的第一印象和整体性的评价。所以，社交礼仪最基本的要求之一就是仪表美。本章从民航人员仪容仪态的角度出发，意在从仪容仪态方面提升民航服务人员的服务能力与水平，以此提升客户服务体验，进而提高民航服务的整体水平。

学习目标

1. 了解仪态美的内容；
2. 理解仪态美的内涵；
3. 掌握民航服务的特点与要求，懂得如何塑造民航服务中的仪态美。

知识目标

1. 民航服务人员仪态美的内容；
2. 民航服务人员仪态美的特点及要求；
3. 民航服务人员仪态美的作用与重要性。

能力与素质

1. 注重民航服务人员的仪容仪态；

2. 通过仪容仪态展示民航服务人员的服务水平；

3. 掌握民航服务人员在仪容仪态方面应具备的思维和意识。

德育要素

1. 通过学习和掌握仪态美的相关知识和训练技能，树立民航服务职业精神，增强个人职业自豪感；

2. 了解仪态美的重要性，牢记职业初心，提升职业忠诚度。

导读

培根曾言：论起美来，状貌之美胜于颜色之美，而适宜且优雅的动作之美又胜于状貌之美，这是美的精华。这里所说的"动作之美"就是指人的仪态美。民航服务人员的仪态美，是指服务人员在对客服务中必须做到的举止行为美、服务姿态美。仪态美在形式上集优美的动作和丰富的表情于一体，讲究仪态美是民航服务人员的一种职业需要。民航服务人员优美的仪态不仅使乘客在心理上感觉愉悦，精神上得到满足，而且也体现了民航的服务质量和管理水平。因此，民航服务人员无论从事地勤工作，还是机上服务工作，都应注意仪态美。

一个人的仪态决定着一个人的风度与气质。影响人仪态美的因素有外在的也有内在的，而遗传、姿态习惯不佳以及后天的教育与修养都将对一个人的仪态美产生影响。民航服务人员的仪态美是空乘服务中所必备的素养。通过有针对性的专业训练，全方位地培养良好的仪态习惯，才能够塑造出民航服务人员的仪态美。

近年来，随着民航业服务模式由规范化、标准化向个性化方向发展，把仪态美运用到民航服务的全过程中，已成为所有民航企业的追求。从民航服务的现状看，仪态美作为优质服务的重要外在表现形式，在民航服务中起着极其重要的作用。

第一节　仪态美的内涵

一、仪态的内涵

仪态就是指人们的一举一动所传达出来的内在修养与品质，包括身体动作是否优雅，处事交流是否成熟，神情表现得是否自然适宜等等。通过这一系列的外在行为可以诠释一个人的内心观点、修养，以及自身学识。具体而言，由于生活的方式不同，生活习性的差异，各个民族所崇尚的思想不同，形成了不同国家、不同民族、不同阶层对仪态有差异性的标准及要求。仪态礼仪体现了人们在社会交往中，相互之间应具有的友善、得体的气度和风范。在交往中要把握好尺度，态度亲切，称呼得当，穿着得体，坐如钟，站如松，则易于沟通，交往气氛自然融洽，利于达成共识。反之，不得体的仪态则有可能导致摩擦发生，阻碍人们之间的相互理解与沟通。

二、仪态美的内涵

仪态美涵盖了仪容、仪表、姿态三个方面，这三个方面虽然都在强调人的外在，但是它们的侧重角度是不相同的。仪容具体指的是一个人的长相，即本身所具有的容貌。仪表则是指一个人外在的综合表现，服饰搭配适宜、举止端庄、形体匀称、风度翩翩等都在一定程度上展示着仪表。姿态具体是指一个人所表现出来的行为举止，仪容和姿态都是仪表的有机组成。因此，仪态美不仅要求服饰搭配得体、举止大方端庄、形体匀称协调、姿态优雅自然，还要求内在的修养和学识。因学识渊博而自然而然表现出来的谈吐不凡，是集形体美、容貌美、修饰美于一体的内在和外在综合美。一个人若对仪态美倾心追求，不仅要遵循美的规律改造自身的外在形式，还要不断提高自身的内在修养。

三、仪态与仪态美

仪态是指人的一系列姿态、动作和举止的总和，是一个人在言行举止中表现出来的优雅生动的仪容姿态，它既是容貌气质的体现，也是一种优美的形体语言。仪态主要包括优雅得体的行为举止、成熟稳重的处事方式以及坦然自若的表情神态，它潜移默化地表达着个人的内在修养和品质。仪态具有典型的差异化，其表现为不同国家、不同民族、不同阶层和不同群体都有不一样的仪态标准和要求，例如，西方国家贵族群体讲究绅士礼仪风度，宗教教徒则讲究有宗教性质的仪态。

中国具有五千年的文明史，有"礼仪之邦"的美誉，中国人民在历史发展的过程中形成了典型的谦逊礼貌的仪态，如今更是要求每一个公民讲礼貌、讲文明，追求自我的仪态美。仪态美是指个人的姿态、动作和举止所呈现出的美感，也就是动作之美。仪态美是优雅得体的行为举止以及丰富多样的面部表情的统一体，其主要包括仪容美、形体美和修饰美三个方面。

仪容美指的是人的外貌特征，是仪态美中最直观和最外在的部分；形体美是指人的整体体态所呈现出的一种人格美，包括外在美和内在美两个方面，是仪态美的前提条件和物质基础；修饰美是在仪容美和形体美的基础上加以装饰而获得的，得体的服装、配饰和端庄的行为举止是仪态美的重要组成部分。

个人追求自身仪态美时，不仅需要利用适当的服装和配饰来装扮自己以及锻炼身体获得优美的身形，还需要注重自身的内在修养，培养优良的道德品质，丰富自身的文化素养，做到外在美和内在美相统一，集仪容美、形体美和修饰美于一身。而且相比于外在的仪态美，内在的修养和学识更为重要。如果一个人拥有姣好的面容和优美的身形，但是缺乏内在的修养和学识，行为举止不端正、不雅观，那么这个人就不具备仪态美。

航空服务礼仪作为一种规范，是空乘人员的行为准则，具体是指空乘人员在客舱服务中的各服务环节，从在客舱迎接旅客登飞机、与旅客的沟通，到飞机飞行中的供餐、送饮料，为特殊旅客提供特殊服务等，都有一整套行为规范。航空服务礼仪的重要性主要体现在：有助于提高空乘人员的个人素质；有助于提高航空公司的服务质量和服务水平；有助于塑造航空公司的整体形象；有助于提高企业的经济效益和社会效益。

一、民航服务人员仪态美的特点

服务在本质上是一种人际交往关系，这种关系由服务者、被服务者和服务环境三要素组成，其中服务者是影响服务质量的最主动、最积极的要素，其能力和素质的高低对服务水平具有决定作用。

具有良好素质和能力的服务者可以在服务过程中营造出令人愉快的氛围，使服务三要素间的关系达到和谐统一，这种和谐统一的美就是优质服务。

想要成为一名优秀的乘务员需要具备五种优秀的个人品格：责任心、爱心、包容心、同情心和耐心。这五种品质主要体现在职业素养、仪表、仪态、行为礼仪等方面。

民航服务人员仪态美的特点包括：

（1）民航服务人员的仪表仪容规范　主要包括仪容仪表、见面礼仪和日常行为礼仪等内容。

（2）民航服务人员的仪态美　主要包括民航服务人员的服装、发型、化妆、站姿坐姿、蹲姿、鞠躬等方面内容。

（3）民航服务人员的服务礼仪　主要包括车站服务礼仪和民航服务人员礼仪两个部分，塑造良好的岗位服务礼仪形象。

二、民航服务人员仪态美的要求

民航服务人员的形象和礼仪不仅关系着航空公司的形象，而且代表着国家、民族的对外形象。对于女性服务人员来说，身着制服时，注意保持发型整洁美观、大方自然、统一规范、修饰得体。发型以乘务业务规定的标准发型为主，不留怪异发型。值勤时需要化工作妆，及时补妆，保持良好的精神面貌，保持手和指甲的整洁。不使用不健康颜色及亮彩色的口红，不佩戴过大的饰物、时装手表，不在旅客面前补妆、修饰妆容。值勤时，同一航班乘务组乘务员可根据航线季节、天气变化及个人身体素质着装，女性乘务员一律着裙装，迎送客时，可穿着马甲，寒冷地区可穿着大衣。皮鞋应保持光亮、无破损，空中应着单皮鞋。穿着制服时须扣好纽扣，穿着大衣、风衣时要系好腰带，佩戴围巾、手套。登机证佩戴在制服、风衣、大衣胸前，上机后摘掉；服务牌佩戴在制服右上侧、衬衣和围裙的左上侧。

对于男性服务人员来说，外貌上要做到：短发，发型不要太新潮；精神饱满，面带微笑；每天刮胡须，饭后洁牙；白色或单色衬衫，领口、袖口无污迹；领带紧贴领口，系得美观大方；西装平整、清洁，西装口袋不放物品，西裤平整，有裤线；短指甲，保持清洁；皮鞋光亮，深色袜子。

而标准化仪态规范通常总结为两个"四"，即四统一和四规范。"四统一"：统一淡妆上岗、统一服装服饰、统一挂牌上岗、统一发式发型。"四规范"：规范点名交接、规范上岗服务、规范工作程序、规范仪态仪表。

三、民航服务人员的仪容仪表

1. 面容要求

（1）头饰。佩戴统一头饰（黑色、宝石蓝色），高度不低于后衣领。

（2）刘海标准。刘海梳理整齐，做到长不遮眉，不留奇特发型。工作时间应该梳理整齐，切忌戴彩色发卡，以黑色为宜。

（3）妆容标准。要求淡妆上岗，以淡雅、清新、自然为宜，不浓妆艳抹，不使用气味浓烈的化妆品及香水。

（4）口红标准。口红的颜色应以普通的红色为宜，不夸张。

（5）眼影标准。以淡紫色为宜，眉骨处应涂上白色的过渡色。

（6）眉毛应以使用深棕色眉笔为宜，轻轻描出眉形即可，切忌把眉毛描得过黑、过浓。睫毛膏颜色应以黑色、深紫色、深蓝色为宜。

图4-1　面容要求

备注：随时关注装束的保持情况，做到每2小时补妆一次。

2. 手部要求

（1）手应保持清洁、美观、无污垢；指甲要经常修剪，保持干净、整洁。

（2）不涂指甲油，不在指甲上画图案，指甲的长度以从手心看不超过指尖2毫米为宜，指甲不要留有黑边。

（3）手腕除了手表外不戴其他饰物。不戴形态夸张的手表，表带以金属或皮质为宜，宽度不超过2cm。

3. 着装要求

（1）统一着标识服，服装保持干净整洁，无褶皱，衣扣要结实牢靠。

（2）服务牌：佩戴在左胸上方，与第二个扣子相对，相隔5cm。

（3）鞋袜：统一穿黑色小跟皮鞋，鞋面应保持光亮整洁；丝袜以肉色为宜，穿裙装时要穿肉色长筒袜，丝袜不能破损，不能露出袜口。

4. 个人卫生

上岗前不吃有刺激性气味的东西，如蒜、韭菜、葱，保持牙齿清洁，口气清新，在岗期间不准嚼食口香糖。

四、民航服务人员的沟通语言

1. 语言交流要针对乘客的实际

空乘要善于察言观色，有很好的理解能力，能迅速判断乘客的心理和服务需求，尽量站在乘客的立场上说话、办事，力求听懂乘客的话外之音或欲言又止。

不分对象、场合，千篇一律地应答或服务也是不合适的。空乘面对的是来自不同国家，不同文化层次，不同职业、年龄、地位，不同风俗，不同宗教信仰的乘客，要注意区别对待。掌握多种语言表达方式，善于使用礼貌用语和无声的语言，避免平淡、乏味、机械的语言。

2. 委婉地表达否定性的话语

因工作需要或条件限制而需要拒绝乘客时，如果直接使用否定词句会显得十分生硬，让乘客的心情不愉快。因此，即使在需要对乘客说"不"的时候，也要尽量用委婉的表达方式。如把"请不要吸烟"改成"对不起，这里是不能吸烟的"，或如"对不起，能否关掉空调？这位乘客有点发烧。""这两位乘客想坐在一起，能否请您和他们换一下？""先生请原谅，您最好别在机舱内使用手机！""我来帮您系好安全带吧！""等飞机到达正常高度时您再使用电脑可以吗？"等等。

3. 服务语言要简练、通俗、亲切

因为空乘工作的特点和时间的限制，空乘服务用语需要简练、清晰、通俗、亲切，如"欢迎您乘坐本次航班！""早上好，您的座位在飞机中部"，等等。

4. 语言要与表情，动作一致

当人们在交谈时，只是在说话而无表情或动作时，会令他人有所不悦。所以民航服务人员在为乘客服务时，应在自己说话时配以适当的表情和动作，并保持一致。

五、民航服务人员仪态美的其他要求

1. 态度至上

"态度"是服务行业中制胜法宝之一。尤其对于航空运输来讲，至关重要。亲和的微笑就是空乘最佳态度的表现形式，易于让乘客接纳，产生宾至如归之感，同时树立了行业良好形象，为企业打开声誉与关注的窗口。在运输行业竞争如火如荼的今天，态度决定成败，微笑战胜一切。所以要掌握八个正确微笑原则：

（1）主动微笑原则，主动营造友好热情并对自己有利的气氛与场景，赢得对方满意的回报。

（2）自然大方的微笑原则。

（3）眼中含笑原则。

（4）真诚微笑原则。

（5）健康微笑原则。

（6）最佳时机和维持原则。

（7）一视同仁原则，切莫以貌取人。

（8）天天微笑原则，养成良好习惯。

2. 知识内涵

空乘的气质和涵养与航空运输企业形象息息相关，间接影响企业发展。空乘服务涉及广博的知识，要逐步掌握、运用，直到会表达及交际，以此才可成为通古博今、熟知中外、时时散发完美气质、具备涵养的空乘。知识内涵包括以下内容：

（1）注重广泛积累，提高道德水平和知识厚度。

（2）展示开朗个性，广交各界朋友。

（3）待人和善，处事大度。

（4）感受性、敏感性不宜太高。

（5）忍耐性不能太低，情绪稳定。

（6）吸取工作经验，善于总结结晶。

（7）开发良好情绪，调试自我性格。

（8）增强心理适应能力。

3. 健康心态

空乘必须具备健康心态。在进行乘务工作时，健康良好的心态甚为重要，它直接影响乘客乘机情绪以及个人和企业的形象、声誉。同时要避免"金玉其外，败絮其中"，勿让精神美感大打折扣。

在乘务工作中，服务人员面对不同类型乘客，会遇到各种特殊情形，如航班延误时，要面对乘客尖刻语言；在服务中，会遇到百般挑剔的乘客，甚至无理取闹。空乘在承受压力，处理矛盾时，要保持健康的心态。可以从以下几个方面锻炼提高自己：

（1）遇事不慌，沉着稳定。当遇到突如其来的事情或问题时，要保持镇静，不惊慌失措，并且有迅速处理问题的对策。

（2）思维敏捷。应变不应是被动，而应是主动，能防患于未然。

（3）机智幽默。灵活运用幽默语言处理交际中出现的各种难以处理的问题，可以缓和局面，使双方变得轻松愉快。

（4）忍耐性要强。要有较强的驾驭能力和克制能力，做好耐心、细致的说服和解释工作，有条不紊地冷静处理突发事件。

第三节 民航服务人员仪态美的作用

在民航服务中运用仪态美，能使人际交往和谐，使人们感到愉快，给人一种美的享受。民航服务不仅仅依靠有形的物质，更依赖于在服务的过程中服务人员和乘客的交流和心灵沟通。然而在实际的民航服务中，由于服务人员与乘客接触的时间很短暂，很难达到情感相融，而服务人员的仪态美又是对乘客来说的第一印象，将对其后续行为产生重要影响。社会心理学家也认为："在人际交往中，人们的每个细微动作都可能会影响对方的情绪，都会给对方一定的感染。"服务人员的仪态美，会使整个服务过程自始至终都洋溢着愉快友好的气氛，乘客感到惬意幸福，从而构建起一种和谐协调的合作关系，达到彼此心灵上沟通信赖、情感上和谐共鸣的境界。

一、民航服务质量与仪态美的关系

民航服务质量是综合性的集合概念，是指民航向乘客提供的服务产品在使用价值上、精神上和物质上适合和满足乘客需要的程度。服务质量是民航业的灵魂，现代民航企业之间的竞争，最根本的就是服务质量的竞争，"质量第一"已成为各民航企业对外竞争的最响亮、最有力的口号。打造"质量第一"的品牌，单凭服务人员的服务规范和工作标准是远远不够的，因为它仅仅是解决了服务的技术标准和大致的行为规范问题。如有的服务人员每天都在机械地重复着规定的动作，毫无创意，仪态展现属于例行公事的做法，比较被动、拘谨，缺乏"美"的表现；有的服务人员甚至动作粗鲁、生硬、唐突，让乘客难以接受，有时还会引起客人的不满和投诉；而有的服务人员仪态端庄得体，自然大方，显得训练有素，有条不紊，使乘客对民航的服务质量非常满意。

总之，要提高民航服务质量，创造别具一格的服务品牌，还是要从仪态美着手，因为仪态美深化了艺术性、个性的服务内容，也体现了民航竭诚为乘客提供最美好的消费感受的宗旨。讲究仪态美是民航服务人员在规范操作的基础上创造性的发挥，是其主观能动性的体现，规范服务是为了保证服务质量的统一和稳定，而创造性发挥是为了使仪态美能渗透到服务的每一道操作工序和每一个服务过程中，使服务有新意与美感。故在乘客需求高度个性化的今天，民航服务人员在服务过程中展示仪态美，对于提高服务质量、提高民航竞争力具有重要作用。

二、仪态美的作用

1. 提高个人综合素质

规范优雅的仪态是民航服务人员在服务过程中，为乘客提供优质服务的基础和保障，同时也是民航服务人员敬人律己的行为，无形中将提升个人综合素质。我们通过深入剖析仪态美与服务的关系，准确定位民航服务人员的角色，使其真正明白民航服务的内涵和意义，使其在深入理解民航服务的基础上建立良好的服务意识，并具备依据服务原则从容应对各种复杂服务情景的能力，从而形成民航服务人员应具备的优良的个人综合素质。

2. 实现有效沟通

民航服务人员在服务过程中的每一个情景和细节都体现着语言与肢体语言的沟通，以保证民航服务人员顺利地选择合适的行为与旅客进行沟通，避免出现因为采用不正确的表达方式，而产生误会甚至发生纠纷的情况。民航服务人员优雅的肢体语言，能使服务中的沟通更加顺畅，进而使得服务工作相对轻松和简单，能够结合恰当的语言表达实现民航服务的有效沟通。

3. 提升民航服务质量

民航服务质量通常泛指民航服务人员服务工作的好坏与服务水平的高低。服务质量主要由情感性服务（服务态度）质量与机能性服务（服务技能）质量两大要素构成。情感服务是服务人员对服务对象的行为的总和，包括动作、表情和谈话等，其质量具有很大的主观性和不确定性。在一般情况下，消费者对情感服务的重视程度，往往高于对机能服务的期待。提高情感性服务的质量是提高服务水平和服务质量的关键之一，而情感性服务质量的水平又取决于服务人员的服务意识和规范的服务行为，优雅服务仪态是情感性服务最为直观的体现，也有助于顺利完成民航服务任务，使乘客获得良好的服务体验，提高乘客满意度，促进民航服务质量的提升。

仪态美是一门服务艺术，民航服务人员在对客服务中，就好比一名演员，民航工作岗位就好比是舞台，乘客就好比是观众。民航服务人员只要一登台，一亮相，就要以形象的魅力给乘客带来愉悦的感受。仪态美的人，其生命中自然含有美好的成分，美好的思想与美好的心灵都会显露于她的举手投足间。正如达·芬奇所说：从仪态了解人的内心世界，把握人的本来面目，往往具有相当的准确性与可靠性。民航服务人员在接待服务中，仪态美虽是无声的，但都在默默地向乘客展示个人的道德品质、学识与修养、社会阅历、专业素质和个人才干，以及对事业的热爱程度。显而易见，服务人员的内在美与其平日的仪态直接相关，仪态美是服务人员内在美的外在表现，是以高雅的气质、优雅的举止和迷人的风度为具体表现形式的。可以说没有内在美便难以做到真正的仪态美，而离开了仪态美，内在美也同样难以得到体现。事实证明，仪态美是"秀外慧中"，是外在美与内在美的有机结合，服务人员只有建立起内心美的"金字塔"，才有可能进入仪态美的"凯旋门"。

拓展阅读

某航空公司的一位空乘，名叫李婷。李婷有着优秀的职业素质和高尚的职业道德，她的仪态美得到了乘客和同事的一致认可。

在一次航班中，飞机遇到了强烈的气流，导致飞机颠簸不止。在这种情况下，李婷依然保持着良好的仪态，她稳定地走在机舱内，为乘客提供服务。她面带微笑，语气温和，同时，她还使用了一系列优雅的手势，如举手示意、点头致意等，让乘客感到安心和舒适。

在另一次航班中，有一位乘客因为行李问题而情绪激动，李婷立即上前，用她那优雅、得体的姿态和温和、礼貌的语言，耐心地为乘客解决问题，最终得到了乘客的理解和感谢。

这个案例表明，民航服务人员的仪态美不仅关乎他们个人的形象，更关乎整个行业的形象。李婷的优雅仪态和专业服务，为航空公司赢得了良好的声誉，也为整个民航行业树立了良好的形象。

讨论题目——如何认识民航服务与民航服务人员仪态美的关系？

提示要点：

1.民航服务人员的仪容仪态既是服务系统的组成部分，又是民航企业展现竞争实力的手段之一，两者既有统一性，也有冲突，如何协调？

2.民航企业服务人员作为展示仪容仪态的主体，应发挥怎样的作用？如何发挥作用？

3.实际操作中，民航服务人员在仪容仪态方面还存在哪些有待提高的方面？

本章总结

　　随着我国航空业的不断发展，有越来越多的人追求更加高质量的航空旅行体验。这种追求并不仅限于硬件条件，在旅途中的服务是否舒适也是现代人衡量航空质量高低的重要指标。民航服务人员在旅途中会直接和顾客打交道，作为公司的旗帜和象征，其形象和气质都会影响到人们对于航空公司的评价。因此对于空乘专业的学生来说，形体训练是非常重要的，是塑造空乘专业学生形体和气质的重要方式。但是由于许多学生并不具备舞蹈基础，有一些形体训练动作难度大且效果不好，而形体芭蕾训练以健身为主，是一种较为简单且又在形体塑造方面有着突出效果的舞蹈训练方法，于是逐渐被加入空乘专业形体训练的内容中，帮助学生更有效地培养仪态和气质。因此要明确芭蕾训练在空乘专业形体训练中的作用，重视训练内容，才能有效提高训练效果。

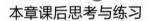

本章课后思考与练习

思考题

　　1.对民航服务仪态美的理解与做好民航服务之间的关系是什么？

　　2.民航服务人员在实际服务过程中存在的不足及原因是什么？

　　3.如何将民航服务人员的仪态美意识与提升服务思维有效衔接？

练习题

　　1.民航服务人员仪态美内容的构成及特点是什么？了解仪容仪态美对提升民航服务质量和水平有哪些重要意义？

　　2.个人仪态美与民航整体仪容仪态美的区别与联系是什么？

　　3.民航服务人员仪态美的重要作用是什么？

　　4.怎样把握民航服务仪态美的理论内核与现实注意事项？如何理解民航服务人员仪态美的本质与灵魂？

　　5.从民航服务仪容仪态的要求来看，怎样提高民航服务质量？

第五章

民航服务人员
仪态美的塑造

学习目的

　　民航服务人员是体现航空公司形象的重要一环，他们的外表形象、言谈举止和服务态度直接影响乘客对航空公司的印象。在竞争激烈的民航市场中，航空公司越来越注重塑造民航服务人员的仪态美，以提升公司形象和乘客体验。民航服务人员的仪态美体现在外貌、仪表仪容、言谈举止和态度，它能够传递出一种文明、优雅和专业的形象，给乘客留下良好的印象。

学习目标

1. 培养学生符合民航服务人员职业素养的仪态；
2. 掌握正确仪态的训练方法；
3. 掌握矫正不良仪态的方法。

理论知识

1. 民航服务人员必备的职业素养；
2. 民航服务人员仪态训练方法；
3. 不良体态、仪态及矫正的训练方法。

能力与素质

1. 掌握民航服务人员仪态美的训练方法；
2. 具备结合民航服务岗位任务进行模拟训练的能力；
3. 结合自身实际情况，具备自我检验服务仪态存在的问题的能力。

1. 能够结合自身仪态美的训练，养成在生活中发现美、感知美、传播美的意识；

2. 通过自身具体仪态美素养的提升，增强服务意识，深刻体会职业自豪感。

导读

仪态美是一种美学的体现，可以在不同的人群和情境中看到。例如，在T台上，模特们展现出优美的姿态和风度，形成了公众关注的焦点；在婚礼、庆典和商务会议等社交场合中，人们展现出礼貌、优雅的姿态和风度；在音乐会、舞蹈表演和戏剧中，演员们通过优美的姿态和动作来表现角色的情感和性格；在日常交往中，人们注重个人形象的塑造，包括穿着得体、言行举止得体、微笑等，体现了个人的仪态美。

仪态美在不同的文化和社会中有着不同的表现形式，但共同点是它体现了一个人的气质、素养和修养，并可以给人们带来美的享受。

第一节　民航服务人员的职业素养

民航服务人员的职业素养体现在民航服务中的各个环节，如客舱乘务员在客舱迎接旅客登飞机，与旅客沟通，为特殊旅客提供特殊服务等等。良好的综合职业素养有助于民航服务人员顺利高效地完成服务工作，有助于体现对乘客的尊重，有助于航空公司高质量服务水平的提升，有助于提高企业的经济效益。

一、职业素养的内涵

职业素养是人类在社会活动中不可或缺的行为准则，它代表着个体在职业环境中的行为总和，是其内在品质的外在表现。职业素养是职业人士应具备的核心素质和修养，它在职业活动中发挥着决定性的作用，涵盖了与职业岗位相契合的职业个性、扎实的专业知识以及卓越的实践能力。一个人的职业素养不仅体现在其工作状态的标准化、规范化和制度化上，更是个人对职业岗位深入理解和高度适应能力的综合展现。因此，职业素养成为企业选拔人才的首要标准。具体而言，职业素养主要体现在职业道德的坚守、职业意识的敏锐、职业行为习惯的养成以及职业技能的精湛这四个方面。通过不断提升这些方面的素养，个体能够在职业道路上更好地发展，为企业和社会创造更大的价值。

二、民航服务人员应具备的职业素养

1. 具备吃苦耐劳精神，热爱本职工作

民航服务人员，特别是客舱乘务人员，他们所面对的工作环境和工作性质都极具特殊性。在外人眼里，这份工作似乎总是伴随着飞行与浪漫，令人心生羡慕。然而，真实情况却远非如此，其中蕴含的辛苦与付出，往往难以被外人所体会。

在航空服务工作中，困难和特殊情况如同家常便饭，随时可能出现。这就要求服务人员必须具备强大的意志力和吃苦耐劳的精神。没有这些品质，恐怕很难胜任这份看似光鲜却实则充满挑战的工作。而热爱航空服务工作，对于民航服务人员来说，更是一种内在的驱动力和职业道德的前提。只有真正热爱这份工作，他们才能在服务中保持积极主动、热情周到的态度，认真负责地对待每一位乘客，勤勤恳恳、任劳任怨地为他们提供优质的服务。这样的热爱，不仅能帮助他们更好地完成本职工作，还能实现个人的职业价值。

对于民航服务人员来说，强大的意志力、吃苦耐劳的精神以及对工作的热爱，都是不可或缺的品质。只有具备了这些，他们才能在这条特殊而充满挑战的职业道路上，走得更远、更稳。

2. 增强服务信念，增强服务意识

随着航空运输业的蓬勃发展，民航服务人员作为航空服务的重要组成部分，其服务态度的优劣直接关系到乘客的飞行体验。优秀的民航服务人员应具备热情、亲和力、耐心和细致等品质，以展现其良好的个人修养和礼仪。通过言谈举止和服务态度的细致展现，他们能够为乘客提供舒适且愉悦的旅程服务。

增强民航服务人员的服务意识，不仅是民航企业在激烈市场竞争中的核心竞争力，更是赢得乘客信任与好评的基础保障。服务意识并非一蹴而就，它需要通过长期的训练和实践逐渐形成。这种思想应深深植根于民航服务人员的内心，成为他们的自觉行为，并体现其正确的人生观。

航空企业应高度重视对民航服务人员服务意识的培养和引导，从多个角度出发，采取多种方式，帮助他们增强服务信念，坚定为民航服务事业不懈努力的决心。通过不断提升服务人员的职业素养，航空企业能够进一步提升服务质量，为乘客提供更加优质、贴心的服务，从而在激烈的市场竞争中脱颖而出。

3. 提升个人综合素养，打造外在形象

民航服务人员的形象，无疑是航空企业形象的直接代表，它深刻体现着航空公司的独特企业文化与追求。在民航服务中，个人的良好形象对于服务质量有着不可忽视的影响。从心理学的"首因效应"出发，人们的心理活动往往首先受到外部环境信息在视觉上的冲击。当民航服务人员以优雅的风貌和专业的态度服务乘客时，他们的个人魅力会自然而然地传递给乘客，使后续的服务活动也显得更具吸引力。

优秀的外在形象能够在乘客心中留下深刻的"首因效应"，这种美好的第一印象和亲切感有助于拉近服务人员与乘客之间的距离，增加乘客的愉悦感。同时，这种个人形象也间接地传递出航空公司的整体形象，展示了公司的专业水平与品质。

因此，对于民航服务人员来说，具备良好的外在形象至关重要。这种形象并非仅仅局限于外表的美丽，而是在良好的形体条件基础上，展现出的高雅仪态和亲和力。它包括服务人员优雅的仪态、整洁的仪表，以及始终如一的微笑。这种微笑应该是发自内心的，能够感染乘客的情绪，为他们带来温馨与愉悦的服务体验。

民航服务人员通过塑造良好的外在形象，不仅能够提升自身的专业素养和服务水平，更能为航空公司赢得乘客的信任与好评，为公司的长远发展奠定坚实的基础。

4. 深化多元化发展，完善专业知识

民航服务人员在日常工作中，需不断深化自身多元化发展，完善专业知识，以提升整体文化素质与修养，进而塑造出非凡的气质。这种气质的形成，不仅依赖于外在的仪态仪表，更需内在的文化底蕴和修养作为支撑。他们应将外在美和内在美相结合，展现出民航服务人员独特的气质与风采。许多人对民航服务人员的工作存在误解，认为仅仅是端茶送水、用餐服务。然而，事实上，这份工作的内容远不止于此。针对不同乘客的需求，服务人员需掌握多元化的知识，包括文学、历史、地理、人文、政治、经济等多个领域。同时，他们还需具备民航服务的专业理论知识、技能技巧和能力，如服务流程、安全处置、飞机设备的使用以及医疗事件的处置等。此外，良好的沟通能力和外语水平，特别是英语，也是必不可少的，以便与国际乘客进行顺畅的沟通。端庄秀美、仪表美观、举止得体的空乘人员，在提供服务的同时，也构成了机舱中一道亮丽的风景线。他们的灵动优美、温柔大方，为整个客机注入了生机与活力，营造出一种温馨、舒适、优雅的氛围，让乘客感受到宾至如归的温暖。

为了实现这一目标，民航服务人员应注重每一个细节，从动作到神情，都需展现出对乘客的尊重与关怀。他们的动作应缓和而有礼，举止温柔而得体，与乘客之间形成一种艺术性的互动节奏。同时，保持神情的专注，与乘客进行良好的眼神交流，让乘客感受到真诚与关心。

民航服务人员的素养对于提升服务质量、营造良好乘机环境具有至关重要的作用。因此，民航服务人员应不断提升自身素养，以更好地满足乘客对于航空服务品质的高要求。

第二节　民航服务人员仪态训练方法

本节主要探讨民航服务人员仪态的训练，包括站姿、坐姿、行姿、蹲姿、行礼规范以及微笑等多个方面。仪态，作为人的一种无声语言，是展现个人精神状态和职业素养的关键要素。对于民航服务人员而言，良好的仪态不仅代表个人的形象，更直接关联到乘客对服务的整体感受，乃至对民航企业的整体印象。

在日常工作中，乘客对于服务人员的评价往往基于对其仪态表现、言行举止的观察和概括。因此，一些不雅的言行举止会直接影响服务人员的个人形象，甚至损害到整个航空企业的声誉。为了避免这种情况的发生，加强个人仪态的训练显得尤为重要。

通过专业的仪态训练，民航服务人员能够塑造出端庄稳重、落落大方、自然优美的仪态。在站姿上，他们应展现出挺拔自信的姿态；在坐姿上，应保持优雅得体，避免随意散漫；在行姿上，应步伐稳健，速度适中；在蹲姿上，要体现出尊重和礼貌；在行礼规范上，应做到动作标准，体现出对乘客的尊重；在微笑上，应保持真诚自然的微笑，传递出温暖和亲切。

通过这一系列仪态训练的实施，民航服务人员能够进一步提升职业素养，为乘客提供更加优质的服务。同时，这也有助于提升整个民航企业的形象，增强乘客对航空服务的信任和满意度。因此，加强个人仪态的训练对于民航服务人员来说具有十分重要的意义。

一、站姿训练

（一）站姿的基本要领

站姿作为民航服务人员仪态训练中的基础部分，其重要性不言而喻。一个优雅得体的站姿能够立刻展现出服务人员的专业形象和自信风采，为乘客提供舒适的视觉享受。

站姿的基本要领：首先，双脚的后跟应紧靠，双膝保持绷直状态，这样可以使整个身体线条显得流畅而挺拔。其次，脚尖应外开成30°角，这样既能保持身体的稳定，又能避免过于僵硬的站姿。身体重心应落在双脚之间，有助于保持平衡和稳定。在保持后背挺直的同时，双肩应保持放松状态，并向两侧自然延伸，避免耸肩或缩肩的情况出现。略收腹的动作能够使整个上半身显得更加挺拔，提升整体形象。同时，脖颈应保持挺直姿态，双目平视前方，略闭嘴唇，保持面部正常微笑，展现出亲切友好的服务态度。

在训练过程中，应重点关注腹、腰、背、肩这四个关键点。通过反复练习和调整，使服务人员能够熟练掌握正确的站姿要领，并在实际工作中灵活运用。站姿的训练还应与呼吸相配合。保持自然呼吸，有助于身体放松和稳定。在训练过程中，还可以结合不同的场景进行模拟练习，让服务人员在实际工作中能够更好地应对各种情况，展现出最佳的状态和形象。

（二）常用的四种站姿

1. 肃立式

动作要求及要领：以基本站姿为动作基础，保持脚跟并拢，挺胸抬头，双臂自然下垂，让下颌略微收回，平视前方，见图5-1。

2. 体前交叉式

动作要领及要求：

男士：将左脚朝左侧以水平方向跨小步，以肩宽略小为两脚距离，保持脚尖朝外成10°～15°角；将双手放在腹前保持交叉状态，左手握拳，并将右手自然搭于左手的腕部，要求四指并拢；保持腰背挺直，让双肩自然舒展，颈部呈直立，让下颌略微收回，脸上带着自然微笑，见图5-2。

图5-1　肃立式站姿　　　图5-2　体前交叉式站姿（男士）

女士：将左脚放在前侧，保持脚尖略展开的丁字步，将左脚尖指向11点钟方向，并将左脚跟紧靠于右脚内侧的居中处；右脚尖则是指向2点钟方向；保持双腿绷直、靠紧，让腰背呈立直状态，双臂向左右两侧略张开，并将两手放于腹前呈交叉状态，使用右手轻握左手，确保左手的四指不会露出，将左手拇指在手心位置内收。让双肩呈自然舒展，保持颈部直立状态，略收下颌，脸上保持自然微笑，见图5-3。

3. 体后交叉式

动作要领及要求：将两腿张开至肩宽距离，让脚尖展开，并绷直双腿，挺直腰背，两手放于身后呈交叉状态，右手握住呈半握拳状态左手的腕部位置，如图5-4。

图5-3　体前交叉式站姿（女士）　　　图5-4　体后交叉式站姿

4. 体后单背式

动作要领及要求：站姿要求左丁字步，将左脚跟放置在右脚内侧的中部，让脚尖成

90°角，左手放置于后背，呈半握拳状态，右手保持下垂。也可以选择右丁字步，除脚尖的角度保持一致外，其余动作与左丁字步的动作要求左右相反。

5. 服务过程中的站姿

在站立为乘客服务时，乘务员的体态和态度至关重要。他们不仅是客舱里的服务人员，更是展示企业形象和文化的重要窗口。对于男性乘务员来说，绅士风度和和蔼可亲的态度是不可或缺的。他们应该展现出一种从容不迫、温文尔雅的气质，让乘客感受到尊重和舒适。在提供服务时，男性乘务员应该保持正面面对乘客，用眼神和微笑传递出友好和关心，避免给乘客留下冷漠或疏忽的印象。女性乘务员则需要展现出女性的端庄和娴静韵味。她们的站姿应该优雅挺拔，透露出一种内在的力量和自信。在服务时，女性乘务员同样需要保持正面面对乘客，用柔和的语言和亲切的笑容为乘客提供帮助。她们的举止应该得体大方，让乘客感受到温暖和关怀。

无论是男性还是女性乘务员，在服务过程中都需要保持饱满的精神状态。他们应该时刻保持警觉和专注，随时准备为乘客提供帮助。同时，他们也需要注意自己的仪态和举止，避免出现歪头或身体东倒西歪等不良姿态。在休息时，他们应该选择适当的时机和地点，避免在乘客面前展现出疲惫或不专业的形象。

乘务员的站立服务姿势和态度是体现其职业素养和服务质量的重要方面。他们应该通过不断的练习和培训，提高自己的专业素养和服务水平，为乘客提供更加优质、舒适的旅行体验。

6. 生活中的站姿

在日常生活的不同场合中，保持优雅得体的站姿确实是一项重要的礼仪和修养。根据不同的情境，我们可以采取合适的站姿，既展现自己的风度，又表达对他人的尊重。

当空手站着交谈时，双手于体前相握是一个得体且自然的姿势。将右手放在左手之上，既避免了双手无处可放的尴尬，又显得大方得体。这种站姿既不会显得过于拘谨，又能保持身体的平衡和稳定。

如果身背背包，可以将背包作为站立时的道具。此时，应注意保持背部挺直，避免因为背包的重量而弯曲背部。同时，双手可以自然下垂或轻扶背包，展现出一种轻松而不失优雅的状态。

在向长辈、朋友等问候或为他人做介绍时，无论握手还是鞠躬，双脚都应保持并立，膝盖挺直。这种站姿体现了对对方的尊重和重视，同时也展现出自己的自信和从容。

在等车、等人时，可以将双脚以前后位置放置，保持约45°的角度。这种站姿既能让身体得到放松，又能保持身体的挺直和优雅。同时，可以适当调整重心，避免长时间保持同一姿势造成的疲劳。

无论姿势发生什么变化，身体保持直立状态都是基本要求。站姿的优雅与自然并不仅仅体现在外在的形态上，更重要的是内在的气质和修养。因此，我们在日常生活中应该注重培养自己的站姿习惯，让自己在任何场合都能展现出最佳的状态。

7. 挺拔站姿的练习方法

训练是为了让人拥有一种肌肉记忆，让身体可以自然形成习惯。以心理学研究，通过21天以上的重复练习，会让人形成自然习惯，而90天重复内容则会构成稳定习惯。所以，在训练一学期后会让学生有明显改变。习惯形成以三个阶段为主。

第一阶段：1～7天。该阶段表现特征为"刻意纠正，行为不自然"。这就要求练习人员刻意对自己提醒改变某些内容，在实践中也会出现不自然感。

第二阶段：7～21天。以第一阶段获得成就为基础，强化重复练习，进入第二阶段。该阶段表现特征为"刻意纠正，但是行为自然"。虽然在该阶段可以感觉到变化趋向自然，行为较为舒服，可是在不留意时仍会回到过去状态，所以仍要求练习人员刻意提醒对某些行为改变。

第三阶段：21～90天。该阶段表现特征为"不经意纠正，行为趋于自然"，从原本改变构成一种习惯。该阶段是"习惯稳定期"。在练习后进入此阶段，练习人员已经完成改造工作，可以认为该种习惯变成行为重要构成。

8. 站姿训练的其他方法

（1）"九点靠墙法" 将后背靠在墙上站立，保证两只脚的脚后跟两个点、小腿肚两个点、臀尖两个点、肩胛骨两个点以及后脑勺一个点要和墙壁保持轻贴状态。每次训练保持15～20分钟，连续训练一个月即可看到效果，见图5-5。

（2）夹纸顶书法 让双腿保持伸直状态，并于双膝处夹住纸片，同时头上顶书。通过这种方法可以让颈部保持自然挺直，使头部在控制书本时，让该部位向上延伸。每次训练15～20分钟，见图5-6。

图5-5　九点靠墙法　　　　图5-6　夹纸顶书法

（3）双人练习法 选择身高相仿的两人作为一小组，两人保持背靠背站立，控制两人脚跟距离在5～6cm，并让两人的腿、臀、肩、后脑紧靠在一起，每次训练控制在15～20min。

9. 站姿训练禁忌

在训练时要以规范动作为准，对于脖、腰、肩、背等位置都要严格要求，两腿距离、双脚角度都要遵守标准动作要求。

二、坐姿训练

坐姿，作为日常生活中常见的体态之一，不仅是身体舒适度的体现，更是个人修养和自信心的展示。一个优雅的坐姿不仅能够彰显个人的高雅风范，还能给他人留下良好的印象。

然而，在生活中，我们常常能看到一些不雅的坐姿，如双腿叉开、抖腿、跷脚等。这些行为不仅显得不够得体，还可能给他人带来不适或困扰。因此，我们需要时刻注意自己的坐姿，避免出现这些不雅的情况。

对于女士而言，优雅的坐姿尤为重要。在跷腿时，需要注意姿态的得体。一般来说，女士可以在双腿合拢的前提下略微跷腿，这样既能保持优雅，又能避免过于随意的形象。如果穿着的裙子较短，还需要特别注意用手等遮住，以免给他人留下不良印象。

男士在坐姿方面也有其独特的注意事项。在跷腿时，男士可以将膝盖略微分开，但需要注意控制在肩宽以内，避免出现双腿叉开的不雅情况。此外，男士还应避免半躺于椅子上的坐姿，这种姿势不仅显得不够正式，还可能给他人留下懒散、不专业的印象。

除了跷腿这一细节外，我们还需要注意其他一些坐姿方面的礼仪。例如，在公共场合或正式场合下，应尽量避免盘腿坐或蹲坐等不雅姿势。同时，在坐着时，也要保持上半身的挺直和端庄，避免出现驼背、塌腰等不良体态。

优雅的坐姿是个人修养和自信心的体现。我们应该时刻注意自己的坐姿，避免出现不雅的情况，并在日常生活中不断培养自己的优雅风范。

（一）入座时的基本要求

（1）从座位的左侧入座　在条件允许时，以座椅左侧为第一入座位置，既可以对他人表示尊重，也便于入座。

（2）于他人后入座　如果是与客人一同入座，要以主次为序，避免出现先于客人入座的情况。

（3）安静入座　在入座时要保持动作轻盈，避免拖动座椅。

（4）向四周人致意　就座时，如果四周有熟人，需要主动打招呼。如果是不认识的人，也需要保持自然微笑，并点头示意。在公共场合找到他人旁边空位，则要征求他人允许后才可入座。

（5）将背部靠近座椅　如果是于他人前面就座，需要保持背对座椅，可以规避背对他人这种情况发生。最标准的做法应是以侧身姿势接近座椅，和座椅保持背对状态，将右腿后撤半步，利用小腿确认座椅和身体的相对位置，借势坐下。如果需要，则要扶座椅把手就座，而女士则要保持扶裙状态坐下。

（二）离座的要求

（1）事先说明　在离开座椅前，需要查看身边是否有人，并通过语言、动作等向对方示意后起身。

（2）注意先后　如果是和他人一同离座，要礼让他人。如果社会地位比对方稍低，则要稍后离座；同级别可以同时离座。

（3）起身缓慢　在起身时，要保持动作轻缓，避免出现弄响座椅的情况，也要注意椅垫、椅罩。

（4）从左离开　离座也应该首选左侧，与"左入"都是一种礼节。

（5）动作规范　先将右脚后撤半步，使用单手轻拂裙子，将重心前移后顺势起立。

（三）坐姿脚位

入座后，要注意腿脚的姿势，而且要让自己坐得舒适。

（1）正坐式　主要用于正式场合。要保证上身与腿部成直角，并让小腿与地面保持垂直。膝、腿与脚跟要保持完全并拢，并将双手重叠，自然放于裙缝之上，见图5-7。

图5-7　正坐式

（2）前伸后屈式　该坐姿适合女士，将双腿并拢后，一条腿自然向前外伸，并把另一条腿后屈，让脚掌着地，并让双脚前后停留于同一直线上，见图5-8。

图5-8　前伸后屈式

（3）双腿叠放式　该坐姿确实是一种适合女士穿短裙时采用的优雅坐姿。这种坐姿不仅能够避免不雅观的走光情况，还能展现出女性的优雅和得体。在采用双腿叠放式坐姿时，女士们可以将双腿以上下交叠的方式摆放，确保两腿之间没有缝隙。同时，将双脚斜放于身体的一侧，这样既能保持身体的平衡，又能增加坐姿的优雅感。如果左脚在下，则应将双脚倾斜在身体左侧，反之亦然。在摆放腿部时，需要注意斜放腿部与地面的角度应保持在45°，这样既能保持身体的舒适，又能展现出女性的优雅身姿。叠放于上面的脚，应将脚尖自然下垂，避免脚尖翘起或勾起，以免破坏整体的美感。除了腿部的摆放外，上半身的姿态也是非常重要的。在采用双腿叠放式坐姿时，女士们应保持上半身的挺直和端庄，避免出现弯腰驼背等不良体态。同时，双手可以轻搭在膝盖上或交叉放在腹部前，展现出女性的温柔和娴静。见图5-9。

图5-9　双腿叠放式

（4）双腿斜放式　这也是一种适用于穿裙子女士就座的姿势。先将双腿并拢，再将双膝向身体一侧倾斜，保持斜放腿部和地面呈45°。见图5-10。

图5-10　双腿斜放式

（5）双脚交叉式　这种姿势拥有较强适用性，将双膝并拢，并将双脚于踝部位置交叉即可。交叉双脚无论是内收，还是斜放都可以，禁止双腿直伸。

（6）单勾脚式　如果女士穿短裙建议使用这种姿势。将双膝并拢，并与前方正对，再将右脚向身体右侧移动45°，让大脚趾外侧保持点地状态；而左脚则是勾在右脚踝位置，双腿朝勾脚一侧倾斜，保持腿部和地面呈45°。

（7）男士正坐式　这种姿势多于正式场合。让上身、腿保持直角，膝、腿与脚跟要保持并拢；将双手自然放在双膝上，见图5-11。

图5-11　正坐式

（8）垂腿开膝式　这种正规坐姿多用于男性。将两腿和肩膀保持同样宽度，避免显得太过拘束。将双脚平放，并让大腿和小腿呈直角状态，双手通过半握拳姿势放置于腿上，也可以轻搭于椅子扶手，见图5-12。

图5-12　垂腿开膝式

（9）前伸后屈式　这也是一种男性坐姿。将两腿和肩膀保持同样宽度。例如右脚在前，需要让右腿保持平放，并让大腿和小腿呈直角，将左脚后收；双手通过半握拳姿势放置于腿上，见图5-13。

图5-13　前伸后屈式

（10）男士叠放式　仍将右腿作为例子，让左腿垂直于地面，将右腿叠放于左腿之上，略微绷紧小腿，避免让脚尖翘起，坐时尽可能避免身体摇晃。

（四）坐姿身体要求

1. 注意头部位置的端正

上身要以端正为主，避免在入座后频繁产生不仰头、低头等行为，要求头部是要和身体保持同一直线，并与地面维持垂直状态。如果是办公，可以保持低头状态翻看文件、物品，而在回答问题时，则要抬起头，和他人保持正面状态，显得尊敬他人；如果是与他人交谈，则要面向正前方，也可以用面部侧对他人，避免出现不看对方或用后脑勺正对他人。

2. 注意身体直立

在坐下时要保证身体端正，需要注意以下几点：

（1）椅背的倚靠　作为休息工具的倚靠，在工作时不建议将上身重心全部放在座椅上，可以的话不倚靠椅背。

（2）椅面的占用　如果是面向尊长，不建议坐满椅面，以椅面的二分之三为宜。

（3）身体的朝向　在同他人交谈时，在面向对方的同时，也要让上身正面向他人，以表示尊重。

3. 手臂的摆放

入座的手臂摆放可以根据个人需求做以下几种选择：

（1）将双手放置两侧大腿上，或是采用双手叠放再放置于双腿之上，也可以使用双手相握再放置于双腿之上。

（2）以侧身状态和他人交流时，双手要叠放或相握，并放置于自己内侧的腿上。

（3）如果是穿短裙的女士，可以使用皮包、文件等物品放置于并拢腿上，双手以扶、叠等方式放在皮包之上。

（4）将双手平扶于桌子的边缘位置，也可以双手相握放在桌上。

（5）如果正身而坐，则要将双手分别放在椅子两侧扶手；如果是侧身而坐，则要将双手叠放或是相握，再将其放置于自己内侧的椅子扶手上。

4. 坐姿的训练方法

从尾椎出发，向上进行身体伸展，保持肩部向后、向下的舒展，让下颌和颈项呈直角状态。通过经常性训练，可以让练习人员腹、胸、背、颈等位置肌肉结实。若要提高坐姿优雅性，需要正对镜子进行矫正，让练习成为习惯，逐渐提高优雅气质，在坐姿中展现高雅风度。

5. 拓展生活中落座的禁忌

如果是在别人面前落座，需要以律己敬人为准，重视以下问题：

（1）双腿分开过大　双腿的分开幅度过大，外形会十分不雅。

（2）架腿方式欠妥　在坐下后把双腿架于一处，需要保持正确方式，才能体现出坐姿的美观性。

（3）腿向外且过度直伸　该坐姿不雅观，对于他人走动也会造成一定影响，如果身前有例如桌子的物品，不建议将双腿伸至外侧。

（4）将腿架在桌椅上　部分人以舒服为主，会将双腿架于高处，甚至会抬至桌子、椅子上休息，该行为十分不雅。

（5）抖腿　如果坐在他人面前，并反复抖动腿部，会让其他人感觉心烦意乱，也会给人留下不安稳的印象。

（6）在跷腿时将脚尖指向他人　在不同场合选择合适坐姿，但是要注意控制脚尖，避免出现指向他人的情况，该做法十分失礼。

（7）脚蹬物品　在入座后，大多数人是将脚部平放于地上，脚乱蹬乱踩对于他人十分失礼。

（8）用脚脱鞋袜、用手触摸脚部　无论是脚脱鞋袜，还是手触摸脚部，都是不卫生且不雅观的行为。

（9）手乱放　在就座后，要将双手放于身前，如果面前有桌则要将手放于桌上。将单手或双手放于桌下，或是以双肘支撑上半身，将重心放在桌上，或是将手夹于两腿内，都是禁止出现的行为。

（10）双手抱腿　该姿势是一种放松姿势，在工作中禁止出现该行为。

（11）上身趴伏　在入座后，将上身趴伏于腿上或桌椅上的行为仅是作为休息的姿势，禁止于工作时出现该行为。

三、行姿的训练

行走姿态对于民航服务人员来说，是至关重要的。优雅的姿态和适中的行走速度不仅能够为乘客带来放松和舒适的感觉，还能提升整个航空服务的专业形象。

过于急促的行走速度可能会让乘客感到紧张和不适，这与航空服务追求的高品质体验是相悖的。因此，民航服务人员需要特别注意控制自己的行走速度，保持平稳而优雅的步态。

然而，许多民航服务人员在日常生活中可能并不太注意自己的行走姿态，这可能会对他们在工作中的表现造成一定的影响。为了改善这种情况，正规的训练是非常必要的。通过专业的训练，服务人员可以学习如何调整自己的步态、姿势和速度，使其更符合航空服务的要求。

此外，将优雅姿态应用于生活和工作中也是提高专业素质的有效途径。服务人员可以在日常生活中多加练习，让自己的行走姿态成为一种习惯。这样，在工作中就能够自然而然地展现出优雅、自信的形象，为乘客提供更加优质的服务。

行走姿态是民航服务人员必须关注的一部分。通过正规的训练和日常的练习，服务人员可以逐渐提高自己的行走姿态水平，为乘客带来更加舒适和愉悦的航空体验。

（一）行走的基本方法和要求

保持身体正直，在抬头的同时让视线平直，面部保持自然微笑，双肩自然下垂，放松手臂，将手指自然弯曲；在行走时要让双臂前后摆动，控制幅度在30°~45°范围内，双臂外开要在20°以内，并以腰为中心，带动腿部运动；直颈平视，将下颌略收，面部带着自然微笑，上半身正直，收回部分腰部，让两脚呈平行状态，自然、有节奏地行走，见图5-14。

图5-14　行姿

（1）起步时，保持膝盖放松，随之抬起脚跟。

（2）上步时，膝盖在接触的同时，要控制脚内侧于直线上。

（3）落地时，伸直膝盖，在前脚掌落地后，将重心前移，做下一步动作的准备。

（4）保证上身正直，避免出现两侧摇晃，并让双肩保持放松状态。

（5）将双手于身体两侧以直线自然摆动，将手臂摆动幅度控制在45°。

（6）要在上步时将胯部向前方送力，避免出现两侧摆动。出胯要让胯部立住，禁止出现坐胯。

步姿需要根据衣着、场合等不同，对细节内容进行调整。例如正装需要端庄稳重，而运动装则以个人喜好凸显活力。

（二）行走的训练方法

1. 原地模拟练习

（1）在原地以自然节奏进行单一摆臂，重点关注摆臂节奏与幅度，合理控制角度。

（2）双膝以交替放松式进行练习，要在做动作时保持头部的稳定。

（3）脚跟以交替方式离地，控制双脚分开的距离，要和肩保持同等宽度，并让双腿伸直，以提胯的方法交替离地，让头部高度保持稳定。

（4）增加手脚配合，综合以上方法强化练习，并以动作要领重点练习。

2. 立半脚尖行走练习

原地踮脚尖，要让双脚以正步为准，并让双手保持叉腰状态，逐渐踮起脚跟，将其落下，以20个为一组反复训练，每次要练习3～4组。需要注意该方法是增强脚腕性能，使练习人员可以在长时间站立依旧可以对双腿有良好控制力。

踮脚尖行进，让脚跟保持离地状态，并让脚尖踮起，将下体重心放于脚尖位置，一步步前进。前后脚脚尖需要在同一直线进行前进。而换步时，要让膝盖内侧保持相互摩擦，迈腿则要略微提胯。

3. 变速行进练习

完成以上基础训练后，可以脚穿高跟鞋进行行进练习。练习时尽量不要通过单一节奏展开训练，可以根据自己喜好组合多种节奏强化练习，以慢速节奏提高动作规范性；利用中速节奏控制身体稳定性；凭借快速节奏强化身体协调性。在行走时要重视体态，保持双肩展开状态，双眼平视远方，让双臂自然摆动，行走要以直线为准，并使用余光观察四周。同时，身体多个部位要在行走时积极配合，保证动作协调，提高步幅流畅性；以躯干向上，双肩外撑为准，逐渐在潜意识上构成挺拔身体的习惯。

四、蹲姿训练

人们在日常生活中，捡起地上物品多是直接蹲下捡起，并不会太过关注身边人员、姿势、场合等。可是，身为空中乘务人员，如果仍随意弯腰蹲下，在形象上并不合适。作为一种常见姿态，蹲姿相对静止，空中乘务人员需要在工作时，以合适的蹲姿拾捡地面物品。

（一）蹲姿要求

1. 蹲姿要保持得体性

（1）蹲下时，通过两腿合力方式支撑身体重量，避免让自己滑倒。

（2）蹲下时，要让上身维持直线，并让双手放在双腿上，也可以让一只手放在身体一侧，但是另一只手则要放在胸部的前方位置。

（3）双脚前后交错，合力下蹲。如果是女性则要靠紧双腿，而男性可以适当分开；让重心控制于身体中间。

2. 民航服务人员蹲姿情景

民航服务人员多在以下两种情况时从站姿、走姿转换为蹲姿：

（1）为乘客提供服务，例如在服务头等舱乘客、儿童等特殊服务对象时。

（2）捡拾地面物品。

（二）女性常见通用蹲姿

1. 交叉式蹲姿

这种专为女士设计的蹲姿，在蹲下时需要让双脚保持前后交错状态，放在前面的小腿要和地面保持垂直状态，并让全脚着地；而放在后面的腿要将膝盖靠着前面腿的膝盖窝，在外伸的同时，抬起脚跟，让脚掌着地。在下蹲时要让两腿靠紧在一起，保持上半身直立状态，见图5-15。

2. 高低式蹲姿

在下蹲时要让双脚保持前后交错状态，双腿紧靠后下蹲。保持前脚着地，并让后脚的脚掌着地，脚跟略微抬起。膝盖有高低的错落感，并让双腿的内侧紧靠在一起，见图5-16。

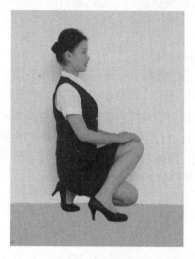 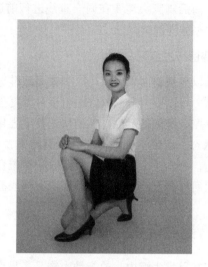

图5-15　交叉式蹲姿　　　　　　图5-16　高低式蹲姿

（三）男性常见通用蹲姿

男性蹲姿主要是高低式蹲姿，在下蹲时要让双脚保持前后交错状态，打开两膝，将宽度控制在小于肩宽度，让前脚着地，而后脚则是脚掌着地，并且脚跟略微抬起，膝盖有高低的错落感，见图5-17。

 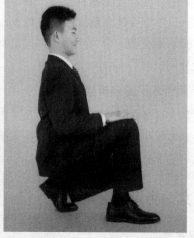

图5-17　男士蹲姿及侧面

（四）蹲姿时的注意事项

（1）禁止突然下蹲。在下蹲时，如果动作突然会对身边人造成惊吓。

（2）禁止方位失当。下蹲时要重视身体朝向，尽可能避免出现正面向他人或是背对别人，可以选择侧面向他人。如果是拾捡物品，则要在行人通过或是无人时以下蹲方式捡起东西。

（3）禁止距人过近。如果是离人太近，会对他人造成"亲密"的感觉，会给别人留下没有边界感的印象。所以，捡东西时要和旅客保持一定距离，避免给人过于亲近之感。

（4）毫无遮掩。在下蹲时需要重视身体方位和旅客的距离，同样要注意遮掩，特别是女士，如果是衣领口较大或是身着短裙，则要做好必要的遮挡。

（5）在下蹲前可以用手对裙摆捋顺，调整裤子后方的大腿部位，避免让裙子、裤子在下蹲时产生褶皱。

（6）禁止蹲着休息。禁止在凳子、椅子等位置休息，外形看起来并不雅观。

五、行礼训练

行礼方式主要有以下几种，需要根据场合灵活应用。

1. 见面礼

见面礼又称点头礼，需要在目视对方的同时，略微点头行礼。该姿势适用于同事之间，可以在电梯或路上打招呼。

2. 一般性问候

先直立上身，并将上身倾斜约30°。该姿势多用于迎送客人。

3. 正式场合的问候

先直立上身，并将上身倾斜约45°。该姿势相较于一般问候更为正式，多用于感谢别人行为或者道歉，见图5-18。

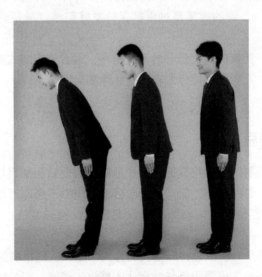

图5-18　问候时身体倾斜的不同度数（45°、30°、15°）

规范行礼需要建立在正确站立姿势的基础之上，这不仅是展现专业素养的基础，也是表达对他人尊重的重要一环。在不同场合与同事或乘客见面时，行礼的方式和程度应有所调整，既要体现尊重，又要避免过于拘泥。

行礼时，直视对方双眼并含笑低头，这一动作能够传递出真诚与尊重。根据具体情况，可以选择在打招呼时同步进行行礼，或者将行礼作为打招呼的补充动作。问候语的选择同样重要，应根据与对方的亲密关系、场合以及时间等因素，恰当使用"早上好""谢谢"等用语。在低头行礼时，应伸展背部，以腰部为起点逐渐弯曲上身。如果面向多人鞠躬，应以低头代替弯曲上身，以表达敬意。手的摆放位置也很重要，应随着身体前倾，以交叉状态自然放在身前。男性可以将手贴紧于身体两侧，以展现稳重与端庄。行礼过程中，略微停顿后再缓慢抬头，这一动作能够让对方感受到恭敬与尊重。抬头时，再次面向对方眼睛并保持笑容，能够传递出友好与亲切。

值得注意的是，表情作为姿势的重要内容，同样能够反映内心。因此，在行礼过程中，保持真诚、友善的笑容至关重要。通过规范而真诚的行礼，民航服务人员能够展现出专业素养与良好形象，为乘客提供更加优质的服务体验。

六、微笑训练

微笑是一种表现开心的面部表情，对于航空服务拥有重要作用。民航服务人员要做到主动微笑，要在和乘客见面之初主动发出真诚亲切的微笑，让乘客有如沐春风之感。微笑面对乘客是基本的职业操守，也是一种对工作保持积极态度的外在表现，如图5-19所示。

图5-19　微笑

（一）微笑的种类

微笑的使用场所较多，可以作为一种沟通方式，其种类有以下几种：

（1）友善的微笑　友善的微笑是对乘客保持友好和善，或是对他人行为原谅宽恕的笑容。

（2）礼仪的微笑　礼仪的微笑是与他人打招呼，或者是应酬式的一种笑容，需要保持谦恭文雅，多是和陌生人相处保持行为礼仪的一种浅笑。

（3）职业的微笑。

（二）微笑的禁忌

作为航空服务，需要时刻保持微笑，是作为职业需要的面部表情管理，而高雅、自然的职业微笑则要通过长时间训练才能获得。在服务工作中不允许出现以下情况：

（1）假笑　该笑容是皮笑肉不笑，并没有任何价值与意义，是违背笑原则的一种行为。

（2）媚笑　该笑容是一种故意讨好他人的方式，是以达到目的为主的行为。

（3）怪笑　该笑容是笑得阴阳怪气，会让人感觉不舒服。而且，这种笑容会让人感觉到反感。

（4）冷笑　该笑容表示对乘客不尊重，内含讽刺、不屑，会让人感觉到较强敌意。

（三）笑容的训练方法

1. 练习步骤

（1）放松嘴唇　通过放松嘴唇周边肌肉，以"1、2、3"的数数方式放松，通过逐个数字发音练习笑容。

（2）拉紧嘴角　将已经张开的嘴巴闭合，并将其向两侧拉伸，让嘴唇保持同一条平线上，维持10s，还原进行放松。

（3）嘴唇聚拢　嘴角紧张时，逐渐聚拢嘴唇，在维持紧绷状态10s后，还原放松。

2. 微笑的保持

（1）在训练时，将自己最满意的笑容作为标准，以坚持30s为准，进行反复训练。

（2）在练习时需要不断对照镜子进行观察，观察自己是否可以保持良好的笑容状态，如唇角上扬，是否歪斜，在笑时会不会将牙龈外露。通过这种方法反复观察，强化训练，对错误及时纠正，为乘客展现最佳笑容。

七、手势训练

服务手势也是仪态的一部分，民航服务人员在提供服务的过程中根据不同服务内容和场景会用到不同的服务手势，比如登机时的指引，客舱服务时的递接等等。

1. 手势的规范要求

规范的手势应当是手掌自然伸直，掌心向内向上，手指并拢，拇指稍稍自然分开，手腕伸直，使手与小臂呈一条直线，肘关节自然弯曲，大小臂的弯曲以140°为宜。在做手势时，要讲究柔美、流畅，做到欲上先下、欲左先右，避免僵硬死板、缺乏韵味。同时配合眼神、表情和其他姿势，使手势显得协调、大方。

2. 常见的手势类型

（1）横摆式　常用于"请进""请"。做法是：五指并拢，手掌自然伸直，手心向上，肘微弯曲，腕低于肘。做手势时应从腹部之前抬起，手掌与地面呈135°角，以肘为轴轻缓向一旁摆出，到腰部并与身体呈45°时停止。头部和上身向伸出手的一侧略微倾斜，另一手下垂或放在背后，目视乘客，面带微笑，表现出对宾客的尊敬、欢迎，见图5-20。

（2）前摆式　如果右手拿着东西或扶着门又要向乘客做出向右"请"的手势时，可以用前摆式，五指并拢，手掌伸直，由身体一侧从下向上抬起，以肩关节

图5-20　横摆式手势

为轴，到腰的高度再向身前右方摆去，摆至距身前15cm，并不超过躯干的位置。目视乘客，面带笑容，也可双手前摆，见图5-21。

（3）双臂横摆式　用于当来宾较多时，表示"请"的动作需大一些。两臂从身体两侧向前上方抬起，两肘微曲，向两侧摆出。指向前进一侧方向的臂应抬高一些，伸直一些，另一只手稍低一些，弯曲一些。也可以双臂向一个方向摆出。

（4）斜摆式　请客人落座时，手势应摆向座位的方向，手要先从身体一侧抬起，至高于腰部后，小臂与地面平行，再向下摆去，使大小臂呈一条斜线，见图5-22。

（5）直臂式　常用于给乘客指方向时。手指并拢，掌伸直，屈肘从体侧抬起，抬到肩的高度时停止，大臂与地面平行，肘关节接近伸直状态，见图5-23。

图5-21　前摆式手势

图5-22　斜摆式手势

图5-23　直臂式手势

3. 手势训练的注意事项

（1）角度规范，不同的手势训练时要注意，手掌与地面，小臂比大臂，小臂与地面之间都有一定的度数或者是保持平行状态，训练时多加注意。

（2）注意单手动作的时候，非动作手臂自然下垂于体侧，不要放于腹前，会让人误以为手在捂着肚子，有不舒服的感觉。

（3）训练时注意动作手自然并拢，不可太紧张用力，也不可以每个手指间有空隙。

第三节 不良体态的成因、危害与矫正方法

一、不良形体

（一）肩倾斜

形成原因：肩倾斜的出现主要是常常使用同一侧肩膀来背包、肩扛东西或是手提重物，导致一侧的肩部经常性地处在紧张的状态中，长此以往，便会使得一侧的肩的上提肌群相比于另一肩部要发达许多，从而明显地表现为此肩向上斜，进而使两肩不平，见图5-24。

图5-24　肩倾斜

纠正方法：
（1）做上斜肩的下压动作，使其与之相对应的上提肌群得到良好的放松。
（2）做低肩上提的动作，以提高此肩的上提肌群的力量，进而保证两肩力量的均衡。
（3）加强双肩的全面柔韧训练和力量训练，使双肩的姿态得以平衡发展。

（二）脊柱侧弯

形成原因：由于长期伏案姿势不正确，造成脊柱往一侧弯曲过大，普遍表现为两肩高低不等、腰凹不对称、同侧背部隆起等。如图5-25所示。

纠正方法：
（1）改变不良的姿势习惯。
（2）运用体侧屈、体转法对腰凹大的一侧腰侧肌肉群进行牵拉校正。

（三）"O"形腿

形成原因：由于遗传或长时间用腿习惯不佳造

图5-25　脊柱侧弯

成的膝关节内翻，主要表现为双脚并拢时，膝关节留有缝隙，双腿呈"O"字形。如图5-26所示。

纠正方法：

（1）运用膝内扣压膝法改善膝关节状况。

（2）加强大腿内收肌群：力量的训练。

（3）运用正确的用腿方式。

（四）"X"形腿

形成原因：由于遗传或用腿习惯不佳造成的股骨内收内旋和胫骨外展外旋的一种骨关节异常现象。如图5-27所示。

纠正方法：

（1）运用外展膝压膝法改善膝关节状况。

（2）运用正确的用腿方式。

（五）内八字脚

形成原因；走路时大腿内收肌群放松，膝盖向内收，脚落地时脚尖内扣造成。如图5-28所示。

给人印象：拘谨。

纠正方法：行走时注意大腿内收肌群的用力，踝关节有所控制，始终保持膝盖朝前、脚跟内收、脚尖朝前的状态。

（六）外八字脚

形成原因：走路时膝盖向外，双脚脚尖落地时各向外分开或者腿形为X形腿，如图5-29所示。

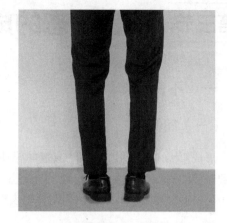

图5-26 "O"形腿

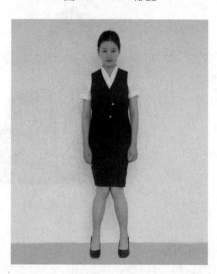

图5-27 "X"形腿

图5-28 内八字

图5-29 外八字

给人印象：不拘小节。

纠正方法：走路的过程中，注意踝关节的控制，走路时始终保持膝盖朝前，脚尖朝前。脚跟先着地，身体重心在整个脚掌上滚动，由脚跟移向脚尖，后脚以第一、第二和第三脚趾为中心踢出，形成前脚向正前方踏出的动作。

（七）蹲姿缺陷

1. 含胸体前倾

形成原因：下蹲时上半身的姿态比较放松，双肩没有向后展开，腰部没有直立，没有挺胸的动作，如图5-30所示。

纠正方法：下蹲的过程中，始终保持上身直立的状态，脊背保持挺直，同时挺胸抬头。

2. 双腿没收紧

形成原因：没有掌握正确的姿态要领，蹲下时膝盖没有并拢，大腿没有夹紧，下半身的姿态松散，造成双腿分开的错误动作。

图5-30　含胸体前倾

纠正方法：下蹲的过程中，让双腿、膝盖始终保持并拢的状态，蹲下去之后一条腿的膝盖内侧靠于另一条腿的小腿内侧。

3. 下蹲臀朝后

形成原因：在下蹲过程中，先强调了低头、弯腰翘臀的动作，蹲下后出现重心前移的情况。

纠正方法：在下蹲的过程中保持臀部向下的姿态，应当做到缓慢下蹲。下蹲后两腿合力支撑身体，身体垂直于地面。

二、不良仪态

生活中我们常常忽视的小毛病、小动作，往往会在不经意间影响他人对我们的印象和判断。这些无声的非语言信号，其实是我们内心深处动机和情感的外在表现。一个微妙的手势或举动，都可能成为他人解读我们信心、自我价值以及可信度的关键线索。

在日常生活中，我们需要注意这些小动作，可能影响到我们的职业发展和人际关系。通过观察和纠正这些小毛病，我们可以逐渐塑造出更加积极、自信的形象，提升自我价值感。

在身体姿态训练中，人体躯干的姿态尤为重要。躯干被视为人体运动的轴心支撑，其稳定性和优雅程度直接影响着整体形象的塑造。脊椎的稳定性和挺拔感不仅体现了身体的健康状态，更是展现个人气质和修养的关键。

意大利的舞蹈术语"Aere"强调了挺直背部在塑造优雅仪态中的重要性。一个背部挺拔的人，不仅在视觉上给人留下深刻的印象，更传递出高贵与理性的品质。法国戏剧家、歌唱家弗朗索瓦·德尔萨特的表现体系理论，则将人体动作与情感联系起来，进一步强调了躯干在表达情感方面的作用。

因此，在公众场合下，保持挺拔的身体姿态显得尤为重要。这不仅能够展现我们的端庄仪态，还能够传递出自信、专业的形象。通过不断练习和调整身体姿态，我们可以逐渐培养出一种优雅、自信的气质，为自己的成功之路增添更多的魅力。

（一）无意识的身体动作

1. 身体摇晃

形成原因：身体产生无控制的前后、左右的晃动，表现出自控能力较差，看上去不够专一。

给人印象：不自信，散漫，没有规矩。

2. 身体颤抖

形成原因；遇到事情时心情过分紧张、害怕或者是与人聊天时腿部产生不自觉的上下颤抖，自控能力较差。

给人印象：前者显示出本人不自信，后者给人以散漫、不端庄、轻浮和不尊重他人的感觉。

3. 昂头挺胸

形成原因：在不适当的场合过分地展示自我，或者身体重心过于靠后。如图5-31所示。

给人印象：自傲自大、自认为无所不知。

4. 低头含胸

形成原因：长时间不注意自己的身体姿态，经常低头伏案书写、弯腰弓背、站立时腿放松没力气，如图5-32所示。

给人印象：没有精神，不自信。

图5-31　昂头挺胸

图5-32　低头含胸

（二）驼背

形成原因：由于长期身体姿态不正确，经常含胸，背部松弛，造成背部肌肉力量薄弱，肩胛内收肌群相对紧张，致使形成驼背，如图5-33所示。

纠正方法：

（1）扩展和牵拉肩胛内收肌群，使此肌肉得以放松。

（2）加强背部肌肉力量训练。

（三）塌腰挺肚子

形成原因：腰腹部肌肉过分放松，造成不自觉的髋前倾，如图5-34所示。

给人印象：懒散。

纠正方法：腰部肌肉紧张，背部立住，身体尽量向上拔起，小腹收紧，挺胸。

图5-33　驼背　　　　　图5-34　塌腰挺肚子

（四）堆腰身体不挺直

形成原因：腰腹部肌肉放松，骨盆后倾，使得脊椎前屈。

给人印象：没有力气，没有精神气。

纠正方法：加强腰背部力量，始终保持立腰状态，使颈椎、胸椎、腰椎、骶椎在一条直线上。

（五）不良站姿

站立姿势的不正确会对民航服务人员的服务能力与质量受到消极的影响。站姿的不正确有着很多类型，最为常见的有双腿不直、背部弯曲、耸肩、颈部前倾等。其中双腿不直主要形成的原因为大腿内侧的肌肉没有一定的紧绷感，从而导致膝盖部位不能有效进行内收，还有就是膝盖关节缺乏运动，表现更为僵硬，让膝关节不能自然收紧，从而导致双腿中间缝隙过大，不够美观。如图5-35所示。这种站姿的不良可以利用对大腿内侧肌肉的锻炼和膝关节柔韧性训练来实现矫正，使人体在站立过程中能够让双腿更加笔直，让人的整体形态更加挺拔。

背部弯曲也会影响站立的姿态，人类经常因为在工作与生活中产生一种伏案的姿势，这种姿势会让人类背部肌肉长时间进行拉伸，而慢慢没有了弹性，从而形成一种驼背的现象。如图5-36所示，而这种不正确的站立姿势会让人产生一种卑躬屈膝的感受，因此常常使人不够自信，并且对任何事情都无法进行果断的处理，严重影响了人们对他人留下的印象。在空乘职业中，如果存在背部弯曲的站姿，会让乘客感到不舒服，从而影响其乘坐飞机的心情。这种背部弯曲的站姿不良可以利用双手在背后进行紧握，并且不断提高双手的高度，让人体的双肩能够尽可能地舒展，这样能够更好地挺直背部，提高人的精气神，也能让脊椎骨的形状得到良好的改善。

很多人都会存在耸肩的不良习惯，有些人会形成高低肩，而更多的人是将双肩自然地进行向上抬，而造成颈部出现收缩的现象。这种站立姿势会在他人眼中表现为拘谨的状态，从而让面对这样站姿的人格外紧张，不能与其进行自然的交流，严重影响其舒服的感受。人们通常也是因为对肩部的锻炼较少，从而导致肩部不够灵活，肌肉过度紧张没有一定的松弛现象，因此造成缩脖子和肩部上抬的错误站立姿势，如图5-37所示。矫正这一姿势最好的做法就是在身体站立的同时对双手施加重量，并保证肱二头肌不发力，让重物自然牵动肩部进行下坠趋势，从而有效牵动双肩的肌肉，让肩部肌肉不断增加其松弛度，这样经过长时间训练能够解决耸肩的问题，让人们的身体更加挺拔，站姿更加自然。

颈部前伸，俗称"探头"，是一种不良的站立姿势。这种姿势的形成，主要是因为颈部后侧的肌肉力量不足，无法有效地支撑和牵引头部，导致人们误以为向前延伸颈部是一种舒适且自然的姿势。然而，这种姿势不仅会让面部五官和头部形成一个向前的态势，影响整体形象，还可能给人一种不自信、不坦诚的印象，从而阻碍真诚的沟通与交流。如图5-38所示。

为了矫正这种不良姿势，靠墙站立是一种非常有效的方法。具体做法是，将身体背面

图5-35　双腿不直

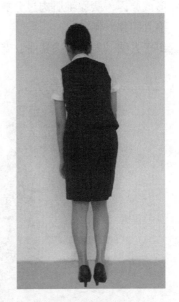

图5-36　背部弯曲

图5-37　耸肩

的头部、肩部、背部、臀部、脚跟等位置都与墙面紧密接触。通过保持这种姿势，可以逐渐强化颈部和背部肌肉的力量，帮助解决颈部前伸的问题。

另外，平躺矫正法也是一种值得尝试的方法。这种方法要求在平坦的地板上进行平躺，不需要铺垫其他物品或枕头。这样可以利用身体的自然重量，给身体一个向下的拉力，有助于身体的伸展和颈部肌肉的放松。通过长期坚持这种矫正方法，可以逐渐改善颈部前伸的不良姿势。

图5-38　颈部前伸

当然，在矫正颈部前伸的过程中，我们还需要注意日常生活中的坐姿和行走姿势。正确的坐姿应该是挺胸抬头，收腹立腰，双肩放松下沉；行走时则应保持头部自然抬起，目视前方，背部挺直，避免低头或探头等不良姿势。

通过坚持靠墙站立和平躺矫正等方法，结合日常生活中的注意和调整，我们可以逐渐改善颈部前伸的不良姿势，提升自己的形象和气质，增强自信心和人际沟通能力。

（六）不良坐姿

坐姿能够体现出一个人的性格以及修养，人们在生活中往往不注重坐姿，因此经常出现坐姿不良的现象，比如坐下后双腿大张、单腿盘坐等问题，这样的姿态会给人一种野蛮、粗陋的印象，同时时间久了也会对人的身体健康造成消极的影响。尤其是民航服务人员如若出现坐姿的不良会让乘客不能感受到民航服务人员服务的真诚，同时也会影响乘客心情。

男性一般在静坐过程中会出现双腿自然张开现象，但张开的程度需要注意，从而表现出男人身体的强壮以及包容的性格。但是女性却不能呈现出双腿叉开的情况，因为这样会严重影响女性端庄、温柔的气质。这种双腿叉开角度太大，主要是因为人们没有对双腿进行控制，过分放纵自己，从而表现出一种傲慢与无礼，如图5-39所示。在矫正该种错误坐姿时应该从习惯入手，通过培养人们良好的坐卧习惯，让人们在下意识中将双腿进行并拢。

单腿盘坐的错误坐姿也叫"4"字形腿，它主要是因为自己内心的放纵以及寻求舒适而形成的。人们经常在这一错误坐姿基础上

图5-39　双腿叉开

添加一些抖腿的动作，让人难以靠近与接触，如图5-40所示。矫正这种坐姿人们需要将双腿在交叉时保证两腿之间没有空隙，从而体现出双腿的线条，或者将双腿斜着放在身体的一侧，并让腿部与地面形成45°，进而能够充分展现双腿的长度，提高其坐姿的优美性。

图5-40 "4"字形腿

（七）不良走姿

走路的姿势在人民群众也是多种多样的，而每个人都会形成不同的走路特点，有些走姿虽然与形体的标准有着一定的差距，但不影响其美观性。但是很多不良的走姿会让看见的人心情发生变化，甚至会对这个人产生一定的厌烦心理。不良的走姿有很多种，比如拖步走、踮脚走等。拖步走主要是一种走路不抬腿、脚不离地面的现象。这种不良走姿主要原因是生理因素、缺钙、腰椎疾病等。拖步走的人会让人感觉这个人没有精神，因此会给人留下一种较为不好的印象。人们可以通过行走使大腿发力，带动小腿进行迈步，从而将身体的重心进行变化，也能帮助人们将髋骨向后移，这样能够让重心在变化过程中带动后脚离开地面，从而对走姿进行有效的调整。

人们在行走过程中过分将骨盆进行后倾，并让臀部进行向下移动，因此会出现膝关节弯曲以及重心后移的现象，这也是出现坐着行走的主要原因。坐着行走这一不良走姿会影响整个人行走的美感，并且动作滑稽。为了有效矫正坐着行走的错误走姿，人们可以在行走过程中将上身挺直，并且保证双脚落地时膝关节能够延伸到最大限度，这样就会将膝关节弯曲的现象得到改善，而且也会保证身体重心的稳定，经反复练习养成习惯，能够让走路姿势更加优雅自然。

还有一种走姿的缺陷就是踮脚尖走，而踮脚尖行走是因为在行走过程中脚掌过分着力，让脚跟形成悬空的姿态，进而缺乏脚部发力时，脚跟向脚尖滚动的过程。这种走路方式会让脚掌与脚尖过分劳累，在从事长时间行走的工作中，会影响其工作的心情，而且在他人眼中这种行走方式不够优雅，对于民航服务人员来说容易给乘客留下不好的印象。纠正这一走姿的缺陷可以从脚部发力入手，让人们在行走时利用大腿来带动小腿进行前移，然后脚部在落地时应该注重脚跟先落地，并且要慢慢将脚部着力点向前移，最后用脚尖进行蹬地，从而形成正确的走姿。

三、不良习惯

很多时候，人与人的交流是通过面部表情和头部动作进行的，只不过很多人都没有意识到这一点。

（一）逃避眼神交流

在与他人交谈中逃避眼神交流有如下四种表现方式。

1. 眼睛向下看

给人印象：对他人有陌生感和恐惧感，对他人的谈话没有兴趣，缺乏诚心，自言自语，如图5-41所示。

2. 眼睛向上看

给人印象：对对方讲话不感兴趣，高傲，不把对方看在眼里，在想其他的事情，如图5-42所示。

图5-41　眼睛向下看　　　　　　　　　　图5-42　眼睛向上看

3. 眼睛左右看

给人印象：对对方的话不感兴趣，注意力分散。

4. 中断眼神交流

在与人交谈过程中中断与对方的目光交流，注意周围的人或物品，或看手表，面无表情地往远处看。

给人印象：对对方谈话的内容失去了兴趣。

（二）眼睛多动

眼睛多动有如下三种表现方式。

1. 不停地眨眼睛

给人印象：紧张，像在说谎，可能是由于某种原因让内心焦虑。

2. 眼珠转动

给人印象：怀疑对方所说的话，根本不相信对方，或有其他的心思。

3. 挤眼睛

给人印象：整体给人感觉不稳重、精神紧张、着急，或是向对方暗示某种意思。

（三）表情木讷

表情木讷有如下两种表现方式。

1. 没有表情

给人印象：对与对方交谈不感兴趣。

2. 表情生硬

给人印象：不好交流和沟通，冷酷无情，傲慢，有敌意。

（四）笑无控制

笑无控制有如下两种表现方式。

1. 大笑

给人印象：自我，不注重别人的感受，无所顾忌。

2. 忍不住的笑

给人印象：给人感觉不拘小节，不尊重他人，让他人感觉尴尬等。

四、不良心理

人际交往的心理缺陷指无法保持正常人所具备的心理调节和适应等平衡能力，心理特点明显偏离心理健康标准，但尚未达到心理疾病的程度。心理缺陷的后果是社会适应不良。在现实生活和心理卫生实际工作中最常见的心理缺陷是性格缺陷和情感缺陷。往往会有很多人在日常的学习及生活当中从小已经养成不好的习惯，而这些小小的心理缺陷会成为影响一个人进行自我展示的最强大的干扰。

1. 自负

这种人只关心个人的需要，在人际交往中表现得目中无人。高兴时海阔天空，不高兴时则不分场合乱发脾气，全然不考虑别人的情绪。另外，与别人初识时往往过于亲密，讲一些不该讲的话，反而会使人出于心理防卫与之疏远。

表现方式：心不在焉，对他人的讲话不感兴趣，对人不够尊重。

体态表现：仰视，不正眼看人；身体颤动，不拘小节。

2. 腼腆

腼腆是由于生性内向沉静；过于自爱，过于重视自己的言行；或在生活中曾遭受某种挫折，而变得消极被动。

体态表现：俯视、不敢正视他人。不自觉地摆弄手、脚或衣角等。

如何克服：通过加强性格锻炼，以及改变观念，树立生活的信心，培养交际技巧。

3. 自卑

自卑的人并不一定表现为能力差，相反是自己期望过高，不切实际，因此必然容易导致失败。自卑是一种因过多地自我否定而产生的自惭形秽的情绪体验。自卑感人人都有，只有当自卑达到一定程度，影响到学习和工作的正常进行，才归之为心理疾病。在人际交往中，主要表现为对自己的能力、品质等自身因素评价过低；心理承受力低，脆弱；经不起较强的刺激，谨小慎微、多愁善感，常产生疑忌心理；行为畏缩、瞻前顾后等。

体态表现：不敢正视他人；浑身颤抖；没有表情。

给人印象：缺乏自信心，意志不坚定。

体育心理学研究证明，有针对性地进行运动锻炼，是纠正心理缺陷、培养健全人格的有效心理训练方法。

（1）孤僻　应选择足球、篮球、排球以及跑步、拔河等集体项目。

（2）胆怯　应多参加游泳、溜冰、滑雪、拳击、摔跤、单双杠、跳马（箱）、平衡木等项目。

（3）优柔寡断　多参加乒乓球、网球、羽毛球、拳击、摩托车、跨栏、跳高、击剑等体育活动。

（4）急躁　应多参加下棋、打太极拳、慢跑、长距离的步行及游泳和骑自行车、射击等缓慢、持久的项目。

（5）不自信　应选择一些简单、易做的如跳绳、俯卧撑、广播操、跑步等体育项目。

（6）紧张　应多参加竞争激烈的体育比赛，特别是足球、篮球、排球等项目。

（7）自负　可选择一些难度较大、动作较复杂的技巧性活动，如跳水、体操、马拉松等体育项目。

体育运动作为心理纠正训练内容，不是一般运动训练和娱乐游戏活动，要想达到心理转化目的，必须有一定的强度、质量和时间要求。每次锻炼时间在30分钟左右，运动量从小到大，循序渐进，三个月为一周期，可进行两个周期左右。

五、民航服务人员不良体态的矫正方法

人与人之间的信任是交往的根本条件，在服务行业中，如果一个人整体可信度水平较高，那么就会提升服务对象主动配合程度，服务者在服务对象心中的地位就会有所提高，从而更好地实现服务目标。因此，重视提高服务人员的信任感就尤为重要。

通常来说，良好的信任感主要是建立在向被信任者传递信息的品质基础上的，传递的信息主要是来自以下几个方面：首先，内在的信息，主要包括信息传递者是否真诚，修养水平以及内在德行；其次，形式信息，主要体现在信息传递者的体态、仪表以及仪容等方面；最后，动态信息，传递信息者行为是否干练、礼仪是否规范等。后面两个方面，具体表现在外露的行为上，这就需要后天的仪态与训练工作，所以在空乘专业中应该给予高度的重视。尤其是在服务行业，因为服务的过程一般都具有短暂性以及非连续性，造成了服务者与服务对象之间的联系并不是十分深入，服务对象对于服务者的了解也只能是通过观察其外表、行为举止等进行分析判断。

由此，民航服务人员更应该重视做好自身形体训练与礼仪的培养，用自身的言行证明自己是值得被信赖的对象。而想要实现这样的效果，就需要民航服务人员在进行训练的时候，重视培养良好的语言沟通能力，有声语言、行为语言都要给予高度重视，只有在民航服务人员与乘客之间建立有效的沟通模式，才能够正确传达出信息，使整个飞行过程更加顺畅。此外，民航服务人员所面向的对象不仅仅是本国的乘客，同时还会有不同国家、不

同地域的乘客，在这种情况之下，民航服务人员更应该做好服务工作，在进行培训的过程中，规范礼仪修养，掌握不同民族与国家文化所具有的差异，使乘客感受到服务人员的大方得体与良好的职业素养，在彼此之间建立良好的信任感。而想要达到这些目标，就要重视相关课程的开设，提升民航服务人员的素养，增强自身的表现力与感染力，为乘客带来高质量的服务。

（一）改变不良的表情

民航服务人员的表情能够传递很多信息，通过表情能够传达自己的善意与思想，并且让更多的乘客能够适应旅途的劳顿，也能将良好的心情与情感传递给乘客，从而让民航服务人员的工作更加高效。有专家从传播学角度来分析人类在接收信息时，来自各种信息的方式比重，声音对信息的传播只在其中占了45%的比重，而其他都是一种无声的信息传递。表情在无声的信息传递中占有重要的地位，因此民航服务人员应该加强对表情的管控，从而将自己的思想与精神传递给每位乘客，提高其服务的水平。表情是由人体脑部神经控制面部肌肉而新形成的一种明显的形体特征。而且表情的矫正是容易实现的，因为人类在出生后除了哭的表情几乎都是从模仿别人而形成的，所以利用模仿别人的表情能够让人们的神经形成一种定向的形式，从而对表情进行更有效的改变。

（二）训练好的表情

民航服务人员表情的训练需要掌握一定的规则以及方法，从而让民航服务人员的服务更加周到，也能通过良好的表情影响乘客的心情，让乘客对民航服务人员更加尊重与客气，因此空乘服务人员应该通过相应的训练方法与规则，让表情得到良好的培养。

1. 表情训练的规则

在表情训练的规则中，需要民航服务人员能够表现出谦虚、恭敬的态度，而这一态度的传达主要来源于表情，民航服务人员在工作中也要将表情进行放松，但要拥有谦卑的神态，从而让乘客感受到自己被受到重视，从而更加愿意配合民航服务人员的工作。除了谦卑的表情，友好这一表情也需要民航服务人员注重，因为通过这一表情的神态能够更好地拉近乘客与民航服务人员的距离，也能保证乘客对民航服务人员具有一定的好感。而通过空乘服务中友好表情的呈现，也能体现出中国民航事业对每位乘客的欢迎，提高民航在乘客心中的地位。而适时的表情展现也是对民航服务人员表情的一种要求，在空乘服务过程中什么事情都有可能发生，而长时间保持一个表情也会让乘客感到厌烦，因此在不同事情的处理上应该增加一些适时的表情变化，从而让对方能够了解更加具有个性的民航服务人员，也能让民航服务人员与乘客更好地交流。

民航服务人员可以适时表现出活泼、开朗、愤怒和俏皮，从而让乘客能够全面地认识民航服务人员，不能将空乘队伍变成机器人，没有任何表情的变化，那样也会让乘客缺少空乘服务的体验。在空乘服务时，民航服务人员也要表现出真诚的表情，真诚的表情需要从民航服务人员的内心出发，这样能够让乘客感到真诚对待自己，进而提高乘客的满意度。表情如果不够真诚，就会给人一种表里不一的感受，从而会失去乘客对空乘原有的好感，对空乘接下来的工作也会产生一定消极的影响。

2. 面部表情的训练

表情主要呈现的地方就是面部，但面部表情的训练要结合身体的各部分之间的配合，从而让表情更加真实，也更具感染力。在人们对一个人进行观察时，首先注重的就是其面部表情的变化，其中包括神态以及面部肌肉的运动。看一个人的神态主要对眼睛进行观察，眼睛会跟随人内心的变化而进行变化，而对于整个面部肌肉的运动，能够观察到人的喜怒哀乐，因此民航服务人员在表情训练中要强化面部表情的训练，从而让民航服务人员的表情更加丰富，并提升其感染力。在训练过程中也要注意眼神与微笑等方面训练的问题与要求。

（1）眼神的训练　眼睛在传递信息时会带动周围肌肉的运动，而眼睛产生一些变化，从而形成与自己内心思想和情绪相吻合的一种眼神。眼睛会通过眼神的变化而呈现更加自然且标准的心理变化，从而让人类能够运用眼睛进行交流。眼神的交流是人类的一种本能，在婴儿时期，婴儿就会根据自己的想法而转化眼睛的目光，而且婴儿更喜欢与人进行对视，从而建立一种交流，让婴儿感受到父母的爱。对于成年人来说，经常生活在一起可以产生一种默契，一个眼神的变化，就会让人明白其眼神代表的含义。也有很多人会利用眼神传达倾心、爱慕、愤怒等情绪，这都是一种眼神交流。民航服务人员能够通过眼神训练，来保证在与乘客进行交流时，更加生动，也能使乘客更好地理解交流的内容，让民航服务人员的服务更加周到与细心。

（2）眼神训练的要素　民航服务人员在对眼神训练时需要注重很多方面，比如注视的位置、时间、眼神的变化等，这也是民航服务人员眼神训练的要素。只有全面地对民航服务人员眼神进行训练，才能让其面部表情更加真诚与多样，也让民航服务人员在服务过程中多一项技能，提高其服务的质量。在时间方面，民航服务人员在与乘客进行互动时，应该注意眼神交会的时间，不能长时间盯住乘客，这样会让乘客感到不悦，从而造成负面的影响，眼神交会的时间需要以交流时间进行对比，占整个交流时间的三分之一即可，这样既能体现民航服务人员对乘客的注重，同时也较为有礼貌。同时目光注视的角度方面也有着一定的要求，民航服务人员在与乘客进行交流时，在说话过程中要保证目光正视前方，身体正对每位乘客，这样能够给予乘客最大的尊重，从而让乘客更加舒服，也让服务更加详细。

在民航服务人员眼神的训练过程中应该明确要求其眼神所注视乘客的部位，因为在日常生活中往往有很多人在交流过程中总是回避对方的眼神，从而影响对方对自己的信任，也有很多人长时间盯着对方的某一部位，让他人对自己的身体产生一定的误会，只有将目光对准相应的位置，才能更自然地进行交流，也能让对方更加舒服。

（3）眼神的训练方法——自我训练法　如何训练眼神是民航服务人员特别关心的事情，而较为常见的方法，就是自我训练法，也就是利用镜子反复练习不同的眼神，从而养成一定的习惯。

自我训练法的具体操作步骤可以从选择镜子与身体的距离开始，训练者应该与镜子保持在一米远，通过镜子的反射其成像与本身距离为两米，这也是人与人交流的惯用距离。同时训练者可以利用一个遮挡物将自己眼睛以下的区域进行遮挡，这样能够让训练者更加注重眼神的变化。在训练过程中训练者应该进入一个与镜子中自己交流的场景，可以对自己进行交谈，同时也可以想象交流场景的转化，从而适应以下不同场景对眼神交流的影响。最后还要针对镜子中自己的眼神进行一定的解读与评价，并不断调整眼神，让眼神交流达到最佳效果。

（4）正确微笑的要素　微笑也是面部表情训练的重点，民航服务人员在进行微笑训练时一定要掌握微笑的特征，一般微笑是一种含蓄的笑，是没有声音的，并不露出牙齿，这样微笑能够更加深入人心。现在训练过程中需要让训练者将自己的面部肌肉进行全面的放松，然后让自己的嘴角稍微上翘，但不能带动面部其他器官，这样才能让嘴角的弧线若隐若现，让面容增添一份美感。而且在微笑过程中也要注重五官整体的配合，虽然微笑这一表情较为容易实现，但是单纯嘴角微动，却没有更丰富的表情，有一种牵强的感觉。而通过眼睛、眉毛、脸部肌肉的配合，能够让微笑更加感染人。

其次，微笑也要追求内心与表情的匹配，这样能够让微笑更加自然，也能保持得住微笑的表情，让人看着更加舒服与自然，从而有效拉近人与人之间的距离，也能让微笑更加真诚。最后，民航服务人员的微笑也要对具体乘客进行相应的调整，需要判断服务对象的心理，而给予乘客最需要的微笑表情，达到乘客的满意。

（5）微笑的训练方法　微笑训练的过程只需要一面镜子即可，训练的人需要站立在镜子前，通过对"E""G"的读音来寻找微笑嘴角肌肉运动的规律，从而跟随发音强度的变化，来感受微笑的程度，指导嘴角肌肉形成一定记忆为止，这样就能让微笑的表情稍见成效。然后训练的人可以将自己的手放在脸的两侧并向外轻轻带动嘴角进行运动，并且需要在心里想着一些快乐的事情，这样就会让微笑更加自然。最后，微笑训练也可以利用手部遮挡面部，然后忽然打开双手，展现笑容，这样能够让微笑的表情更加细腻，具有一定的层次感。

（三）身体姿态训练

1. 躯干姿态的训练

躯干姿态的训练主要是对人身体的动态美以及躯干的质感进行一定的训练。优秀的躯干姿态身体是笔直的，头部位置端正，胸部前挺，腹部平整，从而呈现出优美的曲线。躯干不仅在空乘行业中有着较为重要的意义，同时在舞蹈界也深受重视，因为躯干的姿态能够体现出一种文化韵味，也能让人的情感得到一定的满足，因此躯干姿态训练对于仪态的培养有着重要的作用。躯干的训练需要保证头的方向端正，且有力地向上顶，从而让颈椎得到一定的牵引，也能让颈椎能够最大程度地舒展。其次，躯干的各个椎部要成为一条直线，而双肩需要平整且有着一定的外展，而腹部还要尽量收敛，从而让躯干更加挺拔。最后，臀部要向上提，腿要向内侧收紧，从而保证躯干具有明显的线条呈现出来，再将气向下沉，让躯干有着一定的稳重感与健康感，从而让躯干具有较好的姿态。

2. 具体部位训练方法

（1）肩、胸部的柔韧训练　对于肩、胸部位的柔韧性训练有着很多的方法与方式，而较为常见的是压肩胸、含展胸以及身体波浪的方式。其中压肩胸的方式，主要利用的工具就是把杆，也可以寻找固定可以握住的物品进行替代，然后双手握住把杆，并不是让双臂与肩呈现更加自然的角度，同时要让双脚宽度与自己肩宽相同，利用臀部向后的力量让双臂得到一定的拉伸，这样能够带动肩部关节进行活动，还要将胸部不断向下用力，在一定程度时，坚持几秒的时间，这样反复训练15次，就会对肩、胸部的柔韧性的提升起到一定的作用。通过这种方式的训练也能对"驼背"有着较好的矫正效果，让胸、肩更加舒适。还有一种方法，可以利用墙壁进行压肩胸，站在离墙55厘米左右的距离，然后面对墙壁并将双脚分开，用手扶在墙面上，并保证手臂伸直，胸部紧贴墙面，坚持15s，然后重新开始做这个动作，一共做三次即可。这种方法对躯干的延展性提升有着重要的作用，同时也能对颈部前伸、驼背等形体的缺陷进行矫正。

（2）腰腹部力量训练　腰腹部的力量训练能够对腰腹肌肉的力量进行一定的提升，从而帮助人们将腹部进行收紧，从而减少水桶腰形体弊端的产生。而练习腰腹部的力量主要通过三个训练项目来完成，一个是腹部的力量训练，另一个是腰部的力量训练，最后再进行身体稳固性训练。

① 腹部力量练习。在腹部力量练习时，可以利用瑜伽垫将全身平躺在垫子上，然后双臂需要放在头的两侧，然后利用两拍的时间将上身与下身进行同时抬起并保持住该姿势，这样能够让腹部保持收紧的状态。而再利用两拍的时间将身体放平，回到最开始的姿势。最后再利用四拍将这些动作连接，并进行反复练习，这种练习方式能够有效提高腹部的力量，也能够让腹部拥有较强的收紧能力，从而有效保证盆骨在正确位置，也能够对"塌腰"这一形体缺陷进行良好的纠正，长时间的练习能够让训练者的躯干线条更加健美。

② 腰背部力量练习。腰背部的力量训练，可以沿用瑜伽垫，但需要背部朝上，然后将手臂自然放在身体的两侧，并需要手心朝下，将双手十指相扣在臀部位置，并将肘部尽量延伸，接着只利用腹部与地面接触，其他部位尽量向上用力抬起，并利用呼吸来进行有节奏的收放运动。每天重复4次左右能够有助于腹部与背部肌肉强度的提升，也能对人体躯干的姿态进行有效调整。

③ 身体稳固性练习。身体稳固性的训练能够让练习者的腰腹力量得到提升，其训练的方式主要是利用双臂的肘部与地面接触，然后将双脚脚尖在最远处进行着地支撑，同时头部、颈部、背部、腰部、腿部等位置趋于直线，保持这个姿势至少10s，同时在动作控制过程中需要均匀地进行呼吸，不能进行屏气，从而保证训练的效果。身体稳固性训练能够让人的形体更加挺直，同时也能让人的各个部位都具有一定的稳定性，保证形体的健美。

（3）脊椎牵拉训练

① 地面伸展。地面伸展对脊椎的牵拉有着一定的作用，其训练方法主要是让人体会到脊椎在正确位置时的舒适，从而让人能够正确掌握身体的姿态。而在训练过程中主要是利用仰卧的姿势，将双臂举过头顶，并保证手臂在两侧相对笔直，然后手心向下，向最远的地方进行伸展，同时腿部要挺直，脚尖向下方进行伸展。

② 靠墙站立。靠墙站立的训练方式是将头部的后脑、背部、臀部、大腿、脚跟等位置紧贴墙壁，然后要保证目视正前方，双肩自然下垂，腹部要收紧，而胸部要挺直，双腿需要紧紧相靠，脚跟不并拢，而脚尖向外张开，双手保持自然的垂下状态。如图5-43所示。这种靠墙站立的训练方法，能够让人的躯干更加

图5-43　靠墙站立

挺直，而且有助于驼背、O形腿、盆骨前倾等形体弊端的矫正。

3. 四肢姿态的训练

人体的四肢是动作的主要执行部位，在日常生活中经常会利用四肢进行操作以及交流、指引等，因此四肢的姿态也将决定人整个形体的美观。四肢姿态的训练主要是其动作的发力，以及制定动作的幅度，让人体在运动中呈现更加自然且优雅。人们无论是在动态还是静态中都需要时刻保持着优美的形体姿态，进而让他人能够从形体中感受一个人的素养以及品质。四肢的姿态需要保证张弛有度，让四肢动作更加协调，具有一定特点。四肢的基本动作需要保证肢体的发力部位来支撑，而不发力的部位要放松与自然，同时参与运动的肌肉也要按照一定的规律进行一张一弛，从而让动作更有力量，也让肢体更加协调与自然。

4. 具体部位练习方法

（1）手臂训练　手臂的训练方法可以通过芭蕾舞的准备动作进行相应学习，将头部摆正，颈部要保持挺直，双肩平而自然下垂，挺起胸部，收紧腹部，而双手放在胯骨位置，也就是芭蕾舞的一手位置，双脚要呈八字形站立，腿的内侧要紧紧相靠，尽量不留缝隙。然后通过一个八拍的节奏，先将右小臂抬至身体的胸前，而左臂不能进行运动，右臂运动的方式是运用右大臂发力将右小臂带起。接着再次让右大臂发力将右手臂还原。随后让右手臂向右侧水平抬起，并保持右臂与肩部齐平，同样也是利用右大臂发力。最后再将右臂还原。整个动作需要在一个八拍的节奏中进行运动，而第二个八拍换成左手臂。通过这样简单的动作，能够让训练者感受手臂的发力，其动作最容易出现错误的地方就是发力位置，经常会有人在训练过程中，小手臂进行发力，而让动作不够完美。

（2）腿部训练　腿部一样需要进行运动训练，其准备的姿势与手臂训练方法相似，但是不同的是需要将手臂叉腰。同样是一个八拍的动作，先进行双腿膝关节向外打开，并伴随下蹲的动作，而上身的姿势需要保持不变。然后再将身体直立，并将右脚脚尖贴着地面笔直踢出，保证脚尖的紧绷感。接着再收回动作，还原成第一步的动作，最后进行与第二步动作相反的动作，踢出右脚脚尖，在运动过程中同样需要跟随节奏来进行运动。这种训练方式主要为了让训练者了解腿部发力的特点，并且能够让腿部更有力量。

5. 错误身体姿态纠正训练

这里主要针对民航服务人员的站、坐、行、蹲四种姿态方面易出现的错误，给出纠正的具体方法：

（1）易犯的错误站姿

① 斜靠在门边或墙站立。如图5-44所示，斜靠着门边或者墙体而站立的姿势在任何场合都需要进行摒弃，因为该站姿具有一定的野蛮特征。人们更应该采用一种双脚分开，双腿一前一后站立的

图5-44　斜靠站立

姿势，并且要保证躯干的挺直，从而给予对方一种坦诚且自信的感受，有效提高其站姿的形态。

② 站立谈话时不拘小节。站姿也分很多种，其中有一种适用于交谈场景的站姿，因为其动作具有不拘小节的气势，因此不适用于工作之中。其动作为双肩稍倾斜，重心放在右腿上，双脚呈跨立姿势，且右腿伸直，而左右腿稍有弯曲，双手叉腰，肘部自然支出，从而展现一种轻浮姿态。如图5-45所示。

③ 双腿分开式站立。如图5-46所示，双腿分裂式站立，是一种生活中常用的站立姿势，而女性一般不采用这种站立方式，女性无论在什么场合，穿什么样的衣服都需要保证双膝要并拢，这样能够让双腿保持一种上提的力量，有效展现出女士腿部的线条，同时也表现其一种儒雅的气质。

④ 双手相握背于身后站立。双手相握背于身后站立的姿势，是一种较为轻浮的站姿。这一站立姿势，人们将双手背后进行相握，然后将两只脚分开，右腿伸直，而左腿稍向前弯曲，并将肩部向后倾，重心放在右腿之上，从而让左腿以及各部位进行放松，而这种姿态虽然相对较为舒适，但是却让人有一种无礼的感受，如图5-47所示。

图5-45　不拘小节站立　　　　图5-46　双腿分开式站立　　　　图5-47　双手相握背于身后站立

(2) 易犯错站姿训练方法

① 扶把练习。在民航服务人员进行服务过程中经常会出现扶把手的动作，而该动作需要进行一定的练习，从而保证其动作的标准化，同时也能让训练者拥有更加优美的形体。扶把训练过程中需要让训练者进行双手扶把，而其双脚、双膝都要进行并拢，同时要在膝关节处夹着适当的物品，该姿势需要保持10分钟左右，同时所夹物品可以根据训练的程度来进行厚度的调整，从而让训练者腿部学会收紧，也能养成良好的习惯，纠正O形腿的形体弊端，如图5-48所示。

② 平衡练习。平衡训练需要训练者保持正确的站姿，然后在头上放置一本书，而且膝关节处也要夹着一个较为轻薄的物品，而且要让训练者保持这个姿势，不能让头上的书以及膝关节的物品掉落，如图5-49所示。通过这样的站姿练习，既能够保证训练者站姿的

标准程度，同时也能利用书本，让训练者的身体具有较强的平衡感，从而提高训练者的控制能力，让其站姿更加优雅。

图5-48　扶把练习　　　　　　　　图5-49　平衡练习

（3）容易出现的问题和纠正方法

① 步位不正。如果在行走时没有合理控制步位，极容易产生"内八字""外八字"一类错误行为。纠正错误需要重视两点：一要强化双腿内收肌群，借助双腿外旋动作，让"内八字"脚向外拓展，让脚内缘可以保持在同一直线上；二要对双腿外旋动作加以控制，利用双腿内旋让"外八字"脚向内回扣，让双脚回归到正确步位。

② 行走发力顺序错误。走步协调性是展现个人气质和体态优雅的关键因素，它主要体现在臂部和腿部之间的灵活配合上。如果肢体发力顺序错误，很容易出现"脚蹭地走"的情况，这不仅影响行走的速度和效率，还会给人一种笨拙和不协调的印象。

为了纠正这一动作，我们首先要关注肢体发力的顺序。正确的发力顺序应该是让大腿的力量带动小腿前进，同时上臂的力量带动前臂摆动。在行走过程中，要注意摆臂到最高位置，并让脚跟同时落地。这样可以使步伐更加稳健有力，避免"脚蹭地走"的情况。

此外，我们还需要注意手臂摆动的幅度和力度。过度甩前臂或过度甩手腕都是常见的错误动作，这些动作会破坏行走的协调性，使整体形象显得不够优雅。因此，在行走时要控制手臂的摆动幅度，保持适当的力度，让手臂与腿部动作相协调。

通过纠正以上错误动作，我们可以使自己的行为更加轻盈、协调，给人一种庄重感。这不仅有助于提升个人形象，还能让我们在人际交往中更加自信、从容。因此，我们在日常生活中应该多加注意自己的行走姿势，通过不断练习和调整，逐渐培养出优雅、自信的步态。

③ 重心不及时前移。在行走时要让前脚跟着地，并快速将发力点过渡于前脚掌，再

把身体重心移动至前脚，进而提升行走轻盈感。如果行走时没有将重心及时前移，而是将重心回落到双脚中间，会产生"坐着走"的问题。所以，要让重心在行走时进行前移，并关注大腿动作要带动前腿摆动，而后脚踝关节则要做好蹬地准备。

6. 易出现的错误坐姿及纠正方法

（1）弓腰驼背式坐姿　民航服务人员的工作时间不规律，工作压力也比较大，特别是在出现疲惫的时候，容易出现弓腰驼背的情况，感觉这样更容易放松，使身体得到休息和调整，其实不然，因为正常人的脊椎是S形的，但如果坐姿不当，会造成背部肌肉操劳过度，产生背痛或背部僵硬，睡觉时也不能使身体保持自然的S形，身体放松不下来，从而影响睡眠。

纠正方法：出现这种情况时，需要多做些扩展运动、舞蹈练习、打乒乓球等，使脊椎周围的肌肉保持弹性。还需要提醒的是，平时走路的时候也不要弓腰驼背，以减缓脊椎的老化。经过一定时间的锻炼，养成较好的习惯，也有助于塑造良好的仪态。

（2）含胸式坐姿　含胸式的坐姿仅次于弓腰驼背，是从腰部以上的部位经常处于内扣的状态，也同时带动肩部内扣，这种坐姿首先比较容易引发颈肩痛，出现肩颈疾病，严重的甚至导致头晕目眩。其次，经常出现含胸的坐姿，会对个人的胃、肠等器官产生一定的压迫，长此以往会影响消化系统。

纠正方法：平时在针对含胸坐姿进行矫正时，可以用一个网球放于脚底，前后或者打圈的方式进行脚底按摩，坚持下去可以起到保健五脏以及脊椎的功效。另外，在发现个人出现不当坐姿的时候，还可以经常伸展腿部，尝试改变腿的姿势等方法进行调整纠正。

（3）勾头式坐姿　在民航服务人员准备服务相关任务时，出现经常低头或者伏案的状态，这样久而久之就会出现勾头式的坐姿，这种不正确的坐姿不仅会造成身体的气血通道受阻碍，特别是针对眼部，还会导致眼部营养缺乏，导致视力下降。

纠正方法：一旦出现这种坐姿，首推的纠正方法是"熨眼法"。要求坐端正，全身放松，闭双眼，快速摩擦两掌，使之生热，趁热捂住双眼，热散后两手猛然拿开，两眼也同时用力一睁，如此3～5次，能促进眼睛血液循环，可缓解眼疲劳，防治近视。

7. 易出现的错误蹲姿及纠正方法

从人体生理角度来说，容易导致血压升高，患有"三高"等慢性病的人会面临安全风险。

（1）错误蹲姿的危害

① 全蹲会出现习惯上身前倾，这会导致腰部承压过大，不仅伤害腰肌，腰椎也会受不了。

② 猛蹲猛站是很多人群活动时的大忌，因为这会导致血压大幅波动，极易引发意外。

③ 深蹲锻炼，还可能造成膝关节损伤。因为下蹲时膝盖弯曲，负荷增加，长时间或频繁蹲起会磨损膝盖，引起膝关节疼痛，甚至发展成骨性关节炎。

（2）不同情况下蹲姿的训练

① 全蹲适合久坐的情况：对腰腿韧带的拉伸要求较高，对踝、膝、髋关节的影响较大，而对肌肉静态张力的要求较低。这种方式适合久坐的人作为间歇锻炼，活动身体，但应注意保持一定的下蹲速度，如每分钟20～30次，可促进全身气血循环。

② 半蹲适合膝关节需要修复的情况：半蹲与扎马步类似，对大腿和臀部肌肉影响较

大，是锻炼股四头肌的好方法。半蹲的方式也比较适合做完膝关节手术或处于关节康复期的人群，作为恢复性练习。

③ 深蹲适合体能较好的情况：比半蹲要深，接近于全蹲，腿上用劲儿较大。很多人认为，深蹲锻炼可起到腿部减肥的目的，但事实并非如此，要想燃烧腿部脂肪，总的原则是中等以上强度，持续20min以上。民航服务人员的服务工作大多是处于久站的状态，感觉特别劳累时也可以采用深蹲缓解疲劳。

基于以上种种易出现的错误仪态的纠正和训练中，需要提醒注意的是，无论采用哪种锻炼方式，都应考虑适度原则，可以根据自己的情况进行调整，以防过度，适得其反。任何好的形体和仪态的锻炼和塑造，都需要一个循序渐进的过程，调整好的心态，长期坚持，养成良好的行为习惯，早日具备良好的形体，优雅的仪态。

拓展阅读

民航服务人员在飞机上不允许做的9件事情

资料背景

对于民航服务人员这个职业，我们都很熟悉，她们的主要责任就是在飞机上，要确保乘客的安全和舒适，她们不仅可以提供一些简单的服务，同时还能够在关键时刻，给予乘客一定的帮助，因此民航服务人员的职责还是很重要的。

虽然民航服务人员在飞机上拥有一定的权利，但是有些事情，她们也是不被允许做的，关于民航服务人员不被允许做的9件事情：

1. 不允许主动帮乘客放置行李；2. 不允许使用耳机；3. 禁止佩戴外观花哨的手表；4. 在飞行中不可以睡觉；5. 不允许做黑色美甲；6. 裙子不能短于膝盖以上；7. 不能大声喊叫；8. 不可以有文身；9. 不能戴眼镜。

开放式讨论

讨论题目——自己存在或自己发现的个人仪态的不良习惯，分析其原因及解决方案。

提示要点：

1. 能够正视自身或他人存在的不良仪态；
2. 通过学习内容，结合具体情况进行分析，找出成因；
3. 讨论科学有效的纠错方法；
4. 制定合理的纠错训练方案。

本章总结

民航服务人员作为航空公司的形象代言人，其仪态美不仅关乎公司的形象，更直接影响着乘客的飞行体验。在本章中，我们将深入探讨民航服务人员的职业素养以及正确仪态的训练方法，以期提升服务品质，增强乘客满意度。

首先，我们需要明确仪态美的概念及其在航空服务行业中的重要性。仪态美，顾名思义，是指个体在行为举止中所展现出的优雅与得体。对于民航服务人员而言，仪态美不仅体现在外在的形象上，更在于内在的气质与修养。一个具备仪态美的服务人员，能够给乘客留下深刻而美好的印象，从而提升航空公司的品牌形象。

在塑造仪态美的过程中，民航服务人员的身材、着装、面貌以及仪容整洁等方面都扮演着重要的角色。服务人员应保持身材匀称、穿着得体，既符合航空公司的规定，又能展现个人魅力。同时，面貌要端庄，仪容要整洁，给人以清爽、干练的感觉。

除了外在形象，民航服务人员在与乘客交流时的语言和举止也是体现仪态美的重要方面。服务人员应使用礼貌、亲切的语言，避免使用粗俗或冷漠的词汇。在举止上，应保持优雅大方，避免过度随意或粗鲁的行为。

此外，民航服务人员对待乘客的态度和专业精神也是塑造仪态美的关键因素。服务人员应始终保持微笑服务，热情周到地解答乘客的问题，积极处理各种突发情况。同时，应具备扎实的专业知识，能够为乘客提供准确、专业的服务。

针对如何提升民航服务人员仪态美的问题，我们提出以下建议：首先，加强形体训练，矫正不良形体和体态，使服务人员能够保持挺拔优雅的姿态；其次，注重礼仪培训，提高服务人员的礼仪素养和交际能力；最后，加强职业道德教育，培养服务人员的责任感和使命感，使其能够真心实意地为乘客服务。

综上所述，民航服务人员的仪态美对于公司形象和乘客体验具有重要影响。通过加强职业素养和正确仪态的训练，我们可以有效提升服务人员的仪态美水平，为乘客提供更加优质、专业的服务。

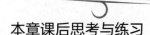

本章课后思考与练习

思考题

1. 民航服务人员应具备的职业素养有哪些？
2. 民航服务人员行礼的仪态要求是什么？
3. 不良习惯的常见类型及纠错方法是什么？

练习题

1. 结合民航服务工作岗位流程，进行站、坐、行、蹲、微笑的情况模拟训练；
2. 制定自身不良仪态习惯的纠错训练方案。

实训篇

CIVIL
AVIATION

第六章

芭蕾舞训练

芭蕾起源于意大利，但兴盛于法国，在进入法国宫廷后，经过宫廷舞蹈家的提炼与加工，逐渐将这种舞蹈形式称为"芭蕾"。芭蕾基训即芭蕾舞基本功训练，主要遵循芭蕾"开、绷、直、立"的四大审美原则，训练学生的基本体态、双腿的外开，以及身体的柔韧性、协调性、稳定性，还有身体各部位肌肉的能力。芭蕾基训的特点在于其科学性、规范性以及系统性，在经过不断训练之后，学生的体态会逐渐挺拔、匀称、完美，并且在动作中使心与形相交融，在意念与感觉的延伸中，使学生的"气质"发生质的飞跃。芭蕾基训是一种科学训练体系，它的科学性主要体现在顺应人体的结构、功能与特点。通常芭蕾基训教学内容是科学而系统的，它们是建立在一整套系统、完整的动作训练基础之上的，通过对芭蕾基本动作科学、合理、有机地结合来完成的，通过长期有序的训练，全面提高学生的综合能力，为学生的舞台表演打下良好的基础。

第一节 基础训练部分

芭蕾，是一门有着悠久历史的舞蹈艺术，早在文艺复兴时期的意大利，人们开始重视人体的价值和意义，再加上古罗马和古希腊文化的深刻影响，意大利成了文艺复兴的发源地，从而推进了社会的政治、经济、科学和文化的迅速发展，在这种社会背景下，早期的芭蕾出现在意大利宫廷舞会中，这种自娱自乐的民间舞成了皇室与贵族们集会时不可缺少的重要娱乐形式。促成"芭蕾舞"这种表演形式成型的因素有很多，其主要来源于古希腊的舞蹈、古罗马的拟剧、意大利职业喜剧、中世纪杂耍艺术、法国和意大利宫廷舞会中的舞蹈以及欧洲各国民族民间舞蹈。芭蕾起源于意大利，但兴盛于法国，在进入法国宫廷后，经过宫廷舞蹈家的提炼与加工，逐渐将这种舞蹈形式称为"芭蕾"。

芭蕾基训即芭蕾舞基本功训练，它的形成要比芭蕾晚了近200年。在训练过程中，能够让学生的肌肉线条越来越长，塑造出学生修长、挺拔、优美的身体形态，让学生各部位肌肉的能力、韧带以及关节的力量得到有效训练，使学生能在各种旋转、弹跳、控制等技术技巧动作所要求的科学性和流畅性等方面具有较大的优势。

芭蕾基训的特点在于其科学性、规范性以及系统性，在经过不断训练之后，学生的体态会逐渐挺拔、匀称、完美，并且在动作中使心与形相交融，在意念与感觉的延伸中，使学生的"气质"发生质的飞跃。芭蕾依靠自身特有的、科学的规范要求和训练法则，努力塑造出学生优美的体型、提升学生各方面的技术能力，培养出了许多出类拔萃的优秀舞蹈家，也推出了不同风格的优秀舞蹈作品。

芭蕾基训是一种科学训练体系，它的科学性主要体现在顺应人体的结构、功能与特点。通常芭蕾基训教学内容分为"把上练习"与"把下练习"，在课堂中，先进行"把上练习"动作训练，再进行"把下练习"动作训练。其内容是科学而系统的，是从地面到空中、从原地到移动、由简入繁，最后循序渐进的一个训练过程，它们是建立在一整套系统、完整的动作训练基础之上的，通过对芭蕾基本动作科学、合理、有机地结合来完成的，通过长期有序的训练，全面提高学生综合能力，为学生的舞台表演打下良好的基础。

有关"人体美"的训练是艺术表演的基础，人们在欣赏艺术表演的同时，首先映入眼帘的是表演者的风度气质、形体姿态和外部造型。这些因素与表现，直接影响到整个演出的效果。因此，形体训练应是直接获得展示"美"的内容和将其充分表现的最佳方法。而芭蕾基训则是所有表演艺术者在形体训练中必须采用的秘药良方。

一、热身训练

热身运动是指在运动前通过短时间、低强度的动作，对肌肉、关节、血液、神经几个方面进行适度的调节，提高局部和全身的温度，促进血液循环，使身体能够慢慢适应更剧烈的运动。合理的热身不仅能够避免和减少在训练中受伤，还能使正式训练时活动更加舒展流畅，反应更为灵敏迅速。热身并不只是拉伸，而是使所有运动部位（包括肌肉、关节和韧带）升温，简单来说，就是在运动前就让身体热起来，在舞蹈课正式开始前，就应该让身体出汗。

芭蕾课前热身可以分为各关节活动、上身运动、腰部拉伸、跑跳运动和压腿练习。各关节活动：可以分别对头部、手腕、踝关节、膝关节进行活动。如前后左右转动头部，也可以利用弹力带同时活动头部和肩部，注意用弹力带做肩部训练时，手腕要用力保持稳定不动。踝关节的热身可以做一个低强度的半脚尖练习。扶着把杆，做交叉换脚单脚Relevé，而膝关节可以通过低强度的Plié练习进行热身。

上身运动：可通过提肩、双提肩、肩绕环、胳膊拉伸、振臂、扩胸运动对上身肌肉进行充分热身，可以如上文所述，借用弹力带活动肩部。

腰部拉伸：腰部是连接上下身的枢纽，是舞蹈中很多动作的保证，热身时可以用手臂带动身体向前、向后，以及左右伸展，充分拉伸腰部。注意：拉伸腰部时，下身要稳定，不要左右摇晃。

跑跳运动：可以围绕教室跑一圈，或者通过高抬腿、前踢腿跳、后踢腿跳、原地小跳来促进血液循环，提高身体温度，调节身体的协调性。

压腿练习：在肌肉没有准备充足的情况下，贸然拉伸僵硬的肌肉会有造成伤害的风险。所以压腿练习要放在热身最后，在全身充分预热的情况下，通过正压、侧压、后压等多种方法来拉长腿部的肌肉和韧带，并加大髋关节的活动范围，提高身体的柔韧性，避免在舞蹈中受伤。

注意：压腿时身体四个点要摆正，在此基础上根据自身情况进行，不要突然用力，慢慢进行下压，并往远延伸。

（1）活动头部、脖子。

（2）活动肩膀。用肩膀带动胳膊顺时针、逆时针旋转（向前、向后）4个8拍，左右各一次。

（3）做两个8拍Demi Plié。

（4）活动脚腕。

（5）小跳一组50个，高抬腿一组50个，勾脚跳一组50个，开合跳一组50个。

（6）重复3组，休息20s重复5组，拉伸小腿后结束。

芭蕾的基本站姿和手位

二、基本站姿及手位训练

（1）双脚站一位（双脚脚跟并拢，呈一字形站立），双腿内侧夹紧，提膝盖骨，收紧臀大肌，使臀部两外侧的肌肉略有凹陷（即臀大肌用力向中间夹）。

（2）双肩放松并要稍向后向下用力收，尤以背后的两块肩胛骨向脊柱夹紧，千万不要耸肩或驼背。

（3）保持人体重心稳定，两脚平均地支撑人体重量，两脚的十个脚趾要紧紧地抓地，尤其要注意小脚趾一定要着地，防止出现重心压向脚心的内倒脚。初学者尤其要注意。宁愿做成大八字或小八字，也不要出现内倒脚的现象。

（4）呼吸均匀深长。不管在训练中如何用力使劲，呼吸必须自然流畅。虽然收腹提气到胸部，这是为了造型形象挺拔，但不能因此而"憋气"，"憋气"易由于体内含氧不足而加重疲劳，从而容易造成运动性损伤。

（5）腰部挺立，但要防止塌腰。腰背部挺立最有效的方法是收提小腹。

（6）头部保持自然的正直，双眼平视前方，不要向前伸颈探头，也不要缩下巴。

基本站立姿势主要注意以上几点，这些要求能使初学者一入门就感受到芭蕾基训的四大要素"开、绷、直、立"，这四大要素将贯穿在以后的基本训练中。

以一位脚站立，即两脚跟相对，脚尖向外侧展开，双脚尽量呈"一"字形。膝盖绷直，腿部内侧肌肉收紧。背部挺直，腹部收紧，不要刻意挺胸，而是感觉整个躯干向上提；双肩下沉打开，肩胛骨夹紧；双臂下沉置于身前，肘部轻轻弯曲，双手手臂内侧相对；抬头正视前方，拉长颈部线条，保持呼吸平缓。

在练习手位之前，先要掌握好手的姿态：大拇指尖要轻轻碰到中指的指根处，其他手指稍稍弯曲挨在一起。这种形态主要针对初学者，因为他们还不能有意识地支配和控制自己的动作，因而手指容易紧张。熟练之后，大拇指自然朝向手心即可。

一位手：手自然下垂，胳膊肘和手腕处稍圆一些。手臂与手呈椭圆形，放在身体的前面，手的中指相对，并留有一拳的距离。

二位手：手保持椭圆形，抬到横膈膜的高度（上半身的中部，腰以上、胸以下的位置）。但在动作过程中，要注意保持胳膊肘和手指这两个支撑点的稳定。

三位手：在二位的基础上继续上抬，放在额头的前上方，不要过分地向后摆，三位手就像是把头放在椭圆形的框里。

四位手：左手不动，右手切回到二位，组成四位，这时已经是一个舞姿动作了。

五位手：左手不动，右手保持弯度呈椭圆形。从手指尖开始慢慢向旁打开。在过程中胳膊肘和手指两个支撑点要保持在一个水平面上。手要放在身体的前面一点，不要过分向后打开，起到一个延续双肩线条的作用。

六位手：右手不动，左手从三位手切回到二位，组成六位，形成舞姿。

七位手：右手不动，左手打开到旁边，双手对称地放在身体的两边。

结束姿势：双手从七位（手心朝前）划一个小半圈，手心朝下，向两边伸长后，胳膊肘先弯曲下垂，逐渐收回到一位，动作结束。

除了传统七位手外，还有五位手流派：

（1）准备位（Bras Bas）：双臂向下呈椭圆形，放在身体前方，双手中指相对，中间留有一拳的距离，双肘略往前用力。

（2）一位手（1st Position）：在准备位基础上手心向内，双臂在身体前方形成椭圆形，掌心对肚脐，两只胳膊好像托起一个大大的圆盘子一样。

（3）二位手（2nd Position）：手臂位于肩膀斜前方，让手部处于视线范围内，双臂稍稍有一点弧度，从肩膀到手指尖，向下形成一个微小的弧度，肩膀下沉时手向上使劲，有互相较劲的感觉，形成对抗力量。

（4）三位手（3rd Position）：一只手臂摆出一位手，另外一只手臂摆出二位手。

（5）四位手（4th Position）：一只手臂呈五位手的形态，另外一只手臂为二位手形态。

（6）五位手（5th Position）：在一位手的基础上，把手臂抬到头的前上方，两条胳膊在头顶前方摆出椭圆形，手掌心对着额头，稍微倾向于身体前面，保证不抬头时，可以用余光看见自己的小手指。

三、地面勾绷脚训练

准备动作：基本坐姿的规格和要求

（1）后背立直，与腿部呈90°直角。

（2）头部放正，下巴微抬，眼睛平视前方，双手身体两侧中指点地。

（3）双腿并拢，双腿内侧贴紧，膝盖伸直，绷脚背。

动作一"双勾趾"：绷脚准备，脚趾往脚背的方向勾起。

注意：做勾趾时，脚背和脚后跟保持绷脚状态。

动作二"双勾脚"：由趾尖带动往膝盖的方向勾起，拉动后跟腿使脚跟离开地面，脚跟往远推蹬。注意：勾脚时，脚趾、脚背、脚腕最大限度向膝盖的方向勾起。

动作三"双绷脚"：脚趾尖、脚背用力向地面方向绷，使小腿至脚趾尖形成一条延长线。

注意：脚背顺着脚尖的方向往远往下绷到末梢。

动作四"交替勾绷脚"：双腿并拢绷脚，一只脚做勾脚，另一只脚做绷脚，交替做。

注意：一只脚勾脚时，另一只脚保持绷脚不动。

动作五"勾脚外旋"：勾脚向外打开，经过半脚掌、全脚尖最大限度画立圆收回。

注意：动作时，膝盖紧贴地面，不能松。

动作六"绷脚内旋"：绷脚向外打开，经过半脚掌、全脚尖最大限度画立圆收回。

要点提示：

（1）在做勾趾时，只勾脚趾，脚背保持绷脚不动。

（2）在做勾脚时，双脚膝盖伸直，脚趾、脚背、脚腕最大限度勾起脚后跟离开地面。

（3）在做绷脚时，脚尖和脚背用力下压，与腿部呈流线型的造型。

（4）在做动作时后背要保持挺拔和直立，双腿内侧贴紧。

（5）上身保持直立状态，双肩展开并下沉，双臂在身前两侧延伸，手指尖点地。

（6）双腿并拢伸直向前，膝盖紧贴地面，脚尖绷直并向远延伸。

（7）练习开始时，应从脚趾、脚背到脚腕依次进行勾和绷的动作，循序渐进进行练习。

第二节　把上训练部分

一、扶把基本站姿及芭蕾脚位练习

第1步，站立时双脚呈外八字打开，手臂放松，放于把上，身体重心放约三分之二在脚掌处，其余三分之一分散在脚心和脚跟的前部。

第2步，膝盖伸直，腿部始终保持外旋的状态，注意收紧腹部和臀部，盆骨保持在身体正中的位置。

第3步，背部挺直，双肩放平，自然打开，肩胛骨向下收紧，头部摆正，向前，脖子向上延伸，下巴轻抬。

在开始脚位练习之前，要摆正脚部的基本位置，双脚为闭合式的位置，双腿并拢，脚后跟贴紧，腿从髋关节处转开，重心平均分布于双脚。

一位脚：闭合式的位置，双腿并拢，后跟贴紧。

二位脚：开放式的位置，双脚与肩同宽，双脚间距约为脚长的1.5倍。

三位脚：闭合式的位置，双脚靠拢，一前一后，前脚跟置于后脚的中部。

四位脚：开放式的位置，一只脚置于五位前方，另一只置于后方，双脚间距约一脚距离。

五位脚：闭合式的位置，双脚靠拢，一前一后，前脚跟置于后脚大脚趾关节前。

1. 一位脚

由芭蕾的基本站姿开始，右脚向右侧划动直至绷直，足尖点地，然后向内收至脚跟相连，脚的内侧向前，两脚尽量形成一条横直线。

2. 二位脚

二位脚在一位脚的基础上，两脚由之前的并拢变成右脚绷直向右侧划，然后放下，两脚完全外开。

脚跟间的距离为一脚，它与一位脚类似，但是脚要分开。

3. 三位脚

三位脚是在二位脚的基础上，右脚抬起、绷直，然后向左脚的前侧划去，直至右脚在左脚之前，且前脚跟紧贴后脚心。

4. 四位脚

在二位脚的基础上，右脚抬起并绷直，向左脚的正前方划去，足尖点地并放下。前脚距离后脚一脚的距离。

5. 五位脚

在四位脚的基础上，右脚抬起并绷直，点地后缓慢向后划去。然后后脚放到左脚的前侧并紧贴在一起。一只脚的脚趾要与另一只脚的脚跟紧挨着。

二、扶把擦地练习

腿部动作是一种动力腿张开和闭合的摆腿练习，在扶把的辅助下，会非常容易。擦地练习是芭蕾中几种不同的腿部动作之一，一只脚沿地板向外伸直，以脚尖点地结束。擦地动作可用于腿部的热身训练，腿部肌肉塑造，外开动作改善。擦地动作分为前擦地、旁擦地和后擦地。

以五位脚开始，手臂轻轻地搭在扶把上。脚跟外开，一只脚慢慢地滑向前方，身体重心落在主力腿上。脚跟离地，脚尖点地，腿尽力向前方伸展，动力腿整个平脚擦出，起步时是全脚着地向前抹，一定是外开的（两脚呈100°），先擦脚后跟向前顶起来，一节一节地向前顶，力量一直到脚尖。脚背推起，脚尖在地下点地，半脚状态一直向前顶，把脚背顶起来，从大腿根转开，脚背朝外。从正面看，点地的脚尖和后面的脚后跟是对齐的。收回来时相反，先把脚尖压下去，再收脚背，脚后跟一节一节地落下来。最后一小段是全脚踩住地面抹回来，不要让脚后跟还悬在空中。这是前擦地。

向后一定是外开的（两脚呈100°），脚尖先擦出去，脚后跟向前顶，一节一节向前复顶。脚后跟一直向前顶，脚尖点地，从大腿根外转开，脚背朝外。脚后跟还要向前顶，腿绷直，脚尖与主力腿（前脚）的后跟是对着的。把脚尖放下来，先收脚背。随着往回收，脚后跟慢慢落下来，最后一段是全脚着地抹回来。脚慢慢滑向身后，身体重心始终在主力腿上。脚跟离地，脚尖点地，腿尽力向外后伸展，这是后擦地。

跟前擦的要领相同，向旁中趾方向擦，一节一节力量一直到脚尖。勾脚、绷脚，脚像翅膀一样柔软。脚慢慢滑向一侧，身体中心在主力腿上。脚跟离地，脚尖点地，腿尽力向外侧伸展，这是旁擦地。

最后脚慢慢撒回到五位脚的状态，擦地练习完成。

三、扶把蹲练习

1. 蹲步练习分两种，半蹲和全蹲

（1）半蹲　一位脚的状态下，面朝扶把，背部挺直。将手臂轻轻地搭在扶把上以保持身体平衡，慢慢地屈膝，让膝盖越过足尖，脚跟不要离地，慢慢地回到站立的姿势，脚仍然保持一位脚的状态。

（2）全蹲　一位脚的状态下面朝扶把，背部挺直。将手臂轻轻地搭在扶把上以保持身体平衡，慢慢地屈膝，让膝盖越过足尖，脚跟不要离地，继续弯曲膝盖，抬起脚跟，臀部在大腿之上，脚的正上方，慢慢地脚跟落地，绷直膝盖回到一位脚的状态。

基本要领：身体垂直收紧站姿，双手扶把，头、颈椎、腰椎、尾骨、脚后跟形成一条直线，蹲的时候注意不要撅屁股，保持直线体态，两个膝盖对准脚尖方向蹲起，起来时膝盖窝用力相夹。

注意事项：Plié需要找反推力量，蹲下去时感觉头顶有力向上拉，要努力蹲下去，保持向上挺拔，起来时找肩膀被压住的感觉，很难起来，从而达到肌肉发力作用。

2. 节奏安排

一个八拍做一次，四拍蹲、四拍起，反复8次。

（1）正步蹲　在正步的位置上，膝盖对着脚尖方向，上身保持直立往下蹲，不踮起脚跟的最大限度为半蹲，踮起脚跟继续到臀部接近脚跟时为全蹲。还原时，脚跟逐渐落地，经半蹲慢慢直起，脚尖打开位。

（2）一位蹲　两膝对准脚尖，身体垂直地、连贯地往下蹲，以不抬脚跟，蹲到最大限度为半蹲。再继续往下蹲，迫使脚跟微抬起，臀部接近脚跟时为全蹲。全蹲直起时，边起边压脚跟至半蹲，全脚着地，双腿伸直。

（3）二位蹲　一位脚向旁擦出至二位脚，做法同一位蹲。二位蹲时，不起脚跟。一位蹲变二位蹲时，重心移到主力腿上，动力腿向旁擦出，压下脚跟成二位蹲。收回时，先推起脚背，脚尖点地，重心移到主力腿上，再擦回一位蹲。

（4）五位蹲　二位蹲擦回五位蹲做法同一位蹲，变换脚的位置时，做法同二位蹲。

（5）立半脚尖　站一位脚，上体直立，直膝，脚跟离地拔起，脚背向上顶，立到最大限度。五个脚趾扒住地。落地时，脚跟往前顶，有控制地慢慢放下成一位脚。

四、扶把划圈练习

芭蕾舞划圈（Rond de Jambe a Terre）的训练目的与意义：主要训练髋关节的开度、松弛和稳定性，锻炼腿和脚部的外开，通过脚尖在地面最大限度地划圈训练，使脚趾、脚弓、脚掌、脚背、脚腕的柔韧性和能力得到锻炼，为腿在地面与空中大幅度的划圈动作做好方法和能力上的准备，同时还能够增强腰背肌的控制能力。

扶把划圈

1. 正划圈和反划圈

做此动作时，动力腿由前向后划圈叫作正划圈，反之叫作反划圈。手轻轻地搭在扶把上，动力腿完全绷直，脚尖在前方轻触地面，类似于擦地动作。在脚尖的牵引下，腿摆向一边，慢慢地在地板上滑动。继续将腿滑向身后，脚尖轻轻地擦拭地面，脚的动作自由而流畅。脚滑动到开始的位置，脚尖始终不离地面，完成划圈动作，反方向亦可。

2. 动作要领

（1）身体姿势要正确　双脚并拢，膝盖微微弯曲，腰部挺直，手臂自然下垂。

（2）划圈动作要流畅　划圈动作要以自然的流畅姿态完成，不要过于生硬。

（3）姿势要稳定　在进行划圈动作时，身体要保持稳定，不要晃动

（4）呼吸要均匀　在进行划圈动作时，要保持呼吸均匀，不要憋气。

（5）组合动作要协调　在进行芭蕾划圈组合动作时，要注意各个动作之间的协调性，不要出现突然的转换。

五、扶把小弹腿练习

训练目的：主要锻炼小腿与脚部的灵活、敏捷，通过力度和速度的训练，加大腿部的整体外开性和肌肉能力，为以后小腿快速运动及小跳性质的动作打下基础。

1. 了解弹腿位置

（1）勾脚的

前：动力腿转开屈膝，勾脚紧贴在主力腿前侧腕部踝骨上方。

后：动力腿转开屈膝，勾脚紧贴在主力腿后侧腕部踝骨上方。

（2）包脚的

前：动力腿转开屈膝，脚部下垂，脚掌紧贴主力腿前侧踝骨上方，脚趾紧包住主力腿脚腕。

后：保持前脚脚型，放置在脚跟紧贴主力腿后侧踝骨上方。

（3）绷脚的

前：动力腿转开屈膝，脚部完全绷紧，趾尖紧贴主力腿前侧踝骨上方，脚跟前顶离开主力腿。

后：保持前脚脚型，放置在脚踝紧贴主力腿小腿外侧。

2. 具体类型

（1）前小弹腿　动力腿脚部快速抓地，前小腿吸起，动力腿绷脚背吸至主力腿小腿肚上，膝盖朝前。小腿（大腿不动）由脚尖带动往正前方快速弹踢（约25°）后吸回（要求瞬间完成）。小弹腿时要特别注意膝盖和腿的收紧，不能甩膝盖，要吸多高弹多高。

（2）旁小弹腿　扶把脚下一位直立体态准备。动力腿脚部快速抓地，旁小腿吸起，动力腿全绷脚背吸至主力腿小腿肚上。小腿（大腿不动）由脚尖带动往正旁快速弹踢（约25°）后吸回（要求瞬间完成）。小弹腿时要特别注意膝盖和腿的收紧，不能甩膝盖，要吸多高弹多高。

（3）前中弹腿　扶把脚下正步位直立体态准备。动力腿脚部快速抓地，前小腿吸起，即动力腿吸起90°——绷脚背吸至主力腿膝盖旁，膝盖朝前。小腿（大腿不动）由脚尖带动往正前方快速弹踢（约90°）后吸回（要求瞬间完成）。中弹腿时要特别注意膝盖和腿的收紧，不能甩膝盖，要吸多高弹多高。

（4）旁中弹腿　扶把脚下一位脚直立体态准备。动力腿脚部快速抓地，旁小腿吸起，即动力腿吸起90°，绷脚背吸至主力腿膝盖旁。小腿（大腿不动）由脚尖带动往正旁快速弹踢（约90°）后吸回（要求瞬间完成）。中弹腿时要特别注意膝盖和腿的收紧，不能甩膝盖，要吸多高弹多高。

扶把小弹腿练习的动作速度、力量和灵敏度，不求高。注意保持主力腿至上半身的直立体态，不受动力腿的影响。始终保持动力腿和主力腿膝盖和腿的同时外开。

注意事项：

（1）弹腿要用弹射的力量向外击射，瞬间爆发，过程中不能有停滞。

（2）使用小腿、脚背的力量，不能用大腿主动发力。

（3）目标点要清晰，一次到达，不能上下游移。

（4）在外点要用脚尖的力量做停顿，不能用大腿控制停留。

（5）向内收回时动力腿同样要迅速有力，收回脚腕的位置要准确。

（6）在做第一种勾脚的弹腿时，动力脚前脚掌经过瞬间的擦地弹起离地。

（7）整个动作过程要关注主力腿的稳定和有力支撑，不受动力腿动作干扰。

六、扶把小踢腿练习

1. 具体类型

（1）前旁后小踢腿　左手扶把，右前五位，七位手准备。右腿先像擦地一样地向前擦出，然后向上抬25°并停留，收回时先落下25°腿成为前点地。收回时脚尖点地，擦地收回。

（2）小踢腿点地　向前（旁、后）小踢腿后，脚尖从25°的位置上落下，有力地点一下地，立即抬起回到25°位置上。感觉要像触电一样，点地即起。可以点一次，也可以连续点两次。

（3）小踢腿立半脚尖　向前旁后小踢腿的同时，主力腿立半脚尖，脚跟要尽量往上抬。

2. 动作要点

（1）因主力腿要使劲，而且要求踢出的速度，所以身体要更稳固地支持腿和胯。

（2）不是每次小踢腿都能精确地在25°上中止的，那就必须踢到什么高度就停在什么高度上，切忌来回晃。

（3）小踢腿发出时，一定是经擦地再发出，这一点务必留意。

七、扶把控制练习

芭蕾舞扶把基本功一：避免握把。握把是一种紧张的表现，又同时与"憋气"有极大的关系。

芭蕾舞扶把基本功二：避免抬肘。扶把时肘关节不是自然放松下垂，而是高高抬起。造成抬肘的原因有：一是扶把手离身体太近，二是扶把手与身体平行。抬肘除了会影响重心稳定外，还会带来耸肩的毛病。

芭蕾舞扶把基本功三：避免拉把。"拉"与"扶"本身就是两个概念，两种动作形态，"扶"是轻轻地不用力的，而"拉"则要用力。出现拉把的情况，多数是由于重心偏外，不得不靠拉住把杆来保持平衡。所以，一定记住，当你感到自己扶在把上的手用力了，那么十有八九重心已经偏离了，赶快重新扶把来调整自己。

芭蕾舞扶把基本功四：避免压把。就是把人体重量通过扶把手压在把杆上，这时人体重心肯定是倒向把杆了。压把状况下进行训练会无意识中养成许多不良习惯，尤其不能适应离把后的训练。

第三节　把下训练部分

一、移重心练习

在持续不断的舞蹈肢体运动中，人体重心在频繁改变。根据舞蹈的动势，肢体在不同方向上对各个部分起到了相互牵引、转动等作用，实现肢体控制上瞬间的重心转换。当学生掌握了跳、转、翻等动作要领时，不管重心如何转换，下意识主观上都会产生相应的重心转移。在遇到快速并且瞬间的重心转移，也能够运用专业的重心概念，使身体很快地做出相应的反应。

芭蕾基训的最终目标是学生能在舞台上自如表演，这就需要在教室中间进行训练。在芭蕾基训中，扶把训练与中间训练是相互的关系，扶把训练的目的是在中间做动作时舞姿的流畅与规范，而中间训练则是扶把训练的延伸与发展。中间训练的意义在于可以在脱把的情况下锻炼身体的稳定性，提高学生的舞姿稳定性，所以说中间训练是不可或缺的一部分。要注重外开、协调与肌肉力，才能正确把握重心的移动。

"外开"不仅仅是芭蕾舞的特殊的审美要求，它还为重心提供了一个更为有力的支撑面。最开始学习芭蕾的第一个动作，就是把身体放在转开的脚位上，并以各种方式来进行"外开"训练，以塑造一个非常人所有的、符合芭蕾舞要求的体态和非常人所有的重心组合方式，这是芭蕾舞者的基础。

通过外开的训练，我们获得有力的支撑，获得髋臼关节更为自由的活动范围；从而使重心更加稳固，也使调节重心的各环节更为自由。"当用脚尖做动作时，如果大腿学会了在髋臼关节中转开，大腿就有控制能力，帮助掌握平衡，并使旋转动作增加稳定性。"

对重心而言，肌肉力的作用是在动作过程中，调节身体各个不同部分的环节重力，维持身体重心、固定舞姿的平衡；在位移动作中，牵引动作腿推地，使重心受力向远处或高处运动；在旋转中，肌肉力使肢体迅速收拢，集中重心，并排除旋转惯性所产生的离心力，控制着旋转的质量；在跳跃中决定身体重心在空中停留的时间和位置等等。

肌肉力的训练是一个长期和循序渐进的过程。从最初的正确姿势和Battement Tendu练习开始，要进行一系列动作的扶把、离把练习，来使肌肉把握重心的力量逐渐加强。只有通过若干年的训练，当两条腿的力量和脊柱肌肉（背肌）的力量已经变为能够适应于承受动力腿往前和往后所给予的重量时，才有可能达到完美的重心平衡。通过对身体各部位肌肉的训练，使得肌肉力在各种剧烈、缓慢、跳跃、旋转等运动中，实现调节身体各部位重力的功能，达到控制重心的目的。

任何动作都有它特定的节奏，掌握好动作的特定节奏，是动作协调至关重要的一部分。尤其是芭蕾舞艺术，从一开始的训练中，就配合着音乐伴奏。在课堂里，让学生在准确的音乐节奏里完成动作，是最基础的协调训练。此外，音乐感的培养是协调训练的一种极好方式。让学生欣赏音乐、学习乐理、弹钢琴，都是对大脑协调素质的训练。

"运动员之所以有高度协调性，是由于经过训练，本体感觉皮质部位的兴奋与抑制过程在一定空间、一定时间内能严格有节奏转换的结果。"（《运动生理学》）一些难度较大的技术性动作，有必要进行一些专门性的训练，使动作的协调性成为一种条件反射，才能使技术性动作完成得更加成功和完美。尤其是在小的 Pirouette 和 Grand Pirouette 中，必须依靠协调来集中重心，才能够达到旋转起来的目的。因此，在动作训练中，建立起成套的条件反射，是动作协调的基础；动作的协调也是对重心把握的重要因素。

在动作训练中，没有正确的重心，会造成肌肉无益的疲劳。在把杆训练中，靠拉着把杆才能做动作的现象很常见，这使得所有把杆动作呈现一种假象。一旦放开把杆，身体便失去平衡，这对于在中间完成动作是非常不利的。而且还会造成局部肌肉的粗壮，有碍芭蕾舞对肌肉线条的审美要求。正确的重心，使用小量的肌肉力就能控制身体的平衡，保持重心的稳定，从而使肌肉不但有力，而且向修长发展。

二、行进练习

这个动作主要是在芭蕾舞里面起到连接的作用，我们在做这个组合的时候，一定要注意双手打开往长延伸，在半脚尖行进的时候，一定要保持高的半脚尖立起来，并且转开伸出去，每一次绷脚都是脚后跟再往前推。

容易错误：双手没有往长延伸，手在做动作的时候不停地晃动，半脚尖没有立到最高，踢前腿的时候脚后跟没有往前进行转开。

三、小跳练习（一、二、五位）

小跳（一、二、五位）半蹲为基础，起跳过程，双膝伸直，腰要直立，头顶天花板，依靠韧性和脚背推地力，不能过高。

下蹲做法：双脚下蹲，手一位。膝盖与踝关节要松弛，膝盖要对着脚尖蹲，脚跟要踩实，不可倒脚。

起跳做法：双腿推地跳起，在空中双腿伸直，绷脚，手保持一位。起跳时全脚推蹬地面，脚要快速绷到脚尖，强调脚与地面推蹬的关系，脚尖推离地面的瞬间要快速提胯、立腰。

落地做法：双脚落地经过蹲到直立。落地时要先经过脚掌再捎带控制地缓落到全脚。

动作要点：不能分腿，在半脚尖立起来的位置即可。外开，脚趾尖抓地；Pilé 时不要起脚后跟，身体直上直下；提胯，轻起轻落。

强烈注意的点：推地跳起时，脚推地，膝盖快速蹬直，绷脚尖，空中要有舞姿，一位、二位都是在 Releve 的形态基础上呈现在空中的舞姿，五位则是在空中需要夹紧双腿，落地回到五位脚，其余腿部要求不变，小跳需要极强的协调能力控制，可以先从半脚尖和蹲的芭蕾基训动作辅助练习。

姿势端正：芭蕾小跳需要保持身体的垂直和平衡，所以姿势非常重要。学生需要抬头挺胸，收腹提臀，肩胛骨向下沉，手臂自然下垂。

脚步清晰：芭蕾小跳的脚步需要清晰有力，脚掌完全离地，脚趾尖着地，脚踝要保持稳定。

动作流畅：芭蕾小跳需要学生完成一系列连贯的动作，如跳跃转身、跳跃加转身等，要求动作流畅自然，没有突兀的感觉。

节奏感强：芭蕾小跳需要学生准确地跟随音乐的节奏，掌握好速度和节奏感。

要求学生掌握好基本功：芭蕾小跳需要学生掌握好基本功，如平衡、转身、跳跃等，只有基本功过硬才能完成更高难度的小跳。

要求学生保持稳定的平衡：芭蕾小跳需要学生保持稳定的平衡，这需要学生有很好的坐标感和脚踝的稳定性。

要求学生掌握好节奏感：芭蕾小跳需要学生准确地跟随音乐的节奏，所以学生需要掌握好节奏感，跳得有力、有节奏。

要求学生注意呼吸：芭蕾小跳是需要一定体力的，所以学生需要注意调整呼吸，保持良好的呼吸节奏。

要求学生认真练习：芭蕾小跳是需要反复练习的，学生需要认真练习，多次反复，才能掌握好芭蕾小跳的技巧。

第四节　芭蕾舞姿训练

一、芭蕾组合

1. 扶把擦地组合

音乐：3/4拍。

（1）准备姿势　面对把杆，双手体前一位，双脚一位准备。

5～8拍：5～6拍不动，7～8拍提起手腕带动小臂。

（2）动作

第1个八拍：

1～2拍：重心移向左脚，右脚向正旁推出，脚后跟、脚心依次离开地面。

3～4拍：右脚继续向旁推出，将前半脚掌推起绷到头，腿部力量通过脚尖继续向远延伸。

5～6拍：右脚落前半脚掌，大腿内侧收紧，将右腿夹回。

7～8拍：大腿内侧继续夹紧将右腿带回，脚心、脚后跟依次落地，回到一位。

第2个八拍：

1～4拍：重心仍在左脚，右脚向正旁推出，脚后跟、脚心、前半脚掌依次离开地面，腿部力量通过脚尖继续向远延伸。

5～8拍：大腿内侧收紧，右脚前半脚掌、脚心、脚后跟依次落地，将右腿夹回，双脚收回一位，重心移回双脚间。

第3个八拍：

1～2拍：重心移向右脚，左脚向正旁推出，脚后跟、脚心依次离开地面。

3～4拍：左脚继续向旁，将前半脚掌推起绷到头，腿部力量通过脚尖继续向远延伸。

5～6拍：左脚落前半脚掌，大腿内侧收紧，将左腿夹回。

7～8拍：大腿内侧继续夹紧将左腿带回，脚心、脚后跟依次落地，回到一位。

第4个八拍：

1～4拍：重心仍在右脚，左脚向正旁推出，脚后跟、脚心、前半脚掌依次离开地面，腿部力量通过脚尖继续向远延伸。

5～8拍：大腿内侧收紧，左脚前半脚掌、脚心、脚后跟依次落地，将左腿夹回，双脚收回一位，重心移回双脚间。

第5个八拍：

1～2拍：重心移向左脚，右脚向正前推出，脚后跟、脚心依次离开地面。

3～4拍：右脚继续向前，将前半脚掌推起绷到头，腿部力量通过脚尖继续向远延伸。

5～6拍：右脚落前半脚掌，大腿内侧收紧，将右腿夹回。

7～8拍：大腿内侧继续夹紧将右腿带回，脚心、脚后跟依次落地，回到一位。

第6个八拍：

1～4拍：重心仍在左脚，右脚向正前推出，脚后跟、脚心、前半脚掌依次离开地面，腿部力量通过脚尖继续向远延伸。

5～8拍：大腿内侧收紧，右脚前半脚掌、脚心、脚后跟依次落地，将右腿夹回，双脚收回一位，重心移回双脚间。

第7个八拍：

1～2拍：重心移向左脚，右脚向正后推出，脚后跟、脚心依次离开地面。

3～4拍：右脚继续向后，将前半脚掌推起绷到头，腿部力量通过脚尖继续向远延伸。

5～6拍：右脚落前半脚掌，大腿内侧收紧，将右腿夹回。

7～8拍：大腿内侧继续夹紧将右腿带回，脚心、脚后跟依次落地，回到一位。

第8个八拍：

1～4拍：重心仍在左脚，右脚向正后推出，脚后跟、脚心、前半脚掌依次离开地面，腿部力量通过脚尖继续向远延伸。

5～8拍：大腿内侧收紧，右脚前半脚掌、脚心、脚后跟依次落地，将右腿夹回，双脚收回一位，重心移回双脚间。

第9个八拍：

1～2拍：重心移向右脚，左脚向正前推出，脚后跟、脚心依次离开地面。

3～4拍：左脚继续向前，将前半脚掌推起绷到头，腿部力量通过脚尖继续向远延伸。

5～6拍：左脚落前半脚掌，大腿内侧收紧，将左腿夹回。

7～8拍：大腿内侧继续夹紧将左腿带回，脚心、脚后跟依次落地，回到一位。

第10个八拍：

1～4拍：重心仍在右脚，左脚向正前推出，脚后跟、脚心、前半脚掌依次离开地面，腿部力量通过脚尖继续向远延伸。

5～8拍：大腿内侧收紧，左脚前半脚掌、脚心、脚后跟依次落地，将左腿夹回，双脚收回一位，重心移回双脚间。

第11个八拍：

1～2拍：重心移向左脚，右脚向正后推出，脚后跟、脚心依次离开地面。

3～4拍：左脚继续向后，将前半脚掌推起绷到头，腿部力量通过脚尖继续向远延伸。

5～6拍：左脚落前半脚掌，大腿内侧收紧，将左腿夹回。

7～8拍：大腿内侧继续夹紧将左腿带回，脚心、脚后跟依次落地，回到一位。

第12个八拍：

1～4拍：重心仍在右脚，左脚向正后推出，脚后跟、脚心、前半脚掌依次离开地面，腿部力量通过脚尖继续向远延伸。

5～8拍：大腿内侧收紧，左脚前半脚掌、脚心、脚后跟依次落地，将左腿夹回，双脚收回一位，重心移回双脚间。

（3）结尾姿势　双手松开把杆，收回一位。

2. 双手扶把划圈组合

音乐：3/4拍。

（1）准备姿势　面对把杆一位手，一位脚站立。

5～8拍：5～6拍不动，7～8拍起手扶把。

（2）1～4八拍　1/4划圈。

第1个八拍：

1～4拍：1拍右脚一位前擦地，2拍1/4划圈到旁，3拍旁擦地收回一位，4拍不动。

5～8拍：1拍右脚一位旁擦地，2拍1/4划圈到后，3拍后擦地收回一位，4拍不动。

第2个八拍：

1～4拍：1拍右脚一位后擦地，2拍1/4划圈到旁，3拍旁擦地收回一位，4拍不动。

5～8拍：1拍右脚一位旁擦地，2拍1/4划圈到前，3拍前擦地收回一位，4拍不动。

第3个八拍：

1～4拍：1拍左脚一位前擦地，2拍1/4划圈到旁，3拍旁擦地收回一位，4拍不动。

5～8拍：1拍左脚一位旁擦地，2拍1/4划圈到后，3拍后擦地收回一位，4拍不动。

第4个八拍：

1～4拍：1拍左脚一位后擦地，2拍1/4划圈到旁，3拍旁擦地收回一位，4拍不动。

5～8拍：1拍左脚一位旁擦地，2拍1/4划圈到前，3拍前擦地收回一位，4拍不动。

（3）5～8八拍　1/2划圈。

第5个八拍：

1～4拍：1拍右脚前擦地，2拍匀速划圈到旁，3拍匀速划圈到后，4拍后擦地收回一位。

5～8拍：5拍右脚前擦地，6拍从前匀速加快划圈到后，7拍后擦地经过一位到前，8拍从前匀速快速划圈到后并收回一位。

第6个八拍：

1～4拍：1拍右脚后擦地，2拍匀速划圈到旁，3拍匀速划圈到前，4拍前擦地收回一位。

5～8拍：5拍右脚后擦地，6拍从后匀速加快划圈到前，7拍前擦地经过一位到后，8拍从后匀速快速划圈到前并收回一位。

第7个八拍：

1～4拍：1拍左脚前擦地，2拍匀速划圈到旁，3拍匀速划圈到后，4拍后擦地收回一位。

5～8拍：5拍左脚前擦地，6拍从前匀速加快划圈到后，7拍后擦地经过一位到前，8拍从前匀速快速划圈到后并收回一位。

第8个八拍：

1～4拍：1拍左脚后擦地，2拍匀速划圈到旁，3拍匀速划圈到前，4拍前擦地收回一位。

5～8拍：5拍左脚后擦地，6拍从后匀速加快划圈到前，7拍前擦地经过一位到后，

8拍从后匀速快速划圈到前并收回一位。

（4）结束动作

5~8拍：5~6拍双手收回一位，7~8拍保持体态目视前方，结束。

3. 单手扶把划圈组合

音乐：3/4拍。

（1）准备姿势　左手单手扶把，右手一位，右脚在前五位准备。

5~8拍：5~6拍不动，7拍右手起二位，8拍右手打开七位。

（2）1~2八拍　单手扶把前腿控制。

第1个八拍：前腿吸腿控制。

1~4拍：1~2拍右脚绷脚吸至左腿小腿处，膝盖外开保持不动，3拍大腿控制高度，小腿向前延伸，4拍控制在前45°以上不动。

5~8拍：5拍向下落腿，6拍前点地，7拍前擦地收回前五位，8拍不动。

第2个八拍：前擦地控制。

1~4拍：1~2拍右脚缓慢前擦地，3拍脚背向前延伸离开地面升至45°以上，4拍控制不动。

5~8拍：5拍向下落腿，6拍前点地，7拍前擦地收回前五位，8拍不动。

（3）3~4八拍　单手扶把旁腿控制。

第3个八拍：旁腿吸腿控制。

1~4拍：1~2拍右脚绷脚吸至左腿小腿处，膝盖外开保持不动，3拍大腿控制高度，小腿向旁延伸，4拍控制在旁45°以上不动。

5~8拍：5拍向下落腿，6拍旁点地，7拍旁擦地收回后五位，8拍不动。

第4个八拍：旁擦地控制。

1~4拍：1~2拍右脚缓慢旁擦地，3拍脚背向旁延伸离开地面升至45°以上，4拍控制不动。

5~8拍：5拍向下落腿，6拍旁点地，7拍旁擦地收回前五位，8拍保持右脚在前五位转向把杆，变双手扶把。

（4）5~6八拍　双手扶把后腿控制。

第5个八拍：后腿吸腿控制。

1~4拍：1~2拍右脚绷脚吸至左腿小腿处，膝盖外开保持不动，3拍大腿控制高度，小腿向后延伸，4拍控制在后45°以上不动。

5~8拍：5拍向下落腿，6拍后点地，7拍后擦地收回后五位，8拍不动。

第6个八拍：后擦地控制。

1~4拍：1~2拍右脚缓慢后擦地，3拍脚背向后延伸离开地面升至45°以上，4拍控制不动。

5~8拍：5拍向下落腿，6拍后点地，7拍后擦地收回后五位，8拍不动。

（5）结束动作

5~8拍：5~6拍双手松开把杆收回一位，7~8拍保持体态目视前方，结束。

4. 单手扶把小弹腿组合

音乐：2/4拍。

（1）准备姿势　右手一位，脚下右脚在前五位站立。

1～8拍：1～4拍不动，5～6拍右手起二位，7～8拍右手打开七位同时右脚旁擦地。

（2）1～4八拍　右腿向前的小弹腿。

第1个八拍：

1～4拍：右腿小腿收回，右脚绷脚吸腿至主力腿脚踝前侧。

5～8拍：动力腿大腿控制住，小腿弹出前点地。

第2个八拍：

1～4拍：右腿小腿收回，右脚绷脚吸腿至主力腿脚踝前侧。

5～8拍：动力腿大腿控制住，小腿弹出前点地。

第3个八拍：

1～4拍：右腿小腿收回，右脚勾脚吸腿至主力腿脚踝前侧。

5～8拍：动力腿大腿控制住，小腿向前弹出点地，迅速踢起至25°。

第4个八拍：

1～4拍：右腿小腿收回，右脚勾脚吸腿至主力腿脚踝前侧。

5～8拍：动力腿大腿控制住，小腿向前弹出点地，迅速踢起至25°。

（3）5～8八拍　右腿向旁的小弹腿。

第5个八拍：

1～4拍：右腿小腿收回，右脚绷脚吸腿至主力腿脚踝前侧。

5～8拍：动力腿大腿控制住，小腿弹出旁点地。

第6个八拍：

1～4拍：右腿小腿收回，右脚绷脚吸腿至主力腿脚踝后侧。

5～8拍：动力腿大腿控制住，小腿弹出前旁点地。

第7个八拍：

1～4拍：右腿小腿收回，右脚勾脚吸腿至主力腿脚踝前侧。

5～8拍：动力腿大腿控制住，小腿向旁弹出点地，迅速踢起至25°。

第8个八拍：

1～4拍：右腿小腿收回，右脚勾脚吸腿至主力腿脚踝后侧。

5～8拍：动力腿大腿控制住，小腿向旁弹出点地后迅速踢起至25°。

（4）9～12八拍　右腿向后的小弹腿。

第9个八拍：

1～4拍：右腿小腿收回，右脚绷脚吸腿至主力腿脚踝后侧。

5～8拍：动力腿大腿控制住，小腿弹出后点地。

第10个八拍：

1～4拍：右腿小腿收回，右脚绷脚吸腿至主力腿脚踝后侧。

5～8拍：动力腿大腿控制住，小腿弹出后点地。

第11个八拍：

1～4拍：右腿小腿收回，右脚勾脚吸腿至主力腿脚踝后侧。

5～8拍：动力腿大腿控制住，小腿向后弹出点地，迅速踢起至25°。

第12个八拍：

1～4拍：右腿小腿收回，右脚勾脚吸腿至主力腿脚踝后侧。

5～8拍：动力腿大腿控制住，小腿向后弹出点地，迅速踢起至25°。

（5）13～16八拍　右腿向旁的小弹腿。

第13个八拍：

1～4拍：右腿小腿收回，右脚绷脚吸腿至主力腿脚踝后侧。

5～8拍：动力腿大腿控制住，小腿弹出旁点地。

第14个八拍：

1～4拍：右腿小腿收回，右脚绷脚吸腿至主力腿脚踝前侧。

5～8拍：动力腿大腿控制住，小腿弹出旁点地。

第15个八拍：

1～4拍：右腿小腿收回，右脚勾脚吸腿至主力腿脚踝后侧。

5～8拍：动力腿大腿控制住，小腿向旁弹出点地，迅速踢起至25°。

第16个八拍：

1～4拍：右腿小腿收回，右脚勾脚吸腿至主力腿脚踝前侧。

5～8拍：动力腿大腿控制住，小腿向旁弹出点地，迅速踢起至25°。

（6）结束动作　脚落地，右手右脚同时收回一位。

5. 双手扶把小踢腿

音乐：2/4拍。

（1）准备姿势　面对把杆，双手一位，脚下一位准备。

1～8拍：1～4拍起双手，5～8拍扶把。

（2）1～2八拍　右腿前小踢腿。

第1个八拍：一个慢的前小踢腿。

1～4拍：1～2拍右腿经过前擦地踢起至前25°，3～4拍控住。

5～8拍：5～6拍落腿前点地，7～8拍经过前擦地收回一位。

第2个八拍：两个快的前小踢腿。

1～4拍：1～2拍右腿快速前擦地并踢起至前25°控住。3～4拍落腿前点地并快速经过前擦地收回一位。

5～8拍：重复1～4拍。

（3）3～4八拍　右脚旁小踢腿。

第3个八拍：一个慢的旁小踢腿。

1～4拍：1～2拍右腿经过旁擦地踢起至旁25°，3～4拍控住。

5～8拍：5～6拍落腿旁点地，7～8拍经过旁擦地收回一位。

第4个八拍：两个快的旁小踢腿。

1～4拍：1～2拍右腿快速旁擦地并踢起至旁25°控住。3～4拍落腿旁点地并快速经过旁擦地收回一位。

5～8拍：重复1～4拍。

（4）5～6八拍　右脚后小踢腿。

第5个八拍：一个慢的后小踢腿。

1～4拍：1～2拍右腿经过后擦地踢起至后25°，3～4拍控住。

5～8拍：5～6拍落腿后点地，7～8拍经过后擦地收回一位。

第6个八拍：两个快的后小踢腿。

1～4拍：1～2拍右腿快速后擦地并踢起至后25°控住。3～4拍落腿后点地并快速经过后擦地收回一位。

5～8拍：重复1～4拍。

（5）7～8八拍　右脚旁小踢腿。

第7个八拍：一个慢的旁小踢腿。

1～4拍：1～2拍右腿经过旁擦地踢起至旁25°，3～4拍控住。

5～8拍：5～6拍落腿旁点地，7～8拍经过旁擦地收回一位。

第8个八拍：两个快的旁小踢腿

1～4拍：1～2拍右腿快速旁擦地并踢起至旁25°控住。3～4拍落腿旁点地并快速经过旁擦地收回一位。

5～8拍：重复1～4拍。

（6）9～10八拍　左腿前小踢腿。

第9个八拍：一个慢的前小踢腿。

1～4拍：1～2拍左腿经过前擦地踢起至前25°，3～4拍控住。

5～8拍：5～6拍落腿前点地，7～8拍经过前擦地收回一位。

第10个八拍：两个快的前小踢腿。

1～4拍：1～2拍左腿快速前擦地并踢起至前25°控住。3～4拍落腿前点地并快速经过前擦地收回一位。

5～8拍：重复1～4拍。

（7）11～12八拍　左脚旁小踢腿。

第11个八拍：一个慢的旁小踢腿。

1～4拍：1～2拍左腿经过旁擦地踢起至旁25°，3～4拍控住。

5～8拍：5～6拍落腿旁点地，7～8拍经过旁擦地收回一位。

第12个八拍：两个快的旁小踢腿。

1～4拍：1～2拍左腿快速旁擦地并踢起至旁25°控住。3～4拍落腿旁点地并快速经过旁擦地收回一位。

5～8拍：重复1～4拍。

（8）13～14八拍　左脚后小踢腿。

第13个八拍：一个慢的后小踢腿。

1～4拍：1～2拍左腿经过后擦地踢起至后25°，3～4拍控住。

5～8拍：5～6拍落腿后点地，7～8拍经过后擦地收回一位。

第14个八拍：两个快的后小踢腿。

1～4拍：1～2拍左腿快速后擦地并踢起至后25°控住。3～4拍落腿后点地并快速经过后擦地收回一位。

5～8拍：重复1～4拍。

（9）15～16八拍　左脚旁小踢腿。

第15个八拍：一个慢的旁小踢腿。

1～4拍：1～2拍左腿经过旁擦地踢起至旁25°，3～4拍控住。

5～8拍：5～6拍落腿旁点地，7～8拍经过旁擦地收回一位。

第16个八拍：两个快的旁小踢腿。

1～4拍：1～2拍左腿快速旁擦地并踢起至旁25°控住。3～4拍落腿旁点地并快速经过旁擦地收回一位。

5～8拍：重复1～4拍。

（10）结束动作　5～6拍双手松开把杆收回一位，7～8拍保持体态目视前方，结束。

6. 单手扶把小踢腿组合

音乐：2/4拍

（1）准备姿势　左手扶把，右手一位，脚下右脚在前准备。

1～8拍：1～4拍不动，5～6拍起手，7～8拍扶把。

（2）1～2八拍　右腿向前的小踢腿。

第1个八拍：两个快的向前小踢腿。

1～4拍：1～2拍右腿经过前擦地踢起至前25°控住，3～4拍前点地，右脚前擦地收回前五位。

5～8拍：重复1～4拍。

第2个八拍：一个慢的加点地的向前小踢腿。

1～4拍：1～2拍右腿快速前擦地并踢起至前25°控住，3～4拍腿部肌肉收紧快速前点地后踢回至25°。

5～8拍：5～6拍落腿前点地，7～8拍前擦地收回前五位。

（3）3～4八拍　右腿向旁的小踢腿。

第3个八拍：两个快的向旁小踢腿。

1～4拍：1～2拍右腿经过旁擦地踢起至旁25°控住，3～4拍旁点地，右脚旁擦地收回后五位。

5～8拍：5～6拍右腿经过旁擦地踢起至旁25°控住，7～8拍旁点地，右脚旁擦地收回前五位。

第4个八拍：一个慢的加点地的向旁小踢腿。

1～4拍：1～2拍右腿快速旁擦地并踢起至旁25°控住，3～4拍腿部肌肉收紧快速旁点地后踢回至25°；5～8拍：5～6拍落腿旁点地，7～8拍前擦地收回后五位。

（4）5～6八拍　右腿向后的小踢腿。

第5个八拍：两个快的向后小踢腿。

1～4拍：1～2拍右腿经过后擦地踢起至后25°控住，3～4拍后点地，右脚后擦地收回后五位。

5～8拍：重复1～4拍。

第6个八拍：一个慢的加点地的向后小踢腿。

1～4拍：1～2拍右腿快速后擦地并踢起至后25°控住，3～4拍腿部肌肉收紧快速后点地后踢回至25°。

5～8拍：5～6拍落腿后点地，7～8拍后擦地收回后五位。

（5）7～8八拍　右腿向旁的小踢腿。

第7个八拍：两个快的向旁小踢腿。

1～4拍：1～2拍右腿经过旁擦地踢起至旁25°控住，3～4拍旁点地，右脚旁擦地收回前五位。

5～8拍：5～6拍右腿经过旁擦地踢起至旁25°控住，7～8拍旁点地，右脚旁擦地收回后五位。

第8个八拍：一个慢的加点地的向旁小踢腿。

1～4拍：1～2拍右腿快速旁擦地并踢起至旁25°控住，3～4拍腿部肌肉收紧快速旁点地后踢回至25°。

5～8拍：5～6拍落腿旁点地，7～8拍前擦地收回前五位。

（6）结束动作

1～8拍：1～4拍吸气，眼睛看右手的方向，七位手指尖延长，5～8拍右手收回一位，保持体态，目视前方，结束。

7. 扶把控制组合

音乐：3/4拍。

（1）准备姿势　左手单手扶把，右手一位，右脚在前五位准备。

5～8拍：5～6拍不动，7拍右手起二位，8拍右手打开七位。

（2）1～2八拍　单手扶把前腿控制。

第1个八拍：前腿吸腿控制。

1～4拍：1～2拍右脚绷脚吸至左腿小腿处，膝盖外开保持不动，3拍大腿控制高度，小腿向前延伸，4拍控制在前45°以上不动。

5～8拍：5拍向下落腿，6拍前点地，7拍前擦地收回前五位，8拍不动。

第2个八拍：前擦地控。

1～4拍：1～2拍右脚缓慢前擦地，3拍脚背向前延伸离开地面升至45°以上，4拍控制不动。

5～8拍：5拍向下落腿，6拍前点地，7拍前擦地收回前五位，8拍不动。

（3）3～4八拍　单手扶把旁腿控制。

第3个八拍：旁腿吸腿控制。

1～4拍：1～2拍右脚绷脚吸至左腿小腿处，膝盖外开保持不动，3拍大腿控制高度，小腿向旁延伸，4拍控制在旁45°以上不动。

5～8拍：5拍向下落腿，6拍旁点地，7拍旁擦地收回后五位，8拍不动。

第4个八拍：旁擦地控制。

1～4拍：1～2拍右脚缓慢旁擦地，3拍脚背向旁延伸离开地面升至45°以上，4拍控制不动。

5～8拍：5拍向下落腿，6拍旁点地，7拍旁擦地收回前五位，8拍保持右脚在前五位转向把杆，变双手扶把。

（4）5～6八拍　双手扶把后腿控制。

第5个八拍：后腿吸腿控制。

1～4拍：1～2拍右脚绷脚吸至左腿小腿处，膝盖外开保持不动，3拍大腿控制高度，小腿向后延伸，4拍控制在后45°以上不动。

5～8拍：5拍向下落腿，6拍后点地，7拍后擦地收回后五位，8拍不动。

第6个八拍：后擦地控制。

1～4拍：1～2拍右脚缓慢后擦地，3拍脚背向后延伸离开地面升至45°以上，4拍控制不动。

5～8拍：5拍向下落腿，6拍后点地，7拍后擦地收回后五位，8拍不动。

（5）结束动作

5～8拍：5～6拍双手松开把杆收回一位，7～8拍保持体态目视前方，结束。

二、芭蕾舞

（1）准备姿势　身体朝8点方向，双手一位，脚下右脚在前五位准备。

1～4拍：不动。

5～8拍：5～6拍双手打开小七位，7～8拍双手收回一位。

（2）1～4八拍

第1个八拍：

1～2拍：小的五位蹲。

3～4拍：移重心到左腿，左腿蹲住，右脚向8点方向前擦地同时双手起二位。

5～6拍：右脚落脚，经过四位蹲，双腿蹬直，左脚推地；重心移到右腿上同时双手打开左手高的五位。

7～8拍：左脚后擦地收后五位。

第2个八拍：

1～2拍：左手落二位，右手保持七位，双腿小的五位蹲同时转向1点方向。

3～4拍：移重心到左腿，左腿蹲住，右脚五位旁擦地，同时左手打开七位。

5～6拍：右脚落脚，经过二位蹲，双腿蹬直，左脚推地，重心移到右腿上同时双手向两旁延伸。

7～8拍：左脚收前五位，双手收回一位同时方向转向2点方向。

第3个八拍：

1～2拍：左脚在前小的五位蹲。

3～4拍：移重心到右腿，右腿蹲住，左脚向2点方向前擦地，同时双手起二位。

5～6拍：左脚落脚，经过四位蹲，双腿蹬直，右脚推地，重心移到左腿上同时双手打开右手高的五位。

7～8拍：右脚后擦地收后五位。

第4个八拍：

1～2拍：右手落二位，左手保持七位，双腿小的五位蹲同时转向1点方向。

3～4拍：移重心到右腿，右腿蹲住，左脚五位旁擦地同时右手打开七位。

5～6拍：左脚落脚，经过二位蹲，双腿蹬直，右脚推地，重心移到左腿上，同时双手向两旁延长。

7～8拍：右脚收前五位，双手收回一位同时方向转向8点方向。

（3）7～8八拍

第5个八拍：

1～2拍：左脚在前小的五位蹲。

3～4拍：移重心到左腿，左腿蹲住，右脚向6点方向后擦地同时双手起二位。

5～6拍：右脚落脚，经过四位蹲，双腿蹬直，左脚推地，重心后移到右腿上，同时双手打开右手高的五位。

7～8拍：左脚前擦地收前五位。

第6个八拍：

1～2拍：右手落二位，左手保持七位，双腿小的五位蹲同时转向1点方向。

3～4拍：移重心到左腿，左腿蹲住，右脚五位旁擦地，同时右手打开七位。

5～6拍：右脚落脚，经过二位蹲，双腿蹬直，左脚推地，重心移到右腿上同时双手向两旁延伸。

7～8拍：左脚收后五位，双手收回一位同时方向转向8点方向。

第七章

中国舞训练

第一节 民族舞训练

一、傣族舞蹈片段

前奏

第一个八拍：面朝一点跪地，坐在脚后跟上，双手指尖相对放在胯前，微微低头，目光看向斜下方。

第二个八拍：1~7拍保持造型不动，8拍上身推起，屁股离开双脚，抬头目视前方，双手提至肋骨两侧，双手大拇指朝前，四指握拳。

动作

第1个八拍：

1~2拍：1拍身体慢慢向下沉，2拍身体迅速推起，手背带动手臂于身体两侧向下延伸。

3~4拍：上身律动重复1~2拍，手从下拉起手背相对，停于胃的高度，注意肘部、腕部的弯曲。

5~6拍：5拍身体慢慢向下沉，6拍身体迅速推起，手背带动手臂于身体两侧向下延长。

7~8拍：身体重复5~6拍律动，手从两旁拉起至头顶，手背相对，注意肘部、腕部的弯曲。

第2个八拍：

1~2拍：1拍身体慢慢向下沉，迅速推起，2拍重复1拍律动；手背带动手臂于身体两侧向下延伸。

3~4拍：3拍身体慢慢向下沉，4拍身体迅速推起，手从下拉起手背相对，停于胃的高度，注意肘部、腕部的弯曲。

5~6拍：5拍身体慢慢向下沉，迅速推起，6拍重复，5拍律动，手背带动手臂于身体两侧向下延伸。

7~8拍：7拍身体慢慢向下沉，8拍身体迅速推起，手从两旁拉起至头顶，手背相对，注意肘部、腕部的弯曲。

第3个八拍：

1～2拍：1拍身体慢慢向下沉，迅速推起，2拍重复1拍律动，手背带动手臂于身体两侧向下延伸。

3～4拍：3拍身体朝8点方向慢慢向下沉，4拍身体迅速推起，右手从旁拉起至头顶，左手起至胃前，注意肘部、腕部的弯曲。

5～6拍：保持上身造型，吸气上身慢起。

7～8拍：7拍上身体态不变，身体慢慢向下沉，8拍身体迅速推起，双手四指握拳收回身体两侧。

第4个八拍：

1～2拍：1拍身体慢慢向下沉，迅速推起，2拍重复1拍律动，手背带动手臂于身体两侧向下延伸。

3～4拍：3拍身体朝8点方向慢慢向下沉，4拍身体迅速推起，左手从旁拉起至头顶，右手起至胃前，注意肘部、腕部的弯曲。

5～6拍：保持上身造型，吸气上身慢起。

7～8拍：7拍上身体态不变，身体慢慢向下沉，8拍身体迅速推起，双手落下至体侧。

4拍间奏：

1拍右手掌心朝上指尖带领从右侧向头顶左上方划下，2拍左手掌心朝上指尖带领从左侧向头顶右上方划下，3拍双手掌心朝上升至头顶，4拍双手掌心朝外由体前落下至胯前。

第5个八拍：

1～2拍：1拍身体慢慢向下沉，迅速推起，2拍重复1拍律动，手背带动手臂于身体两侧向下延伸。

3～4拍：3～4拍身体慢慢向下沉，双手后四指并拢，指尖朝上，右手在前小臂交叉至胸口，身体朝2点方向，微微向斜前方探出。

5～6拍：保持上身造型，吸气上身慢起。

7～8拍：上身体态不变，身体慢慢向下沉。

第6个八拍：

1～2拍：双手向前推开，向身体两侧打平。

3～4拍：微微低头，右手拎至最高，左手落下。

5～6拍：胯往左，身体往右，右手落下指尖带领从下起到旁，指尖向上停住，左手指尖带领小臂在身体左侧划一个圆落至胯前。

7～8拍：7拍保持造型不动，8拍身体推起，双手提至肋骨两侧，双手大拇指朝前，四指握拳。

第7个八拍：

1～2拍：1拍身体慢慢向下沉，迅速推起，2拍重复1拍律动，手背带动手臂于身体两侧向下延伸。

3～4拍：3～4拍身体慢慢向下沉，双手后四指并拢，指尖朝上，左手在前小臂交叉至胸口，身体朝8点方向，微微向斜前方探出。

5～6拍：保持上身造型，吸气上身慢起。

7～8拍：上身体态不变，身体慢慢向下沉。

第8个八拍：

1～2拍：双手向前推开，向身体两侧打平。

3～4拍：微微低头，左手拎至最高，右手落下。

5～6拍：胯往右，身体往左，左手落下指尖带领从下起到旁，指尖向上停住，右手指尖带领小臂在身体左侧划一个圆落至胯前。

7～8拍：7拍保持造型不动，8拍身体推起，双手提至肋骨两侧，双手大拇指朝前，四指握拳。

第9个八拍：

1～2拍：1拍身体慢慢向下沉，2拍身体迅速推起，手背带动手臂于身体两侧向下延伸。

3～4拍：3拍上身下落，身体朝2点方向加胸腰，双手指尖相对，手臂保持圆弧，斜前起至肩平，左腿向旁延伸。

5～6拍：左手虎口带着向远延伸，右手小臂折回，手收回左手肘部，吸气上身慢起。

7～8拍：7拍身体态不变，身体慢慢向下沉，8拍身体推起，收回左腿，双手提至肋骨两侧，双手大拇指朝前，四指握拳。

第10个八拍：

1～2拍：1拍身体慢慢向下沉，2拍身体迅速推起，手背带动手臂于身体两侧向下延伸。

3～4拍：上身下落，身体朝2点方向，双手指尖相对，右手在前，左手在上，手臂保持圆弧，右脚提膝，向2点方向勾脚出腿上步。

5～8拍：保持上身造型，重心前推站立，左脚上步向右边转一圈，左手落至胸前，右手从身体与左手小臂之间穿出，转回一点，手落下，左脚脚后跟带领向后踢，双手提至肋骨两侧，双手大拇指朝前，四指握拳。

第11个八拍：

1～2拍：1拍左脚慢落，身体慢慢向下沉，手背带动手臂于身体两侧向下延伸。

3～4拍：上身下落，身体朝8点方向加胸腰，双手指尖相对，手臂保持圆弧，斜前起至肩平，左腿向旁延伸。

5～6拍：右手虎口带着向远延伸，左手小臂折回，手收回右手肘部，吸气上身慢起。

7～8拍：7拍保持不动，8拍，右脚收回并迅速用脚后跟带领向后踢，双手提至肋骨两侧，双手大拇指朝前，四指握拳。

第12个八拍：

1～2拍：经过摇摆步屈膝下蹲，手背带动手臂于身体两侧向下延伸。

3～4拍：左脚后踢并向8点方向出脚，勾脚落地，右腿屈膝，身体朝2点方向，双手指尖相对，右手在前，左手在上，手臂保持圆弧。

5～8拍：双手经过头顶盖下自然下垂，左腿向2点方向迈步两脚平拧转圈，转回8点方向。

第13个八拍：

1～4拍：面朝8点方向两个摇摆步。

5～8拍：面朝6点方向两个摇摆步。

第14个八拍：

1～4拍：面朝4点方向两个摇摆步。

5～8拍：面朝2点方向两个摇摆步。

第15个八拍：

1～2拍：1拍面朝1点方向右手搭右肩做一个摇摆步，2拍右脚旁点地，眼睛看右下方。

3～4拍：3拍做一个摇摆步，4拍左脚点地，眼睛看左下方。

5～8拍：右手搭肩，左手摆动，脚下做四个摇摆步。

第16个八拍：

1～2拍：1拍双脚并立，双手四指握拳分别向两旁横拉开，微微低头看斜下方，2拍四指并拢虎口张开，右手在上，左手在下，两手掌心相对，胳膊打直。

3～4拍：左右手位置不动，同时屈肘，落脚，左腿屈膝，右脚向后踢起。

5～6拍：右手下落，左手屈肘收回胸前，右手从左手与体间穿出，脚下慢速旋转。

7～8拍：右手落下，左手打开，两手手心朝上在身体两侧屈肘摊开，脚下加速旋转。

间奏4拍：

1～3拍：匀速旋转。4拍：面向3点停住，上身微含，手收至身体两侧。

第17个八拍：

1～2拍：脚下做后踢步后退，双手四指握拳手背带领，从胸前朝3点慢慢平推出入，2拍快速收回，含胸低头。

3～4拍：3拍脚下做后踢步后退，双手指尖相对，掌心朝外，从胸前朝3点慢慢平推出入，4拍快速收回，头看向1点方向，上身展开加胸腰。

5～6拍：5拍重复1～2拍脚下做后踢步后退，双手四指握拳手背带领，从胸前朝3点慢慢平推出入，6拍快速收回，含胸低头。

7～8拍：7拍脚下做后踢步后退，双手指尖相对，掌心朝外，从胸前朝3点慢慢平推出入，8拍快速收回，头看向1点方向，上身展开加胸腰。

第18个八拍：

1～2拍：脚下一拍一个后踢步后退，1拍双手四指握拳手背带领，从胸前朝3点慢慢平推出入，快速收回，含胸低头，2拍双手指尖相对，掌心朝外，从胸前朝3点慢慢平推出入，快速收回，头看向1点方向，上身展开加胸腰。

3～4拍：重复1～2拍动作，脚下一拍一个后踢步后退，3拍双手四指握拳手背带领，从胸前朝3点慢慢平推出入，快速收回，含胸低头，4拍双手指尖相对，掌心朝外，从胸前朝3点慢慢平推出入，快速收回，头看向1点方向，上身展开加胸腰。

5～6拍：5拍脚下慢的后踢步后退，双手四指握拳手背带领，从胸前朝3点慢慢平推出入，6拍快速收回，含胸低头。

7～8拍：7拍脚下做慢的后踢步后退，双手指尖相对，掌心朝外，从胸前朝3点慢慢平推出入，8拍快速收回，头看向1点方向，上身展开加胸腰。

第19个八拍：

1～2拍：脚下摇摆步，左脚快起慢落，手背带动手臂于身体两侧向下延伸。

3～4拍：右脚快起慢落至8点方向，身体朝8点方向，双手手背相对，右手在头顶，左手在胸前，微弯。

5～6拍：摇摆步，右脚快起慢落，手背带动手臂于身体两侧向下延伸。

7～8拍：左脚快起慢落至5点方向成后踏步，身体朝1点方向，右手从下托起，向前延长，左手小臂折回，手停在右手肘部。

第20个八拍：

1～2拍：两脚与肩同宽立半脚掌，双手四指握拳，手背带领向两旁推开。

3～4拍：重心经过两脚移至左腿，屈膝微蹲，右腿膝盖朝3点打开，脚尖点地，左手指尖朝上，右手指尖朝下，手腕相对收回左腰间，头看一点。

5～6拍：两脚与肩同宽立半脚掌，双手四指握拳，手背带领向两旁抽开。

7～8拍：重心经过两脚移至右腿，屈膝微蹲，左腿膝盖朝7点打开，脚尖点地，右手指尖带领由下向上，手臂微弯往远穿出，左手指尖带领小臂在腰间画圈停至左胯旁，头看8点斜上方。

第21个八拍：

1～4拍：1～3拍面朝6点左右左上三步，第三步重心移到右脚，两腿屈膝微微夹紧，左腿小腿放长，眼睛看左下方，双手在体前，掌心朝身体，指尖带领由下向上穿出，向远向下延伸，3拍双手分别停于两侧胯旁，屈肘掌心朝外，4拍保持造型不动。

5～8拍：5拍右手一拍到斜上方，掌心朝上，眼睛看向右手指尖延长方向，6拍左手一拍到斜下方，掌心朝上，眼睛看向左手指尖延长方向，7拍右腿微蹲加深，左腿勾脚小腿微微提前踢起，8拍双手拉长盖过头顶向前指尖相对收回胯前，脚下左脚上步转身至2点方向。

第22个八拍：

1～4拍：1～3拍面朝2点左右上三步，第三步重心移到左脚，两腿屈膝微微夹紧，右腿小腿放长，眼睛看右下方，双手在体前，掌心朝身体，指尖带领由下向上穿出，向远向下延伸，3拍双手分别停于两侧胯旁，屈肘掌心朝外，4拍保持造型不动。

5～8拍：5拍左手一拍到斜上方，掌心朝上，眼睛看向左手指尖延长方向，6拍右手一拍到斜下方，掌心朝上，眼睛看向右手指尖延长方向，7拍左腿微蹲加深，右腿勾脚小腿微微提前踢起，8拍双手拉长盖过头顶向前指尖相对收回胯前，脚下右脚后撤步转身至5点方向。

第23个八拍：

1～4拍：1～3拍面朝5点左右左上三步，第三步重心移到右脚，两腿屈膝微微夹紧，左腿小腿放长，眼睛看左下方，双手在体前，掌心朝身体，指尖带领由下向上穿出，向远向下延伸，3拍双手分别停于两侧胯旁，屈肘掌心朝外，4拍保持造型不动。

5～8拍：5拍右手一拍到斜上方，掌心朝上，眼睛看向右手指尖延长方向，6拍左手一拍到斜下方，掌心朝上，眼睛看向左手指尖延长方向，7拍右腿微蹲加深，左腿勾脚小腿微微提前踢起，8拍双手拉长盖过头顶向前指尖相对收回胯前，脚下左脚上步转一圈。

第24个八拍：

面朝5点做两拍一个的摇摆步直至音乐结束。

二、维吾尔族舞蹈片段

维吾尔族组合

第一部分：

第1个八拍：3点靠墙，面朝1点站好，准备上场。

第2个八拍：人体朝1点方向，头看7点方向，脚下垫步上场，1～4拍掌心向上手臂打开到斜下方，5～6拍掌心朝下，小臂折回，双手收回腰间。

第3个八拍：垫步到中间立半脚掌，挺胸抬头向前走，1～6拍右手脱帽的位置，左手向斜上方拉长，7～8拍脚下继续立半脚掌，左手落下，右手捋辫推向斜上方。

第4个八拍：保持上身体态，立半脚掌从左侧绕小圈，转一圈，8拍转回1点方向，双手落下。

第5个八拍：重心在左脚，右脚旁点地两拍一次，上身注意跟节拍配合，脚下两拍一个律动，双手1～4拍绕腕停在斜下方，5～8拍打平，肘部微弯。

第6个八拍：右脚点地与上身律动不变，1～4拍双手到头顶，5拍右手正前方落至胃前，6拍右手横拉开，7拍左手正前落至胃前，8拍左手横拉开。

第7个八拍：两个自由步1～2拍左脚右脚依次慢上步，手在身体两旁固定住，随身体晃动在两侧划圆，上身微含低头，3拍左右脚快速上步，4拍左脚慢上步，手在身体两旁加速晃动，上身慢慢立直加胸腰，目光放远，5～8拍重复自由步，脚下5拍右脚，6拍左脚，7拍右左脚，8拍右脚慢上步。

第8个八拍：两个扶肩横推，1拍左脚上步，左手掌心向下放在腰间，右手掌心朝上找左肩，2拍右脚旁点地，右手向右绕腕打开，3～4拍右脚一拍一点地，上身律动加三个移颈，5拍右脚上步，右手掌心向下放在腰间，左手掌心朝上找右肩，2拍左脚旁点地，左手向右绕腕打开，3～4拍左脚一拍一点地，上身律动加三个移颈。

第9个八拍：身体朝8点方向，向8点上步，脚下正步位，双手头顶斜前方击掌，5～8拍左手拉长，右手做"猫洗脸"，从头左侧经下方绕至右侧停住，右脚旁迈步，左脚跟上后踏步，微蹲。

第10个八拍：1～4拍左脚向前上步，上身横拧，左手托帽，右手掌心向下放至腰间，肘朝前；5～6拍右脚上步，身体朝2点方向，双腿蹲，双手体前交叉环抱住自己，头看向1点方向。

第二部分：

第1个八拍：上肢插花式，脚下撤移步，1～2拍双手升至头顶交叉落在胸前，3～4拍双手从体前分别向两边打开，脚下，1拍右脚后踏步，2拍重心移至右腿，左脚旁点地，3拍左脚后踏步，4拍重心移至左脚，右脚旁点地；5～8拍重复。

第2个八拍：上肢点肩平穿，脚下撤移步，上身朝2点方向，1拍右脚后踏步，双手指尖搭在右肩，2拍左脚向旁点地，指尖带领向2点方向平穿出，并通过最远距离带动上身划向8点方向，3拍左脚后踏步，双手指尖搭在左肩，4拍右脚向旁点地，指尖带领向8点方向平穿出，并通过最远距离带动上身转向6点方向，5拍右脚后踏步，双手指尖搭在右肩，2拍左脚向旁点地，指尖带领向6点方向平穿出，并通过最远距离带动上身划向4点方向，3拍左脚后踏步，双手指尖搭在左肩，4拍右脚向旁点地，指尖带领向4点方向平穿出，并通过最远距离带动上身转向2点方向。

第3个八拍：拍双手升至头顶交叉落在胸前，3～4拍双手从体前分别向两边打开，脚下，1拍右脚后踏步，2拍重心移至右腿，左脚旁点地，3拍左脚后踏步，4拍重心移至左脚，右脚旁点地，5拍右脚后踏步，双手指尖搭在右肩，6拍左脚向旁点地，指尖带领向2点方向平穿出，并通过最远距离带动上身划向8点方向，7拍左脚后踏步，双手指尖搭在左肩，8拍右脚向旁点地，指尖带领向8点方向平穿出，并通过最远距离带动上身转向6点方向。

第4个八拍：朝5点方向1～4拍脚下做两个三步一抬，上身1拍双手摊开，2拍向右侧转身，双手翻腕，右手打开，左手至胸前，3拍双手摊开，4拍双手翻腕，左手拉开，右手至胸前，5拍双手从身体两侧至头顶击掌，右脚上步并步，直立，抬头看手。

第5个八拍：朝5点方向，脚下4拍进退步，1～2拍双手波浪手从头顶落至胸前，3～4拍双手波浪手从胸前打开至身体两侧，5～8拍重复。

第6个八拍：朝1点方向，脚下两个进退步，1拍双手折腕至胸前，2拍打开至身体两侧，3拍双手折腕至头顶，4拍打开至身体两侧。

第7个八拍：胸前击掌横手位，1～2拍左脚上步，双手在左肩前击掌，3～4拍右脚踏步跟上，左手掐腰，右手经过胸前横拉至身体右侧翻腕停住，5～8拍保持姿势做三个移颈。

第8个八拍：转向5点方向1～4拍脚下做两个三步一抬，上身1拍双手摊开，2拍向右侧转身，双手翻腕，右手高左手低停至右肩前，3拍双手摊开，4拍双手翻腕，左手高右手低停至左肩前，5拍双手从身体两侧至头顶击掌，右脚上步并步，直立，抬头看手。

第9个八拍：朝5点方向，脚下4拍进退步，1～2拍双手波浪手从头顶落至胸前，3～4拍双手波浪手从胸前打开至身体两侧，5～8拍重复。

第10个八拍：朝7点方向脚下两个进退步，1拍双手折腕至胸前，2拍打开至身体两侧，3拍双手折腕至头顶，4拍打开至身体两侧。

第11个八拍：朝8点方向脚下进退步，双手做掏手推绕腕，双手互绕腕，1拍右脚前进步，右手摊出，左手屈肘，手在右手肘部，身体向前微探，2拍右脚后退步，双手向内绕，上身直立，右手至托帽位左臂斜上方打直，3～4拍保持造型体态，上身跟节奏律动，右脚点地两次，5～8拍重复1～4拍动作。

第12个八拍：朝8点方向脚下进退步，双手做掏手推绕腕，双手互绕腕，连上分手响指托帽式，1拍右脚前进步，右手摊出，左手屈肘，手在右手肘部，身体向前微探，2拍右脚后退步，双手向内绕，上身直立，右手至托帽位左臂斜上方打直，3拍右脚前进步，双手在头顶打响指并分开，双臂打平，4拍右脚后退步，双手做托帽式，5～6拍右脚并步，双手在头部左上方击掌，眼睛看1点方向。

第13个八拍：1～2拍手掌心朝上在腰间右转一圈，重心停在右脚，双手折腕停在右侧，3～4拍手掌心朝上在腰间左转一圈，重心停在左脚，双手折腕停在左侧，5～6拍手掌心朝上在腰间右转一圈，重心停在右脚，左手托帽，右手拉长，7～8拍手掌心朝上在腰间左转一圈，重心停在左脚，右手托帽左手拉长。

第14个八拍：右手做"猫洗脸"，同时跟随节奏做移颈。

第15个八拍：右手捋辫，升至头顶，立半脚掌向右旋转一圈至5点方向。

第16个八拍：双手在头顶缓慢打开至两侧，重心在右腿微蹲，左腿向右侧延长。

第17个八拍：双手沿身体两侧向上至头顶，两手绕腕似火焰状。

第18个八拍：原地旋转，双手变换手位。

最后重音，造型定住，结束。

三、蒙古族舞蹈片段

蹉步柔臂4/4，慢板，四拍完成。

1. 准备：双手保持平鹰式位

准备拍最后1拍：此时左肩膀需要向前移动，而右肩膀方向刚好相反，保持气息处于提气呼吸状态，脚掌保持蹼步，肩膀处于柔肩状态。

第1～2拍：右肩膀慢慢向前拱出，同时将力量延伸至大、小两臂，整个手指尖的形态好似波浪形，柔和地运动，整个手掌心向外翻动，手腕需要向下压，而手指尖方向朝上，此时左肩膀以及整个左臂的动作都与右肩膀相同。

第3～4拍：左肩膀慢慢向前方拱出，将力量输送至大、小臂直至手指尖，整个手臂呈现出波浪形柔和运动的状态，手腕部保持下压状态，同时整个手心方向是朝向外面的，手指尖保持向上状态，右肩、右手臂以及手指的动作同左面相同。

2. 错步提压腕2/4，中速，16拍完成

准备拍最后1拍：两膝保持略微弯曲的状态，整个身体的重心保持平稳，同时移动右脚。

第1拍：左脚向前迈出的时候，需要蹭地迈出，且右脚应该及时拖地附随，两只手提腕从胸前送到头上方，整个身体也慢慢随之晃动。

第2拍：落下右脚，两只手向旁边打开，手保持压腕动作。

第3拍：上左脚之后，保持向右后踏步姿势，两只手呈平鹰式位提起手腕。

第4拍：下压手腕。

第5拍：右脚向前点地，方向为8点位置，此时左臂也向8点方向，折回小臂之后提起手腕，而右手也要在原来的位置提腕。

第6拍：保持压腕状态，两只手此时要还原鹰式位。

第7拍：右脚置于左脚的后面，同时右臂向2点方向延伸，折回小臂之后提起手腕，而左手也要在原来的位置提腕。

第8拍：手腕下压，两只手此时应该落回体旁。

第9～12拍：动作与第1～4拍的动作相同，错步之后向后方移动。

第13拍：左脚进行后踏动作，上肢的动作与第5拍的动作相同。

第14拍：整体的动作与第6拍动作相同。

第15拍：左脚向前方点地，方向主要是2点位置，上肢的动作与第7拍动作保持一致。

第16拍：基本动作与第8拍动作相同。

备注：在训练学生柔肩动作时候，伴奏音乐一般选用《嘎达梅林》，而在练习硬肩训练时，选择的伴奏音乐主要是《赛马》等音乐。

四、舞蹈组合

1. 初级组合

（1）要求：练习组合的舞姿，一般都要练习脚步、手臂、基本体态等动作，选择的伴奏音乐，一般以舒缓悠扬的韵律为主，常见的蒙古族民歌就是经常使用的伴奏音乐。

（2）动作要领：准备动作非常关键，在跳舞时，要保证用肘带动整个手腕，并将力量延伸至指尖位置，使整个手臂都呈现出小波浪运动形态，柔臂是要保证肩膀、手臂的松弛柔软，运动的路线保持清晰。

（3）准备动作：身体需要对准2点方向，保持右踏步，两只手叉腰，头部对准1点方向。

第1个八拍：

第1～4拍：整个身体保持前倾状态，开始柔肩运动，四拍结束。

第5～8拍：身体继续保持向后倾的动作，且双肩保持柔肩动作，四拍结束。

第2个八拍：与第一个八拍动作保持一致相同，重复一个相同的八拍；右起，主要对准2点方向，脚步此时要快速上两步，形成右踏步姿势，左手臂保持自然垂下姿势。

第3个八拍：

第1～4拍：向斜下方向立肘，左转手一次；右起，向2点方向快速上两步成左前弓步，身体微微前倾。

第5～8拍：动作与第1～4拍动作相同；吐气保持含胸状态，两只手处于自然下落状态。

第4个八拍：

第1～4拍：左脚向1点迈步，呈右踏步状态，两个肩膀做一次大柔臂。

第5～8拍：动作与第1～4拍相同，但是方向是相反的。

第5个八拍：

第1～4拍：身体向左转，保持在5点方向，向左起平步，连续四次动作，两个肩膀做一次大柔臂。

左、右以快步状态，上前迈两步，保持右虚丁步姿势，两只手呈弧线状，并且以较快的速度收回到胸前，胸部保持略微含胸的状态。

第5～8拍：右腿需要向后撤，呈现出左前弓步的状态，手腕保持平开手位置，整个身体从俯视状态转变为仰视姿势。

左转身，方向保持在8点位置，此时左手臂应该向上提起。

第6个八拍：

第1～4拍：身体向右起保持平步状态，此时双肩要进行一次大柔臂。

第5～8拍：动作与1～4拍相同，只是动作方向相反。

第7个八拍：

第1～2拍：左脚向上迈步，呈右踏步状态，从左边开始，左起双肩交替在胸前进行一次柔臂动作。

第3～4拍：重复上面动作，方向保持相反。

第5～6拍：左脚向上迈步，呈右踏步状，身体保持前后移动，整个身体中心略微屈伸，右起双肩交替在胸前进行两次柔臂动作。

左脚收回时，要保证处于正步姿势。

第7～8拍：重复1～2拍动作。

第8个八拍：

第1～4拍：右起平步，保持节奏处于一慢两快状态，右起双肩交替做三次大柔臂动作，至最后一拍，身体左转至5点方向。

第5～8拍：左起平步，向斜上方向，交替进行四次大柔臂动作，至最后一拍，身体左转至1点方向。

第9个八拍：

第1～4拍：重复进行上个八拍动作中第1～4拍的动作。

第5～6拍：身体向右转，将右脚迈向8点位置，之后保持弓步舞姿状态。

第7～8拍：两只手要向斜后方保持立肘姿势，眼睛对准2点位置，向斜上方看，保持整个舞姿。

第10个八拍：

完成舞姿造型，此时右腿需要保持单腿跪地状，整个身体的重心向右腿方向倾斜伸展，而右手方向应该向3点位置伸展，此时头部、眼睛应该盯住7点位置的斜上方。

备注：在舞蹈练习的时候，学生应该注意保持单一软手、柔臂状态，两只手要保持交替进行，同时身体在移动时，还应该保持身体重心与平衡，做好搭配协调练习。

2. 高级组合

（1）预备姿态：身体面向1点位置，双眼要保持平视状态，且垂于身体两侧的时候保持自然垂立状态，两只脚保持八字位状态，4/4慢板。

（2）预备动作：整个姿势保持在原地不动。

（3）动作节奏与做法：

第1个八拍：

第1～2拍：右脚迈步时为横向，双膝保持弯曲状态，两臂做柔臂，左肩膀向前移动。

第3～4拍：左脚保持向后踏步姿势，两臂做柔臂，右肩膀向前移动。

第5～8拍：重复上面第1～4拍动作。

第2个八拍：

第1～2拍：右脚先向上迈步，左脚紧跟着上步，脚尖向前点地，身体的位置需要面向2点位置，架起两肘，右臂放置于身体前面，左臂放置于身体旁侧。

第3～4拍：身体向右转身之后，保持左后大踏步姿势，左手应该放置于胸前，右手保持平鹰式姿势。

第5～6拍：右手以平划的姿势放到胸前。

第7拍：两只手进行交替动作，小幅度提腕。

第8拍：将左手抬至头上部，左脚提起，右脚保持立半脚掌姿势。

第3个八拍：

第1～4拍：左脚落地，位置要在右脚前方，且要一边踏脚的同时身体向右边转身，提起双手，同时压低手腕，脸部面向前方。此时右手应该通过头部上方至身体旁侧，左手也落到旁侧。

第5～6拍：重复上面第1～4拍的动作。

第4个八拍：

第1～2拍：将右手平划到胸部前方。

第3～4拍：两只手应该保持交替状态，小提腕。整个身体的重心向后靠。

第5～6拍：两只手应该保持交替，提压腕。

第7～8拍：身体转向八点位置，同时要吸右腿。

第5个八拍：

第1～4拍：身体面向8点方向，将右脚落下，膝盖弯曲慢慢蹲下，此时左腿应该向后伸直，两只手保持平衡鹰式柔臂。

第5～8拍：慢起。

第6个八拍：

第1～4拍：两只脚呈半立脚掌状态，右脚位于前方，且左手在前、右手在后，两只手保持高鹰式位。摇晃身体，从8点转移至2点位置。

第5～8拍：左脚需要向2点方向迈进，且屈膝，两只手交替柔臂，右手相比于左手略高。

第7个八拍：

第1～2拍：保持呼吸提气，两只手经头上划到6点位置，右膝微屈，左脚向前点地，上半身转向4点方向。

第3拍：双手放置于头的上方，将右膝伸直，上半身慢慢转向2点位置。

第4拍：双膝微屈，向左前方点步，左手向旁边伸展打开，上身要慢慢转向1点位置。

第5～8拍：身体向左前方进行点旋转，两个节拍为一步，两只手保持提压腕状。

第8个八拍：

第1～4拍：动作与上一八拍的第1～4拍动作相同。

第5～8拍：身体转成面向前方姿势，保持原来的舞姿，但需要提压腕。

第1拍：提右。

第2拍：提左。

第3拍：右左右。

第4拍：将右手提到头上方，吸右腿，上半身向左倾，方向为2点。

第9个八拍：

第1～4拍：右脚撤向4点位置，左脚向后边踏步，双臂柔臂。

第5拍：保持右柔臂。

第6～7拍：两只手经过头上方，伸向4点位置进行晃臂，身体整个重心移至左脚，膝盖微微弯曲。

第8拍：右脚向前方迈，屈膝，左右脚紧贴，上半身保持前俯状态，两只手放置于腹前。

第10个八拍：

第1～4拍：左脚落地时，右脚要向前方点地，上半身缓慢挺起，两只手打开，左手向前伸展，右手放置于头部上方。

第5～8拍：身体重心向右脚移动，两只手晃至身体右侧，吸左腿，身体向左转，膝盖向外打开，左脚紧贴右脚前方。

第11个八拍：

第1～4拍：落步时，位置在8点方向，左右脚成大掖步，左手放置在胸前，右手向旁边伸展。吸左腿，左手放置于头上，上半身保持右倾状态。

第5～8拍：动作与上个八拍第5～8拍动作相同，但是方向要相反。

第12个八拍：

双臂微屈，置于胸前，肘部要架起。后撤左脚的同时，保持绕肩，左脚向前踏，保持绕肩。

动作结束。

第二节　古典舞训练

一、古典舞组合

音乐：节拍为2/4拍，速度保持在中速稍慢节奏。

1. 准备姿态

身体要面向一点，两腿盘膝而坐，两只手要扶住膝盖，两个肩膀微微下沉，呼吸至丹田，两只眼睛保持平视状态。

准备动作：一个八拍。

1～6拍：保持静止。

7～8拍：吐气下沉。

2. 动作节奏及做法

第1个八拍：

1～4拍：提气，应注意提气要从尾椎至颈部、头部，慢慢地提起。

5～8拍：沉气，从腰的位置至头部保持放松。

第2个八拍：重复上面的动作。

第3个八拍：

1～4拍：提，两只手压腕，同时背手。

5～6拍：两手提腕，面向前方1点位置，沉气低头。

7拍：提，两只手的位置从1点方向转到3点方向。

8拍：吐气，两只手从两旁分开，略微下沉。

第4个八拍：重复上面动作。

第5个八拍：

1～2拍：提，两只手扶住膝盖。

3～4拍：转向8点位置，头眼保持一致的方向。

5～6拍：提，头眼转回到1点方向。

7～8拍：接近4点方向，头眼移动到8点位置。

第6个八拍：

1～2拍：提。

3～4拍：冲向2点方向，头眼保持一致的方向。

5～6拍：提，头眼转回至1点方向。

7～8拍：靠向6点方位，头眼移动到2点位置。

第7个八拍：重复进行第五个八拍。

第8个八拍：重复进行第六个八拍。

第9个八拍：

1～4拍：提，头部移动到1点方位。

5～8拍：沉。

第10个八拍：

1～2拍：转移到3点位置。

3拍：移动到4点方位，此时右手保持单盘腕状态。

4拍：含向5点位置，右手移动至胃前方。

5拍：靠向6点方位，右手逐渐向左侧伸展。

6拍：转移到7点方位，右手逐渐向左侧伸展。

7～8拍：冲向8点方位，腆向1点方位，右手心朝上。

第11个八拍：

1～4拍：提，头部转移至1点方位。

5～8拍：沉。

第12个八拍：重复进行第十个八拍动作，注意对称。

第13个八拍：

1～4拍：向右旁提起，同时向右背手，左手呈现波浪状态，沿着大腿的外侧，延伸至小七位，头部以及眼部都要跟随左手移动位置。

5～8拍：含，头部以及手部按照原来的路线再收回来。

第14个八拍：重复进行上面节拍的对称动作。

第15个八拍：

1～4拍：提，双手保持双波浪状态，至小七位。

5～8拍：沉，收回两只手，保持背手状态。

第16个八拍：

1～4拍：提，两只手再回到两个膝盖上。

5～6拍：沉。

7～8拍：提，完成各项动作，动作结束。

二、古典舞舞蹈片段

古典舞舞蹈片段

准备舞姿：面向1点，下肢盘腿而坐，上身拔背挺胸，目视前方，双手兰花掌背于身后，弱起。

（1）1～4拍上身缓慢下沉，吐气；5～8拍上身缓慢上提，吸气，感受脊椎由而上一节一节直立。

（2）1～4拍上身缓慢下沉，吐气，肘部向前，双手从腰间抽出分别搭在两膝上；5～8拍上身缓慢上提，吸气，感受脊椎由下而上一节一节直立。

（3）1～4拍上身向右旁移，5～6拍上身划至1点，形成舞姿"腆"，7～8拍上身回正。

（4）1～4拍上身向左旁移，5～6拍上身划至5点，形成舞姿"靠"，7～8拍上身回正。

（5）1～2拍上身向2点方向冲，同时右手摊掌，3～4拍小臂弯回按掌于胸前；5～6拍上身向6点方向靠，同时右手提腕至2点方向摊掌；7～8拍身体回正，手搭至膝盖。

（6）1～2拍上身向8点方向冲，同时右手摊掌；3～4拍小臂弯回按掌于胸前；5～6拍上身向4点方向靠，同时右手提腕至8点方向摊掌；7～8拍身体回正，手搭至膝盖。

（7）1～2拍右手从2点方向由下托至上，3～4拍按掌于胸前，5拍左手从右手与身体之间穿掌至头顶，6拍在头顶盘腕，7～8拍掌心朝外抹下背于身后。

（8）1～2拍左手从8点方向由下托至上，3～4拍按掌于胸前，5拍右手从左手与身体之间穿掌至头顶，6拍在头顶盘腕，7～8拍掌心朝外抹下背于身后。

（9）1拍右手2点下方摊掌，2拍左手8点下方摊掌，3拍右手推掌于额头上方，4拍左手与右手交叉推掌于额头上方，5～6拍头顶小五花，7～8拍双手放回两膝。

（10）1拍右手推掌于胸前，2拍左手与右手交叉推掌于胸前，3拍右手摊掌于2点上方，4拍左手摊掌于8点上方，5～6拍左手下右手上做云手，7～8拍双手放回两膝。

（11）1～4拍由左至右做小的双晃手，5～8拍由左至右做大的双晃手，双手收回身体左侧。

（12）1～4拍身体从左转向右双晃手至顺风旗，同时右腿打开至体侧，5～8拍双手提腕至头顶，右脚上步站立，双脚夹紧立半脚掌，身体向左转至2点方向。

（13）1～2拍面对2点右手收肘回抽，双手做掏手，打开至顺风旗，右脚向2点方向垫步，左脚跟上呈踏步，3～4拍保持上身舞姿，双脚平抹向右转身至8点方向，重心落在左腿，5拍左手提腕拎起，右脚经擦地撩出，身体及重心留后，6拍左手提至头顶，双脚立，重心跟上，7～8拍左手右手依次摇臂，背至身后。

（14）1～4拍上身向8点方向前倾，左手抽出向8点斜下方延伸，右脚向前迈步，左脚在后做大曳步，5～6拍左手提腕，按掌，从体侧托掌起到8点斜上方，左右手收至右腮旁，左脚落至右脚前，加紧住住，7～8拍左手背后，右手体前提腕，体侧摊出，双脚夹紧平拧从右转向5点，右脚旁点地，左侧出胯。

（15）1～2拍面对8点左手收肘回抽，双手做掏手，打开至顺风旗，左脚向8点方向垫步，右脚跟上呈踏步，3～4拍保持上身舞姿，双脚平抹向左转身至2点方向，重心落在右腿，5拍右手提腕拎起，左脚经擦地撩出，身体及重心留后，6拍右手提至头顶，双脚立，重心跟上，7～8拍右手左手依次摇臂，背至身后。

（16）1～4拍上身向2点方向前倾，右手抽出向2点斜下方延伸，左脚向前迈步，右脚在后做大曳步，5～6拍右手提腕，按掌，从体侧托掌起到2点斜上方，左手收至左腮旁，右脚落至左脚前，夹紧立住，7～8拍左手背后，右手体前提腕，体侧摊出，双脚夹紧平拧从右转向5点，右脚旁点地，左侧出胯。

（17）1～4拍双脚位置不变，从左转向1点，左手按掌于胸前，左手顺脸左侧穿出，向右出胯，5～8拍左右手摇臂转向8点，右手托起，左手向旁延伸，左腿吸起。

（18）1～4拍左手背后，右手撩开过程中圆场步向后移动，5～6拍左脚上步并腿转，双手在头顶做小的云手，7～8拍双手向两旁抹开，向前上步。

（19）1～2拍左脚向旁迈步，双手由右下小五花经头顶至左下，3拍加速重复一遍，4拍双手拎起停至头顶，双脚立半脚掌，5～8拍身体拧向7点，左手朝5点，右手朝1点打开。

（20）1～4拍左手按掌，右手穿掌至头顶盘腕，右脚后踏步转身，5～8拍右脚向2点方向滑出，转身单腿跪地，左脚跟上。

（21）1～2拍身体前倾，双手向前延伸，3～4拍身体立直，双手手背相对拉至头顶，5～8拍上身加胸腰，双手向两旁抹开。

（22）1～2拍左腿打开至8点，屈膝放平，右腿向后延伸，左手背后，右手拉长划至脸左侧，3～4拍右手打开至5点，带动身体转身，双腿屈膝立起，绷脚脚尖点地，5～8拍左手托掌慢起。

（23）1～4拍小腿收回跪地，双手从右下侧小五花至左上侧延伸，5～8拍胯部提起，右腿向旁延伸，双手经过胸前交叉向身体两侧抽出，左手撑地，右手指尖指向天花板。

（24）1～8拍坐地，右腿收至8点，身体后倾加胸腰，左手高、右手低托掌，造型定住至音乐结束。

第八章

健身训练

第一节　运动前的准备——热身

　　运动前的热身是任何体育运动的重要组成部分，一个有效的热身包含很多重要的元素，这些元素使得运动时损伤降到最低。热身的首要作用是让身心做好准备接受接下来可能较大的运动负荷，通过有效的热身可以加速血液循环，让机体温度升高，肌肉、肌腱、韧带等软组织更加灵活，增加关节的活动范围，从而防止运动损伤的发生。热身还可以增加心率次数和呼吸深度与频率，使肺通气量、摄氧量和心排血量增加，心肌和骨骼肌中的毛细血管扩张，有利于提高工作肌的代谢水平。有效的热身能够提高中枢神经系统的兴奋性，调动运动系统的积极性，使机体反应更快，有效提高运动成绩。

　　可以采用慢跑或原地跑5min以及身体各部位动态拉伸来进行简单的热身。

第二节　徒手健身

徒手健身的运动
方法和要求

一、核心及背部练习

1. 卷腹

如图8-1所示。

① 仰卧，屈膝90°左右，脊柱自然中立位，双手手指交叉放头后侧。

② 吸气，肋骨向两侧打开。

③ 呼气，收缩腹部，将头肩卷离垫子，直至肩胛骨下角，目视肚脐方向。

④ 吸气，保持姿势。

⑤ 呼气，收紧腹部，从肩胛骨下缘开始慢慢舒展脊柱卷回垫上，还原开始姿势。

⑥ 动作变化：双手可交叉抱于胸前，或自然放于体侧地面上。

重复15～30次。

(a)

(b)

(c)

(d)

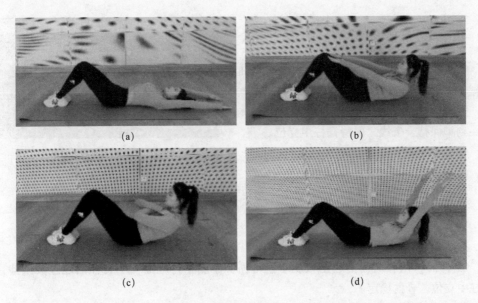

图8-1　卷腹

2. 仰卧抬腿

如图8-2所示。

① 仰卧，屈膝约90°，双足着地，背部与骨盆均匀着地。

② 吸气，收紧腹部，抬起左腿直至大腿与地面垂直，大小腿夹角不变。

③ 呼气，慢慢将左腿放回原位，交换另一侧腿做。

④ 动作变化：交替两腿做相同动作，即吸气抬起左腿，呼气，左腿还原同时抬起右腿。也可再加入对侧手臂的同步抬高，促进协调性发展。

重复15～30次。

(a)

(b)

(c)

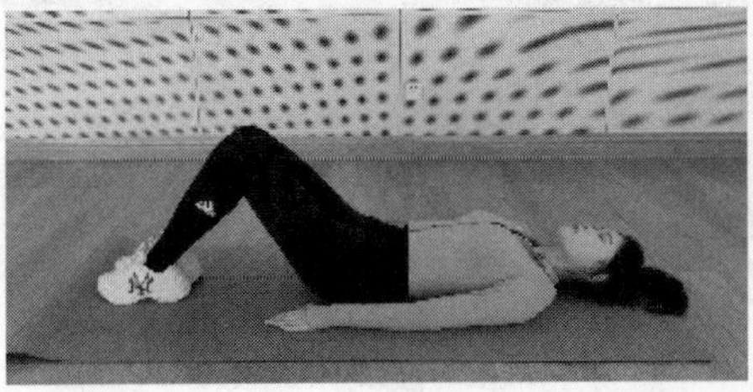

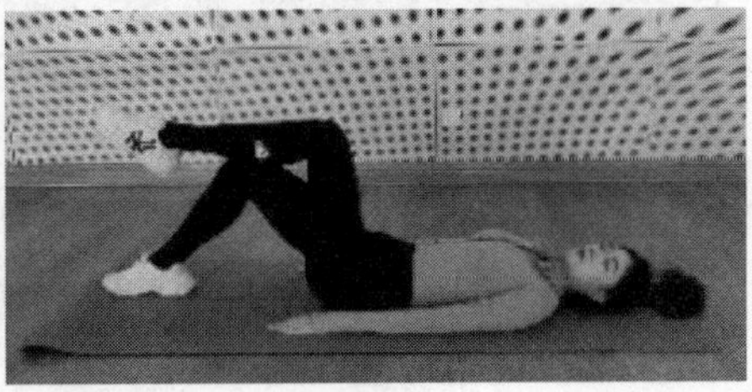

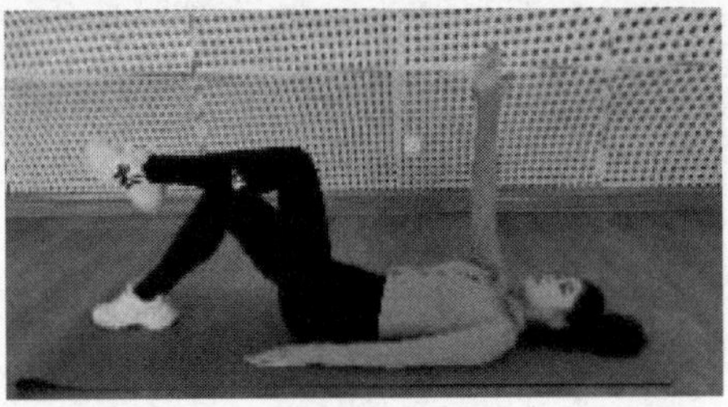

图8-2　仰卧抬腿

3. 平板支撑

如图8-3所示。

① 俯卧，用脚趾支撑地面，大小臂弯曲90°，保持肘关节在肩的正下方。

② 收紧腹部、臀部，抬起身体直至身体从头到脚保持一条线，保持脊柱中立位。

③ 正常呼吸，保持动作30s或更长时间。

④ 也可采用肘与膝来撑调整难度。

图8-3 平板支撑

每次可根据自身条件保持30s以上，建议女生60s、男生90s以上，重复3～5组。

4. V字支撑

如图8-4所示。

① 仰卧，两膝弯曲抬起至大腿垂直地面，小腿平行地面，手臂往后越过头顶伸直，脊柱中立位，骨盆稳定。

② 腹部收紧，保持背部贴于垫上，双腿向上伸直延伸，约与地面呈60°，脚跟并拢，脚尖可稍外旋。

图8-4 V字支撑

民航服务人员形体与仪态

③ 吸气，手臂伸直指向天花板，呼气，收缩腹部，身体上卷坐起，然后收直背部，让身体呈"V"字形坐姿，双臂平行前伸。

④ 吸气保持坐姿，抬起上臂沿躯干向上伸展。

⑤ 呼气，控制躯干逐节慢慢卷回至仰卧姿势，保持腿部与地面60°悬腿姿势。

重复3～6次。

5. 跪撑平衡

如图8-5所示。

① 跪撑，双手双膝撑地，大腿手臂垂直地面。

② 吸气，收紧核心，保持背部状态及骨盆脊柱中立位，抬起左腿伸直平行地面，再抬起右手向前延伸，保持肩部状态不变，专注手臂向前、腿向后延伸而不是抬高。

③ 呼气，收缩腹部，将手和腿同时收回。然后做另一侧动作。

④ 动作变化：也可手臂不动，只做腿部动作。

重复15～30次。

(a)　　　　　　　　　　　　(b)

图8-5　跪撑平衡

6. 俯卧起身

如图8-6所示。

① 俯卧，双手屈肘，肘关节向外置于肩两侧，两腿自然分开同髋宽。

② 吸气，收缩腹部，同时延伸脊柱颈椎，肩向下，双手不要主动用力，感受后背不发力，抬起头及上半身。

③ 呼气，身体继续向远处延伸，同时有控制地还原俯卧姿势。

④ 动作变化：起身时，双手随着一起离开垫子或双手置于体侧两边，整个动作过程不参与动作。

重复10～20次，重复3～5组。

(a)　　　　　　　　　　　　(b)

图8-6

(c)   (d)

图8-6　俯卧起身

二、臀部练习

1. 徒手深蹲

如图8-7所示。

① 分腿站立，两脚分开稍宽于肩。

② 背部自然挺直，核心收紧，保持脊柱骨盆中立位并稳定身体，屈髋、屈膝做深蹲，至大腿低于水平面，膝关节顺着脚尖的方向弯曲，保持躯干与小腿基本平行，双臂可自然前伸，保持身体平衡，自然呼吸。

③ 动作变化：在动作完成时可原地跳起，增加动作难度。

重复15～30次。重复3～5组。

(a)   (b)

图8-7　徒手深蹲

2. 站姿侧抬腿（后抬腿）

如图8-8所示。

① 双脚稍分开约同髋宽，背部自然挺直，微屈髋、屈膝。

② 右腿支撑，核心收紧，保持脊柱骨盆稳定，感受臀部外侧发力，左腿向侧抬起、慢放，自然呼吸，重复一定次数，再换另一侧做动作。

③ 动作变化，可向后抬起，锻炼臀部后侧。

每个动作可重复15～30次，双腿交替完成，重复3～5组。

(a)　　　　　　　　(b)　　　　　　　　(c)　　　　　　　　(d)

图8-8　站姿侧抬腿

3. 徒手硬拉

如图8-9所示。

① 双脚稍分开约同髋宽，背部自然挺直，双臂放于体前，微屈髋、屈膝。

② 后背自然挺直，屈髋前屈躯干，向下伸手臂至小腿中下位置。

③ 感受臀部发力，保持背部姿态，抬起躯干还原，整个过程膝盖微屈保持身体稳定，自然呼吸，重复一定次数。

重复15～30次，重复3～5组。

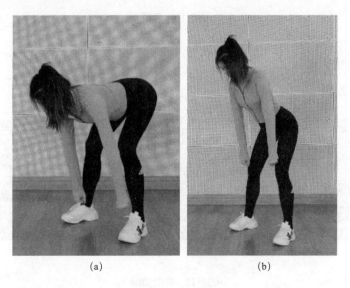

(a)　　　　　　　　(b)

图8-9　徒手硬拉

4. 肩桥

如图8-10所示。

① 仰卧，保持脊柱自然中立位。屈膝90°，双腿分开同髋宽，两腿平行，双脚平放于垫上，双手置于身体两侧垫上。

② 吸气，不动，呼气，收缩腹部，从骨盆后开始，逐节向上卷曲脊柱，直至身体与膝盖成一直线。

③ 吸气，保持骨盆稳定，膝关节角度不变，屈髋抬起左腿。

④ 呼气，慢慢放下还原。然后换另一侧做动作。

⑤ 动作变化：动作至肩桥位置可保持3～5s即可还原。

重复6～10次，重复3～5组。

(a)   (b)

(c)

图8-10　肩桥

5. 仰卧抬腿

如图8-11所示。

(a)   (b)

图8-11　仰卧抬腿

① 右侧卧，右腿（下）屈膝，左腿自然伸直，髋关节伸展。

② 吸气，左脚脚尖回勾，呼气感受臀部外侧发力向远处延伸并向上抬起左腿，吸气还原。

③ 重复一定次数，再换另一侧做动作。

单侧重复10～30次，重复3～5组。

三、腿部练习

1. 徒手半蹲

如图8-12所示。

(a)　　　　　(b)

图8-12　徒手半蹲

① 分腿站立，两脚分开不宽于肩。

② 背部自然挺直，核心收紧，保持脊柱骨盆中立位并稳定身体，屈髋、屈膝做半蹲，大小腿夹角不小于90°，膝关节顺着脚尖的方向弯曲，双臂可自然前伸保持身体平衡，自然呼吸。

③ 动作变化：动作完成时可原地跳起，增加运动强度。

重复15～30次，重复3～5组。

2. 靠墙静蹲

如图8-13所示。

① 找一面墙壁，背向墙壁站立，分腿同髋宽。

② 头、背贴于墙面姿势下蹲，脚与墙壁距离约等于大腿长，使小腿垂直地面，臀部高于膝关节，大腿平行地面。

③ 动作变化：可调整蹲的深度，比如臀部可高于或低于膝关节。

保持30s以上或更长时间。重复3～5组。

图8-13　靠墙静蹲

3. 站姿抬腿

如图8-14所示。

① 左侧对墙壁站立，左手扶墙稳定身体。

② 左腿支撑，保持脊柱骨盆中立位，收紧核心，呼气，右腿向前直腿抬起至最高点，吸气有控制地慢慢放回地面。完成后再做另一侧动作。

③ 动作变化：可直腿完成；也可向侧做同样动作。

重复15～30次，重复3～5组。

(a)　　　　　　　　(b)

图8-14　站姿抬腿

四、全身练习

1. 四点支撑爬行

如图8-15所示。

① 跪撑，双手、双脚、双膝着地，大腿与手臂垂直地面，后背自然挺直，头颈延伸适当放松。

② 收紧核心，稳定身体，手脚用力，使膝盖离开地面。

③ 左手右脚，右手左脚配合向前爬行，每次移动10cm左右即可，整个过程，尽量保持背部平整，姿态不变。

④ 动作变化：可换同手同脚完成同样动作，可正向或反向爬行。

爬行距离或持续时间视个人情况而定，可分组重复练习。另外，还有很多模仿动物的爬行练习，人在仰卧、侧卧、俯撑状态下，膝关节、脊柱等重要部位相比站立姿势承受的压力较小，在此状态下完成各种健身动作，是目前比较流行、相对安全的健身方式，如果能掌握正确的锻炼方法，比较推荐。

(a)

(b)

(c)

图8-15　四点支撑爬行

2. 俯撑（踏步/跑步）

如图8-16所示。

① 俯撑，双手双脚支撑，核心收紧，脊柱骨盆中立位，头颈顺身体向前延伸，身体要求同平板支撑。

② 向前迈左脚（使左腿大腿靠近胸部），轻触地并立即收回，左右脚交替完成，整个过程身体姿态尽量保持不变。

③ 动作变化：向前迈左脚并步触地，交换右脚做，就像跑起来一样；也可以俯撑姿势做双脚分并腿的踏步和跳跃练习。

单腿完成15～30次，重复3～5组。

(a)

(b)

图8-16　俯撑

3. 波比跳

① 自然站立准备，双脚稍分开。

② 下蹲双手在脚前撑地，保持身体收紧稳定状态，双脚向后跳，落地或呈俯卧撑准备姿势，注意保持腹背部收紧，骨盆稳定，立即再跳起，收回双脚，呈蹲姿双手撑地姿势，顺势直立身体同时向上原地跳起。

③ 动作变化：在双脚跳回呈蹲姿双手撑地姿势后，再重复向后跳起呈俯撑位，如此重复跳起、跳回即可为简易波比跳，另外还有许多变化形式，在此不一一介绍。

重复10～30次，3～5组。

4. 弓箭步蹲

如图8-17所示。

① 自然站立，双脚稍分开，双手自然屈于胸前，保持身体平衡。

② 左脚向前迈一大步屈腿，大腿平行地面，膝盖在地上的投影尽量不超过脚尖，右腿弯曲，小腿约垂直地面，膝盖靠近而不接触地面，收紧核心，脊柱骨盆稳定，躯干可稍稍前倾保持平衡。稳定后收回左脚，换右脚做。

③ 动作变化：左脚完成弓箭步后，不用收回，再继续向前迈右脚做同样动作（弓箭步走）；左脚完成弓箭步后，跳起交换左右脚的位置，身体姿态保持不变（弓箭步跳）。

重复15～30次，重复3～5组。

(a)　　　　　　　　　　(b)

图8-17　弓箭步蹲

5. 俯身撑起

如图8-18所示。

① 自然站立准备。

② 吸气，向上延伸身体，呼气，从头、颈、胸、腰依次向下弯曲身体直至双手接触地面（体前屈）膝盖自然伸直（双手如果不能够到地面，可稍屈膝），双手在脚前撑地。

③ 脚不动，双手依次向前移动（如果上一步膝盖微屈，随着双手向前移动，自然伸直膝盖），直至手在肩膀的正下方，腹部臀部收紧，保持身体稳定（俯卧撑准备姿势），稍停留做1～2次呼吸。

④ 手用力撑起，尾骨向上顶，身体呈倒"V"字形，脚跟向下压。

⑤ 双手交替爬行回到体前屈，再收缩腹部，带动腹部、胸部、颈部、头部依次伸展回到开始位置。

⑥ 动作变化：在双手交替爬行至俯卧撑准备姿势时，可做1~3次俯卧撑再接着做后续动作；也可单脚支撑完成同样动作。

(a)　　　　　(b)　　　　　(c)　　　　　(d)

(e)　　　　　(f)　　　　　(g)　　　　　(h)

图8-18　俯身撑起

6. 其他站立位、俯撑位动作

（1）站立位动作　还有许多原地站立位抬腿和跑跳的动作，如原地向前（侧）交替抬腿、原地碎步跑、高抬腿跑、开合跳、后踢腿跑、滑雪跳、吸腿跳、团身跳等。

（2）俯撑位动作　俯撑位的各种身体动作，可以是单一动作的重复完成，如跪姿依次抬腿，脚着地前呈深蹲姿势，再依次收腿呈跪姿，反复完成，还有前面介绍的俯撑踏步、俯撑跑步等，也可以是多个动作，按照一定的顺序连续完成，再重复做几次。

（3）动物流　现在"健身圈"非常流行"动物流"（Animal Flow），这种健身方式2015年在欧美健身圈流行并逐渐走向世界。它是以动物动作、行为为基础，模仿动物运动形态为主，并糅合了瑜伽、体操、现代舞等动作技巧的运动方式。动作包括转体、跳跃、爬行等，有蛇式、走兽、蝎式等，富有创意、多变而充满趣味性。动物流健身方式同样不需要任何器械，每次持续15~30min，可以锻炼身体的力量、耐力、平衡能力、灵活性、协调性与柔韧性等综合素质。

无论选择哪一种方式，在做练习时，都应注意收紧核心，平衡身体，重心稳定，脊柱、骨盆中立位，注意配合呼吸，上下肢在支撑体重时，肘及膝关节不要锁死，有腾空落地时要注意脚踝适当紧张并作正确的缓冲，动作协调，难度、强度适中，可根据情况自主选择练习方法，在此不多做介绍。

第三节　拉伸运动

一、侧伸展

拉伸体侧肌群，修塑线条（可采用站姿和坐姿练习），如图8-19所示。双腿盘腿坐在垫子上，将双手打开轻放于身体两侧，肘微屈。

① 吸气时，左臂从体侧向上抬起至最高，同时脊柱向上延伸。

② 呼气时，右臂自然弯曲帮助稳定身体，左臂向身体右侧上方伸展，引领身体侧屈，向侧伸展脊柱，身体重心保持中立位。

③ 呼气还原，再做反方向。

④ 每个动作完成后保持10～30s，重复3～5次。

⑤ 动作变化：在坐姿侧伸展完成时，转颈，将目光望向支撑手。

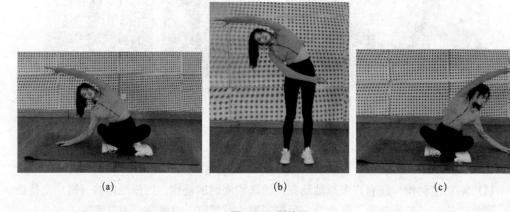

(a)　　　　　　　(b)　　　　　　　(c)

图8-19　侧伸展

二、美人鱼侧伸展

伸展体侧，锻炼背部，如图8-20所示。

① 采用坐姿，左腿屈膝，左脚靠近髋部，右腿髋关节内旋屈膝，将右脚放在身体后侧靠近臀部的位置，尽可能保持两侧坐骨平衡地压在地面上。双臂自然垂落于身体两侧。

② 吸气，从身侧抬起右手，向左侧伸展，保持臀部重心不变，尽可能让肋部舒展开。

③ 呼气时，身体向内侧旋转，尽可能保持骨盆稳定，目光转向下。

④ 吸气，右手回来握住右侧小腿胫骨外侧或脚踝，左手扶住右膝，然后呼气，身体向右侧反方向旋转，目光向内向下。

民航服务人员形体与仪态

(a)

(b)

(c)

图8-20　美人鱼侧伸展

三、猫式伸展

增加脊柱尤其是上背部灵活性，在练习时尝试脊柱逐节地依次伸展屈曲，如图8-21所示。跪撑，手臂、大腿垂直地面，头颈自然伸展，后背自然伸直。

(a)

(b)

(c)

图8-21　猫式伸展

① 吸气，身体保持不动，肋骨向侧打开。呼气时，腹部收缩，从尾骨开始向内卷，逐节带动整个脊柱，直到充分地拱起后背。

② 再次吸气，从尾骨开始上翘，逐节带动整个脊柱，让胸骨靠近地板，抬头，使脊柱向反方向充分伸展。

③ 脊柱的屈曲伸展各做3～5次。

四、跪姿弓箭步

伸展髋屈肌。

① 跪姿，左腿向前跨一大步，呈弓箭步姿势，小腿垂直地面，右腿由膝至脚背接触地面撑地，双手在前脚两侧支撑。脊柱中立位，保持身体稳定的情况下，尽量拉开两腿距离。

② 慢慢抬起躯干，双手扶前侧腿膝关节，目视前方，背部自然挺直，脊柱向上延伸。体会右腿髋部伸展的感觉。完成后再换另一侧腿做。

③ 每侧每个动作完成后保持10～30s，重复3～5次。

五、"4"字坐姿屈髋

伸展臀部肌群，如图8-22所示。

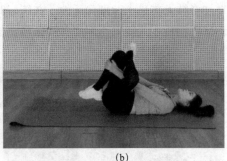

(a)　　　　　　　　　　　　　　　(b)

图8-22　"4"字坐姿屈髋

① 采用坐姿，双手放置身体侧后合适的位置支撑身体，右腿屈曲，左腿屈腿把脚踝放在右膝上。

② 重心稍向后移，然后将右脚靠近臀部，保持背部自然挺直与骨盆稳定，脊柱中立位向上延伸。身体慢慢前倾，肩关节与颈部放松，感受臀部肌群的伸展。完成后做另一侧动作。

③ 动作变化：仰卧完成。

④ 仰卧屈膝至胸前，左腿横放在右腿上，双手抱住右腿后侧固定其稳定。

⑤ 核心收紧，骨盆稳定，用力拉动右腿靠近胸前，感受臀部肌群的伸展。

六、站姿后屈小腿

伸展股四头肌，优化大腿肌肉线条，如图8-23所示。

① 自然直立，保持中立位。左腿支撑，右腿后屈小腿，（可手扶墙壁保持重心稳定）右手或左手均可握住右脚踝并拉向臀部，使小腿尽量靠近大腿后侧，右腿膝关节垂直向下。

② 当右膝向后伸时，可加大伸展力度。完成后做另一侧腿。

③ 动作变化：俯卧后屈小腿。

④ 采用俯卧姿势，右腿后屈小腿，右手握住右脚踝并拉向臀部。

每侧每个动作完成后保持10～30s，重复3～5次。

图8-23　站姿后屈小腿

七、站姿勾脚体前屈

如图8-24所示。

(a)

(b)

图8-24　站姿勾脚体前屈

① 自然直立，左腿微屈膝关节支撑身体重心，右腿向斜前方伸出去。身体转向右脚尖的方向，双手轻放于右腿。

② 保持背部挺直，从髋部开始前屈身体，直到大腿后侧拉长伸展的感觉，然后右脚尖勾起到膝关节下侧有拉长伸展的感觉。

③ 动作变化：仰卧单腿上抬。

④ 仰卧姿势，双腿自然屈膝，抬起右腿，双手抱住其膝盖部位以固定大腿稳定，然后尽量向上伸展小腿，在顶端时稍稍屈曲脚踝，做勾脚动作，从而更加充分地伸展右腿腘绳肌。整个过程，须稳定髋关节，臀部始终不能离开垫子。完成后再换另一侧做。

每侧每个动作完成后保持10～30s，重复3～5次。

第四节　抗阻力训练

一、胸部练习

1. 杠铃卧推

如图8-25所示。

(a)　　　　　　　　　　　　　(b)

图8-25　杠铃卧推

动作方法：仰卧姿势，身体稳定地贴紧训练凳，双手稍宽距抓握杠铃，训练时要求躯干以及胸部稍微向上挺起，下背部和训练凳之间有一个弧度。屈臂于胸前，感受胸部肌群用力，将杠铃向上推至直臂。

动作要领：

（1）发力上推时，核心收紧，腰部保持自然生理弯曲。

（2）上推时呼气，下落还原时呼气。

（3）当我们将杠铃推起的时候，手臂就要伸直，在顶峰状态下稍微停顿，肘关节不要锁死，腕关节不要过伸。

（4）目标肌群为胸部肌群。

2. 杠铃卧推——斜上45°

如图8-26所示。

动作方法：斜板仰卧姿势（靠在上斜卧推架上，记住30°角，臀部不要坐实），身体稳定地贴紧训练凳，双手中距或宽距正手握杠铃，屈臂慢慢下放重量，到锁骨的位置或者偏下一点也可以，停一下，然后推回起始位置，感受胸部肌群用力，将杠铃向上推至直臂。

动作要领：

（1）发力上推时，核心收紧，腰部保持自然生理弯曲；还原时，保持挺胸，弯曲肘部慢慢降低杠铃，同时吸气，直至杠铃杆几乎碰触胸部。

（2）用胸部发力，快速将杠铃推回起始位置，同时呼气。

（3）练习时，肘关节不要锁死，腕关节不要过伸。

（4）杠铃下降所花费时间是上推的两倍。

（5）目标肌群为胸部上、中束肌群及三角肌前束。

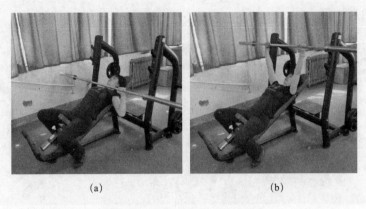

(a)   (b)

图8-26　杠铃卧推——斜上45°

3. 坐姿夹胸

如图8-27所示。

(a)   (b)

图8-27　坐姿夹胸

动作方法：坐姿准备，身体稳定地贴紧训练凳，背部靠着垫板，握住把手，上臂应当与地面平行；将两个把手缓慢地靠拢挤压胸部。在做这个动作的时候同时呼气，在感觉到紧缩感的时候暂停一下。缓慢地回到起始位置，同时呼气，直到感觉到胸部肌肉充分伸展开。

动作要领：

（1）准备时，核心收紧，后背自然停止紧贴靠背，一定要挺直身体，不借助外力，内夹时要用胸大肌发力，放松还原时要和缓。

（2）用力时胸部主动发力，呼气，还原时吸气；动作过程中肘关节保持向后和外侧，而不是向下。

（3）动作过程中，肘关节不要锁死，肘关节角度保持不变。

（4）目标肌群为胸部肌群（胸大肌中缝）及三角肌前束。

4. 仰卧飞鸟

如图 8-28 所示。

(a)　　　　　　　　　　(b)

图 8-28　仰卧飞鸟

动作方法：坐在平板凳上，双手各持一只哑铃，将其放在大腿上，掌心彼此相对。然后用大腿将哑铃举起，顺势向后躺下。手臂弯曲，将哑铃支撑在胸部两侧，与肩同宽，掌心相对。再将哑铃推到胸部上方，手臂微屈，掌心相对，两个哑铃互相接触，这是起始位置；吸气的时候，开始缓慢将手臂向身体两侧打开，随着打开幅度的增大，手肘弯曲程度略微增大；在胸部被拉伸到极限之后，稍事停留，然后呼气的同时，将哑铃举回起始位置。

动作要领：

（1）准备时，核心收紧。

（2）用力时胸部主动发力，呼气，还原时吸气。

（3）整个动作不是简单的上下推举，而是像鸟类扇动翅膀。运动的轨迹与地面垂直，而不是与身体垂直。以上动作始终是掌心相对，也可以在做下放时拇指相对，上举后掌心相对的旋转飞鸟。

（4）目标肌群为胸部肌群。

5. 下斜绳索夹胸

如图 8-29 所示。

动作方法：将滑轮调至顶部，双手各持一个把手，向前一步站立，身体略微前倾，抬头挺胸。双臂伸直，将把手拉到身前，双手并拢在人体中线位置，这是动作的起始位置。肘部微屈，双臂以弧线轨迹向身体两侧降低，同时呼气，直至胸部完全拉伸；然后呼气，在顶端稍停留，进入下一个动作。

动作要领：

（1）核心收紧，后背挺直，保持身体姿态。

（2）双手向前偏下方向用力，运动轨迹为弧线。

（3）不要耸肩。

（4）目标肌群为胸部肌群及三角肌前束。

(a)   (b)

图8-29 下斜绳索夹胸

二、背部练习

1. 坐姿后仰

如图8-30所示。

动作方法：坐姿，双手正手握持器械手柄，稳定身体，核心自然收紧；保持躯干姿态，用身体向后推动器械，呈仰躺姿势。

动作要领：

(1) 准备时，核心收紧，后背自然挺直。

(2) 用力时躯干保持收紧状态，下背部主动发力，呼气，还原时吸气。

(3) 目标肌群为下背部肌群。

(a)   (b)

图8-30 坐姿后仰

2. 高位绳索划船

如图8-31所示。

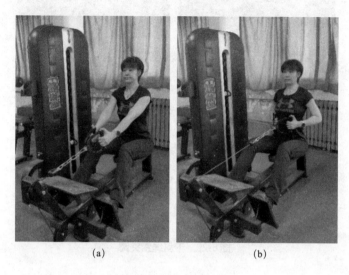

(a)   (b)

图8-31 高位绳索划船

动作方法：选择一个合适的平台，高度为10～15cm。将健身台放在拉绳划船器的座椅上。坐上划船器，将脚放在平台上或横木上，确保你的膝盖略弯，不要锁死。双臂伸直，向后拉，直至身躯和腿部成90°。背部应该略弯，挺胸。抓握前方把手时应感觉到背阔肌的良好伸展。这是动作的起始位置。身躯保持固定，将把手向身体拉动，夹紧手臂直至碰到腹部，在做这个动作时吐气，此时应感到背部肌肉收缩十分紧密。保持这样的收缩姿势1s，缓慢地还原为起始位置并吸气。

动作要领：

（1）准备时，后背自然挺直，双肩下沉，肩胛稳定自然后缩，核心收紧；向前倾斜，背部和V字形把手呈自然平行位置。

（2）双臂后收时，保持身体姿态，后背肌群主动发力带动双臂向后收，双肘自然内收。

（3）用力时呼气，还原时吸气。

（4）目标肌群为背阔肌及背部肌群。

3. 宽握高位下拉

如图8-32所示。

动作方法：坐姿，握住把手，手掌向前正握。抓握时注意：宽握时双手距离超过肩宽；在前方握好把手，双臂伸直，躯体和头部向后倾约30°，下背弯曲，挺胸。这是动作的起始位置；吐气的同时将肩膀和上臂向后下方拉动，完全收紧时集中注意力收缩后背肌肉。动作中，躯干应保持固定，只有手臂运动。前臂只需抓握杠杆，没有其他动作，不要用前臂拉动把手；在收紧姿势下停顿一秒，缩紧肩胛，缓慢地让把手还原至起始位置，手臂伸直，背阔肌完全伸展，同时吸气。

动作要领：

（1）准备时，后背自然挺直，双肩下沉，肩胛稳定自然后缩，核心收紧。

（2）用力时，保持身体姿态，后背肌群主动发力带动双臂向下拉，双肘自然内收。

（3）用力时呼气，还原时吸气。

（4）目标肌群为背阔肌及背部肌群。

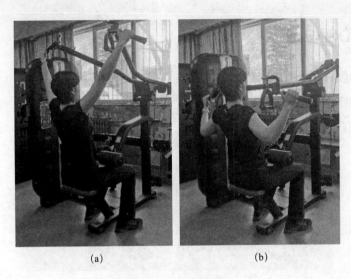

(a)　　　　　　　　　(b)

图8-32　宽握高位下拉

4. 俯身单臂哑铃划船

如图8-33所示。

(a)　　　　　　　　　(b)

图8-33　俯身单臂哑铃划船

动作方法：将哑铃放在平板凳的两侧，一条腿跪在凳子上，同侧手臂也放在凳子上支撑身体。另一只手拿起地上的哑铃，手臂自然下垂，掌心向内。腰部弯曲，背部挺直，上身与地面平行。这是动作的起始位置；呼气的同时，用背部的力量将哑铃上拉到胸部侧面，上臂紧贴身体，上身保持不动；在顶端稍事停留，感受背部的肌肉收缩，然后缓缓将哑铃降回起始位置，同时吸气。

动作要领：

（1）准备时，后背自然挺直，双肩下沉，核心收紧。

（2）用力时，保持身体姿态，后背肌群主动发力带动主力手臂向后收，身体重心稍向前移。

（3）用力时呼气，还原时吸气。

（4）目标肌群为背阔肌及背部肌群。

三、核心部位练习

1.平板仰卧举腿（屈/直腿）

如图8-34所示。

(a)   (b)

(c)   (d)

图8-34　平板仰卧举腿

动作方法：仰卧姿势，双手头侧扶住训练凳，保持身体稳定，紧贴于训练凳，双腿自然屈膝（或直腿）；反手腹部肌肉发力，将双腿收起。

动作要领：

（1）感受腹部肌群主动发力。

（2）收腿时，保持身体姿态，不要让骨盆改变位置，还原时，要有控制，轻缓落下。

（3）用力时呼气，还原时吸气。

（4）目标肌群为腹部肌群。

2.斜板仰卧起身

如图8-35所示。

动作方法：选择下斜45°角或是更大角度，将两脚放在辊垫下，轻轻双手互抱放在胸前或头后，缓慢向后躺下，起身向上时，腹肌收缩用力，上抬到最高点的时候，腹肌收缩用力并控制，稍停，最后以腹肌的张力控制并还原坐起，身躯保持固定，在做这个动作时吐气。此时应感到背部肌肉收缩十分紧密。保持这样的收缩姿势1s，缓慢地还原为起始位

民航服务人员形体与仪态

置并吸气。

(a)　　　　　　　　　　　　　　　　(b)

图8-35　斜板仰卧起身

动作要领：

（1）起身时，头、颈、胸、腰部依次离开训练凳。

（2）还原时，腰、胸、颈、头部依次还原贴回训练凳。

（3）起身时，收缩腹肌，将上身向膝盖方向抬起，同时呼气。直至上身与地面垂直。在顶端稍事停留，再将身体反向归位，同时吸气。

（4）目标肌群为腹部肌群。

3. 山羊挺身

如图8-36所示。

动作方法：调整器械高度，上端的支撑位于大腿部位，俯卧在背部伸展机上，脚踝抵住护脚垫保证安全。调整上方护垫，尽量使大腿上部能够依靠在护垫上，并使腰部在弯曲时不受限制。挺直身体，双臂在胸前交叉（个人喜好）或者放在脑后，这是动作的起始位置。缓慢地向前弯腰，尽量下压，背部挺直。在做这个动作时吸气。继续向前，直至腘绳肌获得不错的拉伸感，身体缓慢地抬起，还原为起始位置，同时吸气。

(a)　　　　　　　　　　　　　　　　(b)

图8-36　山羊挺身

动作要领：

（1）身体稳定，躯干部位自然挺直。

（2）避免因想继续下压而使得背部弯曲的情况。此外，身体不要摇晃以免损伤背部。

（3）用力时呼气，还原时吸气。

（4）目标肌群为腰背部肌群。

四、臀、腿部练习

1. 史密斯机深蹲

如图8-37所示。

(a)　　　　　　　　　　　　(b)

图8-37　史密斯机深蹲

动作方法：开始时，按照最适合你身高的高度将杆放到架子上，杆装载完毕后，站到杆下，将杆放置在你的后肩位置（略低于颈部）。分别将两臂于身体两侧放在杆上（手掌朝向前方），双腿前推的同时伸直你的躯干，将杆抬离架子。将你的双腿打开，保持与肩同宽的中等距离，脚趾微微指向外侧。保持头部始终朝向正前方，保持背部挺直，这是动作的起始位置。弯曲膝盖慢慢降低杠铃，保持笔直姿态，头部朝向正前方。继续下降直到你的大腿与小腿之间的夹角略小于90°（在这一点上大腿在与地面平行的位置以下），在做这部分动作时吸气；呼气的同时举起杠铃，主要用脚跟踏压地面，重新伸直腿，回到起始姿势。

动作要领：

（1）核心收紧，后背自然挺直。

（2）下肢稳定，不要左右晃动。

（3）双脚开立幅度，可与肩同宽，也可稍宽于肩部，脚尖自然外开，膝关节弯曲方向与脚尖保持一致。

（4）目标肌群为臀部及腿部肌群。

民航服务人员形体与仪态

2. 哈克深蹲

如图8-38所示。

(a) (b)

图8-38 哈克深蹲

动作方法：双腿自然开立，身体自立，核心收紧；保持身体姿态，慢慢屈髋、屈膝至深蹲状态，双膝朝向脚尖的方向（也可做半蹲）。

动作要领：

（1）大腿与小腿呈90°，脚跟与脚尖保持一条直线，膝关节不超过脚尖。

（2）上肢需要做到抬头挺胸。

（3）站起时呼气，蹲下时吸气。

（4）目标肌群为臀部及腿部肌群。

3. 罗马尼亚硬拉

如图8-39所示。

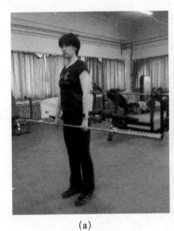

(a) (b) (c)

图8-39 罗马尼亚硬拉

动作方法：双腿自然站立，一般不超过肩宽，身体直立，核心收紧，保持身体姿态，杠铃位于臀部高度，正握（手掌向下）杠铃，双肩向后，背部拱起，双膝轻微弯曲，这是动作的起始位置。放低杠铃，尽可能向后推髋。保持杠铃接近身体，头部看向前方，双肩向后。正确地完成，你会达到膝盖以下腘绳肌的柔韧性的最大极限。

动作要领：

（1）核心收紧，稳定身体。

（2）动作过程后背自然挺直并保持。

（3）目标肌群为臀部肌群。

4. 俯身腿弯举

如图8-40所示。

(a)　　　　　　　　　　　　　　(b)

图8-40　俯身腿弯举

动作方法：俯卧稳定身体，根据你的身高调整器械，器械的垫子在你双腿的后部，躯干在长凳上保持水平，确保双腿完全伸展，双手抓住器械两旁的扶手。脚趾向前，这是动作的起始位置。呼气的同时尽可能地屈腿，但不要把上部大腿抬起离开垫子。当达到完全紧绷的状态时，保持1s；吸气时将腿部还原至最初的姿势。

动作要领：

（1）俯卧时，核心收紧，头颈部自然延伸，稳定身体。

（2）用力时，保持身体姿态。

（3）目标肌群为腘绳肌。

5. 坐姿腿弯举

如图8-41所示。

动作方法：根据你的身高调整器械杠铃，稳定身体，坐在器械上，后背靠在后背垫子上，将小腿的前部置于垫杆下，确保垫板圈抵着大腿，弯曲双膝，保持躯干始终不动。然后抓住器械两边的把手，在呼气的同时，脚趾指向前方，确保双腿在你身前尽量伸直。在肌肉最紧张的位置停留1s。在吸气的同时，慢慢回到起始姿势。

动作要领：

（1）用力时，核心收紧，保持身体姿态。

（2）用力时呼气，还原时吸气。

（3）目标肌群为股四头及腘绳肌。

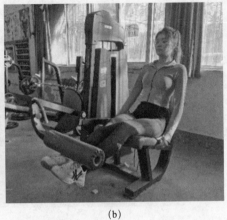

(a)　　　　　　　　　　　　　(b)

图8-41　坐姿腿弯举

五、肩部、上肢练习

1. 哑铃前/侧平举

如图8-42所示。

动作方法：坐姿，后背自然挺直，稳定身体；双手正手握持哑铃于体侧；向前或向侧抬起手臂至平举位置。

(a)　　　　　　　　　　　(b)　　　　　　　　　　　(c)

图8-42　哑铃前/侧平举

动作要领：

（1）核心收紧，稳定身体。

（2）不要耸肩，动作过程肘关节不要锁死。

（3）用力时呼气，还原时吸气。

（4）目标肌群为上肢肌群。

2. 坐姿上推

如图8-43所示。

(a)　　　　　　(b)

图8-43　坐姿上推

动作方法：坐姿，后背自然挺直，紧贴器械靠背，稳定身体；双手正手握持器械手柄；向上推至直臂。

动作要领：

（1）核心收紧，稳定身体，肩胛骨向后向下放。

（2）推起时肘关节不要锁死。

（3）用力时呼气，还原时吸气。

（4）目标肌群为肩部及上肢肌群。

3. 直立屈臂

如图8-44所示。

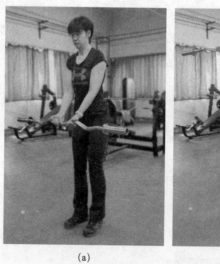

(a)　　　　　　(b)

图8-44　直立屈臂

　　民航服务人员形体与仪态

动作方法：身体直立，双脚一般不超过肩宽，核心收紧，双手握住曲杆。手掌向前并随着曲杆形状轻微地向内倾斜。肘部靠近躯干，这将是起始位置。保持上臂固定，呼气并收缩肱二头肌将重量抬起，精力放在移动前臂上。

动作要领：

(1) 身体稳定，核心收紧。

(2) 双手可窄距握持杠铃完成动作，下放时，肘关节不要锁死。

(3) 目标肌群为肱二头肌。

4. 肱三头肌下压

如图8-45所示。

动作方法：直立，身体微前倾，双脚一般不超过肩宽，核心收紧，将直杆或者带角度的杆连接在高位滑轮上，然后正握（掌心向下），与肩同宽，使上臂靠近身体且垂直于地面，前臂自然放松，这是动作的起始位置，收缩肱三头肌将杆压到其碰触到大腿且手臂完全伸直并呼气。上臂要始终保持静止并靠近躯干，只有前臂移动。

动作要领：

(1) 身体稳定，核心收紧，微屈髋，使动作力线呈垂直向下。

(2) 下伸手臂时，肘关节不要锁死。顶峰收缩1s，将杆放回至起始位置并吸气。

(3) 目标肌群为肱三头肌。

(a)   (b)

图8-45　肱三头肌下压

参考文献

[1] 王诗漪. 舞蹈形体训练基础 [M]. 杭州：浙江大学出版社，2022.

[2] 靳苗苗. 中国民族民间舞教程：傣族、苗族舞蹈 [M]. 北京：文化艺术出版社，2021.

[3] 熊慧茹，易志. 形体训练与仪态塑造 [M]. 北京：科学出版社，2020.

[4] 杨静，等. 形体训练与形象设计 [M]. 北京：清华大学出版社，2018.

[5] 樊莲香，等. 大学生形体与形象塑造 [M]. 北京：高等教育出版社，2018.